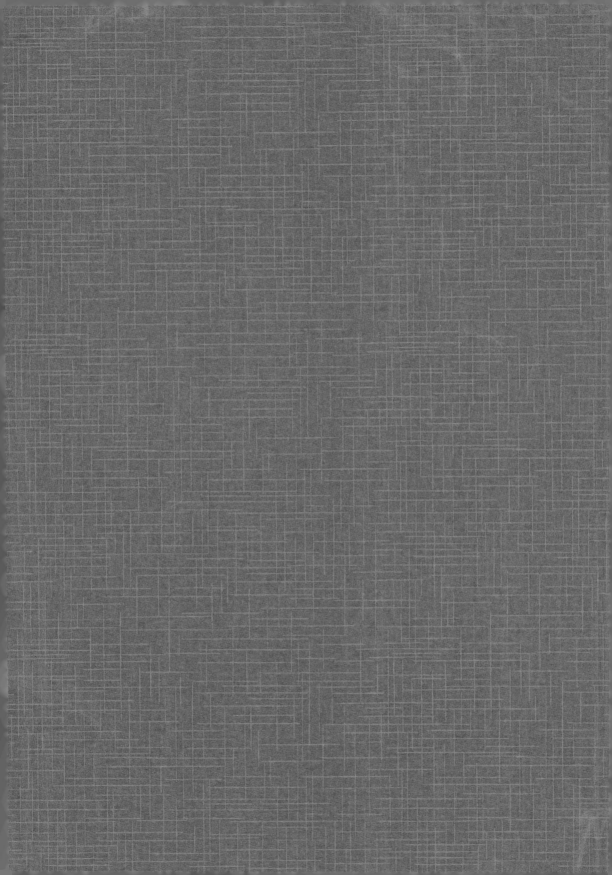

李琳琳 著

成为学者
大学教师学术工作的变革与坚守

华东师范大学出版社

图书在版编目(CIP)数据

成为学者：大学教师学术工作的变革与坚守/李琳琳著.—上海：华东师范大学出版社,2016.6
ISBN 978-7-5675-5426-9

Ⅰ.①成… Ⅱ.①李… Ⅲ.①高等学校-学术研究 Ⅳ.①G644

中国版本图书馆 CIP 数据核字(2016)第 143242 号

成为学者：大学教师学术工作的变革与坚守

著　者　李琳琳
策划编辑　彭呈军
特约审读　李　莉
责任校对　林文君
装帧设计　倪志强

出版发行　华东师范大学出版社
社　　址　上海市中山北路 3663 号　邮编 200062
网　　址　www.ecnupress.com.cn
电　　话　021-60821666　行政传真 021-62572105
客服电话　021-62865537　门市(邮购)电话 021-62869887
地　　址　上海市中山北路 3663 号华东师范大学校内先锋路口
网　　店　http://hdsdcbs.tmall.com

印 刷 者　常熟高专印刷有限公司
开　　本　787×1092　16 开
印　　张　13.5
字　　数　244 千字
版　　次　2016 年 9 月第 1 版
印　　次　2016 年 9 月第 1 次
书　　号　ISBN 978-7-5675-5426-9/G·9636
定　　价　32.00 元

出 版 人　王　焰

(如发现本版图书有印订质量问题,请寄回本社客服中心调换或电话 021-62865537 联系)

目 录

前言 1

第一章 大学教师学术工作的时代境遇 1
    第一节 全球学术工作管理的历史演变 1
    第二节 我国学术工作管理的历史演变 9
    第三节 学术工作的理论探究 25
    第四节 研究问题、方法及概念框架 43

第二章 理想与现实的角力：学术工作的内涵与执行 53
    第一节 大学教师理想的学术工作 53
    第二节 大学对教师的工作要求 66
    第三节 大学教师的应对策略 85
    第四节 本章结语 93

第三章 与变迁共舞：学术工作的感知 97
    第一节 学术工作的时间维度与优先次序 97
    第二节 学术工作的发展机会：收入、晋升与专业发展 109
    第三节 个体的能动作用：三个典型案例的分析 127
    第四节 本章结语 137

第四章　学术工作管理　　　　　　　　　　　　　　　　　　　140
　　第一节　大学教师参与学术工作管理的事务差异　　　　140
　　第二节　大学教师参与学术工作管理的群体差异　　　　157
　　第三节　大学、市场和政府　　　　　　　　　　　　　170
　　第四节　本章结语　　　　　　　　　　　　　　　　　177

第五章　成为学者：变革、坚守与不确定的未来　　　　　　　180
　　第一节　中国情境中的学术观　　　　　　　　　　　　180
　　第二节　新公共管理对大学教师工作的影响　　　　　　182
　　第三节　学术工作的感知、内涵与执行　　　　　　　　184
　　第四节　学者的应对策略　　　　　　　　　　　　　　187
　　第五节　学术工作的未来发展　　　　　　　　　　　　188

参考文献　　　　　　　　　　　　　　　　　　　　　　　191

图、表目录

图1　概念框架　　50
图2　研究发现对概念框架的修正　　185

表1　大学内部"传统"与"新公共管理"管理模式之间的对比　　3
表2　访谈对象分布　　46

前 言

1919年,社会学家马克斯·韦伯基于德国和美国大学教师的职业状况,为青年学子做了"以学术为业"的演讲(韦伯,1998)。在演讲中,韦伯认为大学教师需要将科学探究作为自己的"内在志向",坚持"为科学而科学"的态度,最终达到"头脑清明"的目标。但从当时大学教师工作的外部条件来看,从事学术工作是一场"鲁莽的赌博",他建议青年在决定从事学术工作之前要慎重考虑。在近百年后的当下中国,大学教师的职业状况如何?对中国的青年来讲,从事大学教师的工作是一场"鲁莽的赌博"吗?

大学教师是以大学组织为依托,专业化、系统化地从事学术探究相关活动的职业群体。他们从事的与学术相关的活动被称为"学术工作"(Academic Work)。近百年来,志业追求上的吸引力与职业环境的变化共同型塑着全球大学教师的工作生态。作为一种内在志业追求的学术工作,经历了工作内容与工作责任的不断拓展,大学教师不仅要承担学者与教师的双重责任(韦伯,1998),还要担负起科研经费筹集与管理、科研团队合作与协调、社会服务等责任。同时,学术工作对社会发展的重要意义也不断彰显。但是,与学术工作重要性提高相矛盾的是——学术职业的工作环境(如工作稳定性、经费支持、社会声誉、专业自主等)却面临重重危机。

在中国,大学教师的聘任制改革、本科教学评估以及"产、学、研"结合等大学管理变革给大学教师工作带来了巨大的挑战。这一系列变革体现了"新公共管理"(New Public Management)思潮中强调"仿市场竞争"、"多样化资金来源"与"表现性评估"的管理理念。这种新公共管理的思潮与中国原有的管理制度和管理文化结合起来,呈现出混杂治理的形态。在这一政策变革背景下,本书关注:中国大学教师如何理解当前学术工作的内涵和执行?哪些因素影响中国大学教师学术工作的感知?中国大学教师采取哪些策略应对管理变革的要求?

从这些问题出发,本研究选取两所案例大学,在综合考虑了学校层级、学科、职称等因素的基础上,对32名大学教师进行了深度访谈。本书在梳理已有相关文献的基础上,围绕学术工作的内涵、执行和感知三个方面形成概念框架。在实证研究中,受访者的阐释和理解丰富了这一概念框架,并为学术观、学术工作感知、学者应对策略等提供了本土理解。

本书共五章内容。第一章明确研究背景,梳理和评述国内外与学术工作相关的研究,提出概念框架,明确研究问题,并对研究方法进行说明。第二、三、四章是研究发现部分:第二章包括大学教师理想中的学术工作状态,现实中对学术工作的管理要求,以及在理想与现实之间大学教师采取了什么样的应对策略。第三章分析学术工作的优先次序和发展机会,并通过三个典型个案分析学术工作感知的调节作用。第四章关注学术工作管理,包括大学教师在不同学术事务中的参与权和发声权,不同大学教师群体参与学术管理的现状,进而讨论在中观层面上大学、市场和政府的关系。第五章总结本研究的发现,并讨论其理论贡献和政策建议。

第一章　大学教师学术工作的时代境遇

　　任何一个职业的发展变化都与其所处的时代紧密相关,大学教师的学术工作也是如此。19世纪中期,英国大学教师的工作重点是教学,他们通过与学生共同阅读和讨论经典文献培养学生理性思辨的能力,通过与学生同吃同住潜移默化地影响学生的个性养成(Newman,2012)。相比之下,当前美国或欧洲的大学教师工作任务种类繁多,他们既需要向不同的部门申请筹集研究经费,还要奔走于各国之间参加学术会议和科研项目,更要发表论文,出版著作以满足表现性评价的要求(Slaughter & Cantwell,2012)。在我国,民国时期的大学教师在"西学"与"中学"之间穿梭,在救亡图存与启蒙民智间徘徊,很多教师在多所大学兼职,按教学课时数领取薪酬(商丽浩,2010)。建国后,大学成为单位制度中的"事业单位",大学教师成为"体制内"的一个特殊群体。然而,随着我国各行业综合改革的深化,我国大学内部生态也在过去十年间呈现出多种样态。在这一背景下,本研究关注当前我国大学教师的学术工作呈现出哪些特点,这些特点又与学术工作管理的全球性演变以及我国大学教师的管理制度有何种内在联系。

第一节　全球学术工作管理的历史演变

　　从全球高等教育变革的历史来看,大学教师工作的管理模式在不同历史时期有其各自的特点。下文将分析传统管理方式下"同僚管治"的学术治理形态,以及当前"新公共管理"理念下学术工作的新特点,并重点讨论新公共管理理念影响下的学术工作效率以及国家、市场、大学三者关系的转变。

一、传统管理方式下的学术工作

传统的大学治理强调"同僚管治"(Collegial Governance)。一方面,以洪堡(Humboldt)为代表的学者们认为大学是以"求真"为目标形成的学者和学生社群,学者的自治是大学有效运行的前提和基础(Nybom,2002),形成了一种以"最少层级和最多信任"为特征的大学运行方式,在这样的大学中,自由地探究真理成为可能(Van Vught,1989;Deem,1998)。另一方面,学者在自身知识领域的权威性使得其他没有掌握专业知识的人员无法管理大学和学者(Fulton,2002;Weber,2008),因此,学者的自治有了双重的合法性基础。这种学者自治的管理模式称为"软"管理(Olssen,2002),是一种依靠民主投票达成专业共识的分布式管理模式,管理活动由学者社群和学术领导组成,目标在于探究知识和真理。这种工作关系靠信任、道德约束和专业信念来维持。这一模式下的问责是基于同行评议和支持的专家问责。教学和研究之间存在紧密的联系,并且这些活动都由大学内部控制,研究是出于学者自身的好奇心,由学者发起和进行。

随着高等教育规模的扩张,一些国家和地区的大学出现了"官僚科层"的治理形态。官僚科层治理通过制定严格的程序、法律和规章,规定了每个部门特定的权限,并加强了部门间的权限等级依附,形成一个层级分明、决策依赖于书面规定的办事机构(Weber et al.,1991)。Hall(1968)指出科层制有五个主要的特征:1)等级权力。2)劳动分工。3)规则明确。4)程序明确。5)与个人无关。这一管理模式使大学人事、财政和教育内容等都在政府科层管制的规划之下(詹盛如,2010)。

20世纪70年代以后,长期享受政策资助的大学同政府部门一起受到非议,同僚治理的管理形态因为无休止的争论和浪费时间受到抨击(Smith,2000)。官僚科层模式也被认为无法处理快速变迁、信息爆炸、知识密集的社会经济体系(Hoogvelt,1997)。政策制定者认为,大学应该建立起更有效和可行的管理方式(Lee & Piper,1988),"以有效的管理来弥补减少的资源"(Trow,1997)。

二、新公共管理理念的引入

"新公共管理"是一种关于公共部门应该如何运行的理论思潮,这一思潮建立在公共选择理论对人类利己行为的假设之上(Kamensky,1996)。相对于传统公共管理中政府是所有公共服务的提供者和监督者,"新"的公共管理理论认为公共部门的管理者应该是企业化、私人化的管理者,他们应该模仿私营部门的管理方法、价值和话语体系

(Hughes, 1994; Denhardt & Denhardt, 2000; Kolsaker, 2008), 它鼓励公共部门中的个人以机构的利益作为行为的最高准则(Whitehead & Moodley, 1999; Barry, Chandler & Clark, 2001)。"新公共管理"的主要原则是：政府等公共部门应该关注公共服务的结果和产出, 而不是提供服务的过程和规则。它认为采用私人部门的管理技巧有助于提高服务的效率和效能, 市场竞争取代集中的科层管理才能使公共财政的"金钱价值"最大化(Meek, 2003)。

Grand 和 Bartlett(1993)认为, 新公共管理的主要特点在于：1)消除科层管理中规则—服从的程序; 2)强调管理活动优先于其他一切活动; 3)引入仿市场竞争的机制提供公共服务; 4)评估工作者的工作表现(并鼓励他们进行自我监控); 5)用结果问责的机制取代对所有细节都进行管理和控制的机制; 6)达到经济、效率和效能的目标。

也有学者将新公共管理进一步细分, Braun(1999)认为存在"效率导向"与"顾客/市场导向"两种模式, 前者大都出现在前官僚——学术寡头国家(如：德国、法国与意大利), 而后者则是以英国、美国和荷兰为代表。此外, Ferlie 等人(1996)认为还存在着组织精简去集中化、人际与文化、公共服务等模式。

与传统的管理模式相比, 新公共管理对于政府与大学关系的改变在于从直接控制转为远程操控。政府对大学的管理实现了从"控制"(control)到"监管"(supervision)的变化(Neave & Van vught, 1991)。政府的角色不在于主动提供服务, 而是代理顾客或消费者来督促大学提供高品质和符合市场需求的产品, 所以政府愿意增加大学的"程序自主"程度, 让他们自由决定如何达成目标, 但是在"实质自主"方面, 却已经被经济理性取代(莫家豪 & 罗浩俊, 2002)。

表1 大学内部"传统"与"新公共管理"管理模式之间的对比

	新公共管理模式	传统模式
控制模式	"硬"管理; 管理者和聘任者之间的界限分明; 专制式管理	"软"管理; 民主投票; 专业共识; 分布式管理
管理活动	管理者; 直线管理; 成本中心	领导者; 学者社群; 专业人员
目标	最大化产出; 经济利润; 效能	知识; 研究; 探究; 真理; 理性
工作关系	竞争性; 层级性; 市场指向的工作量; 机构忠诚; 对大学不能有负面批评	信任; 道德约束; 专业信念; 自由表达和评论; 公共知识分子
问责	监控; 评估; 消费者导向; 表现指标; 基于产出	专家官僚; 同行评议和支持; 基于规则

续 表

	新公共管理模式	传统模式
教学/教育	学期制;课程简化;模块化;远程学习;暑期学校;职业性	学年制;传统的课程评价方法;为知识而知识
研究	外来资金支持;与教学分离;被政府和外部机构控制	与教学联系紧密;大学内部控制;学者自身发起和进行

来源：Olssen(2002)

此外,新公共管理也使大学内部的管理活动和学术工作出现了新的特征。Olssen(2002)对两者进行了对比(见表1),管理活动开始以成本为中心,管理者和聘任者之间出现了明确的界限。大学教师群体内部根据职务和职称出现了层级,教师之间的竞争关系更为明显,教师的工作内容和工作量的分配都以市场为导向;教学工作出现了简化课程,模块化教学,强调对学生的职业培训,满足学生作为消费者的需求等趋势;而研究工作更多地接受外来资金的支持,被政府和外部机构控制,与教学工作分离开来。

三、新公共管理理念对学术工作效率的影响

在新公共管理这一理念下,学术工作发生了巨大的变化。关于这一变化,有两种相矛盾的观点,一种观点认为,新公共管理方法提高了学术工作的效率。另一种观点则认为,它非但没有促进效率,反而使学术职业出现了"去专业化"的趋势。

赞同新公共管理提高学术工作效率观点的研究从以下几个方面进行了论证：

首先,新公共管理强调最小化成本和最大化产出,提高内部效率(如单位学生的成本)和外部效率(如研究成果及毕业学生的类别和品质能否适应社会及经济的需求),解决了高等教育规模扩大带来的经费问题(Neave & Rhoades, 1987; Kogan, Moses & EI-Khawas, 1994)。政策制定者们认为大学长久以来都从公共财政中获得大量的经费,却很少知道这些经费产生了什么样的效果(Davies & Kirkpatrick, 1995)。他们认为大学应该建立更具执行力的管理方法(Lee & Piper, 1988),让"有效的管理来弥补经费的短缺"(Trow, 1997)。政府对大学的资助从"建立在投入基础上的资助",转变为"建立在成果基础上的资助"(Barnett & Bjarnason, 1999; Brennan, 1999; Waitere et al., 2011)。国家的财政部门是基于合同的方式从大学中"购买服务",而不再是"资助"他们(Williams, 1992)。

其次,新公共管理引入多元化的资金,通过"仿市场"竞争的方式配置资源,提高了学术工作的效率,顺应了全球化竞争带来的挑战。一些学者认为国际化是教育与学术发展的内部要求。学生和学者从学习其他文化和体系中受益,知识基础也得到扩展、研究的广度和声誉也得到提升,课程也更为丰富。这样的交流与学习也有助于维护全球的政治和经济稳定(e.g. Bruch & Barty, 1998)。Scott(1997)甚至提出"所有的教育都应当是国际化的教育"。但需要看到的是,全球化在带来机遇的同时,也带来更多的挑战。它要求高等教育在活动、能力、过程和信念等方面都国际化(Knight, 1995)。特别是对于发展中国家的大学以及处于劣势地位的大学(Moja & Cloete, 2001)。他们不但要继续承担高等教育扩招和为国家服务的职能,还要在本地区的环境中不断调整自身的角色和位置(Teichler, 1999; Enders, 2004)。

在这样的全球化竞争中,高等教育采用新公共管理的理念可以从以下几方面应对挑战:1)教学活动成为一种有价服务、大学生成为消费者和商品。学生入学之前,大学将本校的教育作为一种服务向全球的学生宣传,希望招收到高能力和能担负高学费的学生。入学之后,就进入大学教育服务向学生的人力资本转化的进程。而在毕业时,面对国际劳动力市场,学生的身份又发生了变化。他们作为大学的产出和商品,带着大学的标签和符号,被提供给用人单位。同时,作为大学的校友也成为潜在捐赠者。2)科研成果通过出版、发表、专利与商标申请等途径,成为受法律保护的个人财产(Bok, 2003; Slaughter & Rhoades, 2004)。传统的知识观将知识作为公共财产,Merton(1968)提出的公共学术四原则——知识社群自治、成果人类共享、知识自由流动、怀疑精神,就是最典型的代表。但在新公共管理理念下,科研成果被运用到产品的生产,通过全球市场使公众的生活改变,但公众必须向科研成果的所有者付费,这在一定程度上激励了新知识的生产。3)竞争与流动作为大学优化资源配置的方式。不同国家的高等教育体系之间、大学之间、学院之间、大学教师之间都进入到竞争之中,他们竞争生源、声誉、优秀学者、经费资助、科研成果等所有有助于大学发展的资源。也在学术工作、人员任用、基础设施、服务提供等许多方面采用分散交易(unbundle)的方式进行改革(Slaughter & Rhoades, 2004)。

与之相反的观点认为,新公共管理根本无法提高学术工作的效率,甚至将大学教师的工作"去专业化",持此类观点的学者从以下几个方面进行了论证。

首先,新公共管理根本无法提高学术工作的效率。1)那些不生产交换价值的学术工作和部门无法得到维持。市场活动越频繁,那些不与市场直接联系的工作和部门越难以生存(Slaughter & Leslie, 1998; Geuna & Rossi, 2011; Ylijoki, 2003)。2)即使在那些积极寻求与市场相结合的部门与学科,学者们也只是将自己的研究"包装"成为看起来应用性更强的研究。基础研究和应用研究的界限越来越模糊,也在实践上使得学者们可以继续按照自己的方式进行研究(Calvert, 2000)。3)强调学生作为消费者,造成了教师和学生之间的紧张关系。市场的交换双方,是基于合同的平等和制衡关系,但是在教育关系中,教师与学生之间并非如此(Marginson, 1995)。4)过于强调效率和交换价值会导致产品的一致性和标准化,影响多样性和创新性。那些标准总是由竞争中处于优势的机构做出(最好的大学、学系),而其他机构和部门的工作则在竞争中被迫与其保持一致(Hou, 2012; Marginson, 1995)。5)学者之间的竞争以及知识的商品化不利于知识的传播和共享,有实证研究表明,知识商品化越强烈、越强调经济效益的学科,不求回报的知识共享的可能性及水平越低(Shibayama et al., 2012; Festre, 2010)。6)对传统教学和科研的联结带来危害。很多以市场为基础的研究与教学分离开来,成为独立的专业中心。此外,本科教学与研究生教学、研究被分离开来,本科生的教学更多是知识的传递,而研究生的教学和科研更偏重知识的探索(Marginson, 1995)。

其次,新公共管理改革导致了大学教师工作的"去专业化"。专业社会学中的特质模式认为,专业必须具备一套专业知识和一个为集体服务的理想(Parsons, 1968; Wilensky, 1964)。而权力模式的学者们认为,专业是有较大控制权的职业,这种控制权可以表现在这三种层面:对市场的控制权、在与当事人关系上的控制权、对分工制度的控制权(曾荣光,1984)。大学教师在知识生产和传播上的工作特性决定了他们在专业知识方面成为"关键的职业,培养其他所有职业的职业"(Perkin, 1969),形成了对专业知识的垄断。学术组织的成立也使其成员有了同僚管理的自主权。而学术工作作为一种追求科学精神和价值的职业(韦伯,1998),在社会服务以及科学进步、人类整体的长远发展方面的追求,也符合专业忘我主义、客观的、一视同仁的服务态度以及赢得社会大众信息等特征(Amaral, Magalhaes & Santiago, 2003)。从权力模式来看,这一时期的学术职业对于市场的控制力较强,特别是在招生市场以及知识应用的市场,大学都拥有较多的自主。同时其在对于学生以及用人单位等当事人的关系上,也有相对较高的权威。分工方面,虽然存在一些短期、兼职人员的聘用,但大学教师群体对其有绝对的裁决权。在这一时期,学术职业内外都形成了学术作为一种专业的共识:研究成为学术工作的重点、对知识的追求作为终极目标;学科组织是追求真理的最佳形式;国内与国际的同行评议是学术声望建立的基础(Gappa,2001)。

但随着新公共管理理念在高等教育领域被广泛采纳,更多的学者开始讨论"学术专业面临的危机(Enders & Teichler,1997;Enders,1999)"、"21世纪是否还存在'学术专业'(Williams,2008)":1)学术职业作为专业的公共服务理想受到质疑。高等教育规模的不断扩张使得大学的社会经济地位在不断下降。再加上政府财政投入紧缩,大学不得不参与市场活动来维持自身的发展。但学者们采取的学术资本主义行动策略使得专业团体声称的利它性、忘我主义等公共服务的原则受到损害。2)学术工作的专业自治和专业权力被强有力的官僚和市场问责击垮。新公共管理方法强调的问责和表现性评价彻底颠覆了社会大众对于学术职业的信任文化。传统的自由学术的话语体系面临消亡,学术的问题不再是"它是否是真的?"而是"它是否可以卖?它是否有效?"(Lyotard,1984)。3)学术工作从业人员的多样性也使得学术共同体对于分工制度的控制权降低。大学急速扩张带来的财政压力,使得学术职业的从业人员结构复杂化,Handy(1998)将这一时期从业人员的特征归纳为:萎缩了的专业核心,只有一小部分有能力的人代表大学的核心竞争力;日益增多的基于科研项目的短期工作人员;日益增多的以小时付费、没有专业发展前景的教学人员。

四、国家、市场、大学之间的关系

Clark(1983)曾提出一个被广泛引用的协调三角(the triangle of coordination),认为政府、学术寡头和市场是三股影响高等教育形貌的主要力量。政府权力代表的是社会的集体意志;学术寡头由资深教授组成,其影响力来自知识和专业的权威;市场则是个别消费者的意愿。各个国家的高等教育体系中,这三者的强弱差异塑造了各自不同的特征。比较极端的包括解体之前的苏联(偏向政府权力)、意大利(偏向学术寡头)及美国(偏向市场)。

1980年代以来,各国高等教育治理政策的改革使得这三者的关系不再是此消彼长的强弱较量,而是出现了不同力量间的微妙融合与交织,呈现出更加复杂的动态图景。Williams(1992)认为,在高等教育供应者和消费者之间,政府可以随人力的需求和政策导向扮演三种不同的角色:第一,政府作为仲裁者,保障高等教育供应和消费之间的公平性。第二,政府作为促进者甚至供应者,确保高等教育的充分供应和社会结构的稳定。在这一角色里,政府和高等教育机构的立场是一致的。第三,政府支持消费者甚至自己作为高等教育的独买者,扮演消费者代理的角色,政府和高等教育消费者的立场是一致的。传统上,国家大多扮演供应者的角色。但最近,各国政府逐渐由以往对高等教育的支持变为对消费者的支持,更多的是扮演仲裁者和消费者的角色。

在新公共管理理念的影响下,市场的力量是否增强?政府的力量又是否因此削弱?这一问题存在较多讨论,一种赞同市场力量增强的观点认为,在大学之外出现了联系大学和企业的媒介机构,在大学内部也出现了指向企业需求的纵向机构(Slaughter & Rhoades, 2004)。大学内部的讨论、话语体系和技术都被市场和竞争所主导(Bruno, 2009; Pestre, 2009)。新的研究经费都流向了与市场结合的部门,市场几乎操控了大学。但由于不同国家高等教育体系都有其独特的治理背景,在不同国家和地区市场力量增强的路径是不一样的,Slaughter 和 Cantwell(2012)对美国和欧盟进行比较后认为,市场力量在两个地区间都有所增强。但美国高等教育中的市场作用独立于政府机构的意志,甚至先于政府法律和政策的出台。而欧盟则是在政府主导和监控下,引入了仿市场的竞争机制。

另一种反对的观点认为,新公共管理的变革没有削弱政府的力量,反而增加了政府对高等教育的控制(Dale, 1997)。Mok(2009)认为新公共管理其实是一种"国家集中主义"与"新自由主义"的结合,在这种形态下,国家仍有主导规划能力,但是却透过自由市场的机制来达成这些目标。只是借用市场的概念进行资源与合法性的再分配,政府或国家机器仍然是最终的裁判者(Zhan, 2010)。大学自主和市场力量发挥的程度,基本上还是由政府来界定(戴晓霞,2000)。"依仗国家命令权力产生的依赖性结构"中逐渐引入"依仗利益和资源产生的依赖性结构",这两者结合在一起,共同维持了大学教师这一精英群体对国家的依赖。市场机制的运作显然不是"价值中立",而是承载了政府意志或政策企图的平台。更重要的是,这个市场不是完全竞争市场,而是建立在政策"偏好"上的运作架构(Jongbloed, 2004)。政府提供的高等教育经费预算强调产出或表现,视学校对消费者的满足程度来进行经费的划拨(Dai, 2000)。

在大学内部,这种新公共管理理念又对学术寡头产生了什么样的影响?政府的这种"远程调控"的机制将高等教育的财政责任以及一部分决策权下放到了大学和院系层级。这也使得大学的中层管理者掌握了较多的权力和主动权(Marceau, 1993; Marginson, 1996; Currier, 1998),相应的,管理者和学者之间的差别也越来越明显(Currie and Vidovich, 1998; Deem & Johnson, 2000; Deem, 2003; Deem & Brehony, 2005),大学中的管理者大多来自学者群体,他们多被称为"学术领导人"(academic leaders),而不是"管理人"(manager)或"首席执行官"(chief executives)(Deem & Hohnson,2000;Deem,2003)。Bessant(1995)对一所澳大利亚大学的研究发现,那里的高层管理者已经成为一个独立于学者的群体,他们采取公司式的管理实践。一方面,学术领导人来自于普通学者,他们中的一部分认为自己是"非自愿的管理者"(reluctant managers),只是暂时担任管理职位,并不将它作为自己职业发展的一条路径,他们更愿意代表学者自身的利益,试图维护学术自由和学者自治的传统(Deem et al.,2001);另一方面,受到新公共管理的影响与要求,作为管理者的他们又需要促使学者达成公共问责、经济有效和顾客满意等管理目标。实践中,学术领导人多会采用一套"双重话语体系"来调和多种价值和文化的冲突(Winter,2009)。他们可以理性地分析大学变革的影响,合理适度地适应其中有利的方面,规避和屏蔽对学者群体的负面影响。也可以盲目顺应变迁,成为新公共管理体系的工具和媒介。因此,学者管理层在大学变革和发展中起到至关重要的作用(Barry,2001)。

从以上的分析可以发现,在诸多力量的影响下,全球学术工作的管理都面临着不断变革。虽然有着相似的新公共管理的变化趋势,但基于不同国家的管理背景和传统,大学、政府和市场对学术工作发生影响的机制并不一致,三者对学术工作的控制力谁消谁长或是共同增长,都有待进一步研究。同时,新公共管理是否能够促进学术工作效率的提高、学术工作是否在这种管理变革下出现了"去专业化"的趋势都存在较多的争议。

第二节 我国学术工作管理的历史演变

西方与中国的高等教育体系在相当长的历史时期共存,并获得独立的发展,但源于不同的社会文化背景,发展出了完全不同的理念。实际上,中国古代甚至并没有发展出可以称得上"大学"的机构(Hayhoe,1996)。

到了清朝末期,西方的教育体系作为现代化的一个标志被引入中国。1898年,京师大学堂的建立标志着我国近代大学的正式诞生(郑登云,1994)。大学堂"择中国通人,学贯中西,能见其大者为总教习,然后可以崇体制而收实效"(蔡克勇,2003)。中国传统教育体制下的"教育官员"演化为大学堂的"教习",标志着中国现代大学学术职业制度的萌生。而1903年的《奏定学堂章程》规定大学堂教员可分成正教员和副教员两种,并对其文凭进行要求,同时明确了大学学术职业梯级,并开始重视学术职业者的学术研究能力(王应密,2009)。1912年10月24日,国民政府教育部公布的《大学令》,和其后颁布的《公立私立专门学校规程》、《私立大学规程令》、《直辖专门以上学校职员任用暂行规程》等进一步将聘任的标准进行了细化。甚至出现了把教学与科研成果作为晋升标准的条例,这无疑是大学教师评价机制迈向近代化的先声(邓小林,2004)。直至1948年颁布的《大学法》,第一次以法的形式将教师聘任等与大学有关的事务进行规定。至此,近代大学教育聘任的法治体系得以逐渐完善(邓小林,2005)。在薪酬方面,由于战争和政治、经济等原因,大学教师的薪酬无法得到保障。在北洋政府统治时期,尤其是1921—1927年,全国许多省份的教师都爆发了大规模的"索薪运动"(向仁富,2001)。在评价方面,南京国民政府成立后,成立了中央研究院,并设立了中央研究院评议会,负责对学者的学术成就进行总体性评估,并授予符合资格的学者以评议员或者院士等崇高学术荣誉称号。抗日战争时期,国民政府于1940年正式成立了教育部学术审议委员会,负责评估和奖励具体的学术成果。使大学学术评价制度更趋完善(徐斯雄,2011)。1941年至1948年,中央研究院经历了提出与确立、立法、筹备、候选人提名、资格审查、正式选举等多个步骤,成功选举首届81名院士。这标志着以院士为主体的国家学院体制化建设的最终完成,及中国现代学术体制化建构趋于成熟(李来容,2010)。

自中国共产党1921年诞生起,也以传播马克思列宁主义和培养革命干部为目标,在极端艰苦的条件下,创办了一批新型高等学校,包括湖南自修大学、工农红军大学、苏维埃大学、中国人民抗日军政大学、中共中央党校、陕北公学等(熊明安,1983)。

一、建国以来大学教师管理的阶段特征

依据学术工作的特点,本研究将建国以来的学术工作发展分为以下三个阶段:

(一) 纳学于政

1949年新中国成立时将众多私立高等教育机构收归国有,大学教师与其学术工作同其他群体和工作一起,通过"单位制度"被纳入"总体主义的统治形态",透过紧密的组织系统,个人、家庭以至社会均无可避免地受到国家权力的影响(Tang,1986)。高校便作为国家的"派出机构"(李书磊,1999)而存在,是一种"事业单位"。大学教师也是被国家任命,获得国家终身工作保障,同时要服从国家的调动与分配的"国家工作人员"。

1953年到1957年,我国实施了第一个五年计划。具体到高等教育领域,首先,在

大学的课程和组织中,引入了强调专业化的苏联模式。对大学的系科、专业进行了初步的调整,设置了国家迫切需要的专业,改变了建国前工科、师范、医科比重过小,而政法、财经居于首位的状况(蔡磊砢,2011)。其次,对大学的布局也进行了调整,逐渐改变高等教育集中在少数几个大城市的状态,有计划地在新工业地区、少数民族地区和老解放区发展高等教育(潘懋元,1955)。第三,国家投入大量经费进行高等教育的基础建设。到1955年上半年,国家投资修建高等学校校舍424万平方公尺(熊明安,1983)。1957年同1952年比较,高等学校在校生人数增长127％,在1957年达到424 000人(李富春,1955)。这一时期的另一个突出特点是对政治学习的重视,就是对政治课的领导和教育作用加强,对学者加强阶级斗争教育和时事政策教育(潘懋元,1955)。

在大学教师的管理方面,1956年《关于高等学校教师调动的暂行规定》中明确指出:"中华人民共和国高等学校教师,是国家工作人员,应该根据国家需要,服从调动……高等教育部可作统一的调动或调整。"在大学教师的职务等级方面,1960年的《国务院关于高等学校教师职务名称及其确定与提升的暂行规定》中划定的"助教、讲师、副教授和教授"四级职务奠定了我国的大学教师等级管理的基础。此外,在考评的内容和晋升的依据方面,此文件还指出:"高等学校教师职务名称的确定和提升,应以思想政治条件、学识水平和业务工作能力为主要依据;同时,对资历和教龄也必须加以照顾",建立起了政治表现、专业成果以及资历相结合的晋升标准。而各个级别的教师的晋升,又必须经过"校务委员会批准并转相应的学校主管部门批准"。也就是说,聘任和晋升教师的权力集中在国家各级政府部门手中。在教学、科研和发表方面,政府将教学内容、进度、教材、科研经费、内容都列入计划和规定之中。而所有的出版社和刊物都已机关化、政府化(魏承思,2004)。

这种大学教师管理方式有效缓解了建国之初高等教育师资匮乏、发展不均衡的状况。对大学教师"国家工作人员"的定位、稳定的终身工作保障、国家直接管理、能力与资历相结合的职称制度都有其存在的合法性基础。这样的制度安排将大学教师定位于"脑力劳动者阶层",将他们纳入到国家权力控制之中,使其服务于国家的发展并维护新政府的统治。这种制度设计的结果是大学教师必须服从和服务于国家意志,成为国家意识形态的拥护者、宣传者、立法者。

但从1957年6月的"反右派"斗争开始,高等教育发展曲折。大学教师因被列为"知识分子"这一社会类别,经受了冷暖交织、政治与社会地位起伏不定的考验(Eddy,

2007)。

综上所述,这一时期国家和政治的全面介入塑造了中国以行政为主的高等教育体制。呈现出如下几点特征:1)国家对高等教育的全面控制。新中国成立之初,国家采用了高度计划性和行政性的大学管理方式,这虽然在短时期内体现出整合资源、满足国家建设所需的优势(阎光才,2010),但机构臃肿、人浮于事的弊病也非常突出。同时,计划模式带来的结构性资源浪费,也是较长时期内阻碍高等教育发展的症结所在(郑海,1993)。2)大学教师对国家的完全依附。通过单位制度,大学教师在获得国家提供的基本生活保障的同时,不得不面临国家的时时干预,没有选择工作院校、职位、工作内容的自由。而在建国之初复杂的政治环境中,国家对于知识分子的定位和政策多变(Eddy,2007),多种控制和惩罚手段的使用更加强了大学教师对国家的依附(魏承思,2004)。3)强调大学教师的"教学"工作,特别是在意识形态方面的教学和宣传工作,科研工作有限。这一时期的教育工作以"培养社会主义建设者和接班人"为目标,以适应建国以后稳定政治、发展基础工作的要求。大学教师的工作考核也以教学工作为主。这一时期,高校科研的地位尚未真正确立,多以国家下达科研任务到少数重点大学的形式进行,科研方面侧重基础理论的研究(季明明,1994)。4)化工与机械等工科受到重视和发展,人文社会学科被大量裁撤。受到苏联教育体制的影响,我国高等学校进行院系调整,以适应国家重点建设基础工业的需求。而社会科学被冠以意识形态的色彩,在多次政治斗争中被打压,比例锐减。更谈不上研究和探索的自由(Margaret,2007)。人文政法等学科和大学也被大量裁撤(蔡磊砢,2011)。这一时期政治和权力的逻辑而非学术活动的内在逻辑成为高等教育运行的基础。国家作为唯一的办学主体主要依靠行政手段进行管理,而非经济和法规等手段(季明明,1994),高等教育体现出"纳学于政"的突出特点。

(二)学以致用

十一届三中全会之后,中国开始从计划经济体制向社会主义市场经济体制转变。特别是1985年《中共中央关于教育体制改革的决定》颁布以来,高等教育事业的发展进入了一个新的历史时期。主要的改革包括:1)收取学杂费,改变统招统分的格局。2)高等教育地方化,中央主管部门向国务院各部委、地方主管部门下放权力。3)根据人才市场信息调整专业结构。4)办学形式多样化,层次趋向低重心。5)后勤系统社会化(潘懋元,2000)。

在教学方面,1980年,国务院成立学位委员会,随后颁发了学位工作条例,开创了高层次专门人才立足国内培养的先河。1979年,全国高校科研工作会议中强调"高等学校承担着培养专门人才、发展科学技术的双重任务",首批来自全国各大学的1 750名中青年教学科研骨干被派往发达国家进修(季明明,1994)。与此同时,苏联的专业教育模式受到质疑,西方国家高等教育模式再次成为中国高校组织变革和改造的模仿对象(阎光才,2010)。

在科学研究方面,高校科技工作总体布局发生了很大的变化。从少数重点大学开展科研发展到几乎所有高校都不同程度地参与研究实验、开发推广、咨询服务(季明明,1994),由原教育部提出的支持基础性研究的若干重大建议,如建设国家重点实验室、设立国家自然科学基金等,先后被国家采纳并从"六五"末开始实施。高校科技工作逐步纳入国家科技计划渠道(季明明,1994)。从1987年起,国家教委开始改变科学事业费简单切块下达的方法,采用了从立项到核定经费经学校和国家教委两级评定的方法。评定的原则主要强调研究从应用中提出课题,通过研究又能反过来指导应用,创造显著的经济社会效益(季明明,1994)。

在教师管理方面,国家对经济发展的强调重塑了大学教师的工作。《中共中央关于教育体制改革的决定》指出:"坚决实行简政放权,扩大学校的办学自主权;调整教育结构,相应地改革劳动人事制度。"1986年,国务院发布《关于实行专业技术职务聘任制度的规定》和《高等学校教师职务试行条例》等文件,对"教师职务聘任制"进行了细化和说明。与过去的"职称评定制度"相比,主要的变化在于:"从原来按教学、学术水平评定职称转变到按工作需要设置职务上来;从职称与职责相分离状态转变到职务与职责的紧密结合;从长期以来形成的缺乏竞争,论资排辈的惰性环境过渡到一种强化竞争意识、奖勤罚懒、催人奋进的环境中来。"(中国教育年鉴,1985—1987)。同时,为了逐步扩大高等学校办学自主权,国家教委有计划地下放了一部分高等学校教授、副教授任职资格审定权,也出现了高校教师自主要求流动的案例(Chen,2003)。

1990年代,在经历了一段时间的"大学教师下海热"之后,大学的制度安排和大学教师的选择之间都更加理性,校办产业、承接科研任务和委托培养、开展科技咨询和服务、有偿转让科技成果等途径成为行之有效的双赢出路(季明明,1994)。改革开放初期对经济发展的重视使得大学教师作为"知识人"的权力得到了彰显,向国家命令权力产生的依赖性结构挑战。大学在经济发展中的作用突出,因而增加大学教师与国家"谈判的权力"(罗慧燕,1997)。国家改变了对大学财政上的"包揽"政策,使得大学教师有部分"横向经济来源",这为大学教师经济上的自主空间提供了社会基础

(Johnson,1991)。

综上所述,这一时期科研工作受到重视,教学工作也加入了培养高层次人才的内容。国家对经济发展的强调使得科学知识的"应用"价值凸显。国家投入大量资金资助大学科研工作,并使得科研工作从少数重点大学推广到大部分高校。高等教育"服务"社会的形式和途径日益多元和丰富,应用性的研究得到强调。此外,我国开始自主培养高层次专门人才,以推动和保障科研工作的持续进行。此外,大学教师增加了自主的空间和竞争、流动的机会,同时,高校也减少了对教师的生活保障。较计划经济而言,向社会主义市场经济的转型中,大学教师可以自由流动,按劳分配,选择岗位。但处于探索阶段的权力下放和市场经济,政策和制度多带有实验性和不稳定性。同时,在住房、医疗和退休方面,学校在逐步减少保障,转由市场和个人承担(季明明,1994)。同时,人文社科专业复苏,向应用性方向发展,并创建一批新兴边缘学科。人文社会科学专业的专业地位有所回升,特别是政法、财经类专业一跃成为增长最快的学科(蔡磊砢,2011)。这一时期,正是我国市场经济的形成期,大学开始与市场接触,并将部分后勤工作交付市场运行,但处于高等教育核心的学术工作并没有运用市场逻辑进行管理。同时,大学教师在意识形态上的拥护角色并没有因此减弱,仅是获得了被规训的竞争自由。高等教育能带来实际利益的期望使得政府愿意投入大量经费到大学,大学不再是只能躲在象牙塔中的文化机构,而是推动经济发展、提升国家竞争力的引擎,是具有经济效用的"公共机构"(Braun,1999)。

(三) 快速发展与混杂治理

自1998年开始,我国决定进行高等教育规模的扩大化。一方面是因为作为公民个人消费和投资的高等教育,能够刺激国家经济的增长。另一方面则是受到Schultz及Becker等学者提出的人力资本理论影响,认识到"人力素质"的提升和改变是决定经济成长的关键因素。到2003年为止,中国已经拥有"全球最庞大的高等教育体系"(Unesco,2003)。依据Trow(2006)的高等教育发展阶段标准来看,中国快速完成了从精英到大众高等教育的转型。但他认为,高等教育大众化的实质并不是高等教育规模本身,而在于规模扩张所带来的高等教育结构和特性的变化,包括教育观念的改变、教育功能的扩大、培养目标、学术标准、教育模式的多样化、课程设置、教学方式与方法、入学条件、管理方式以及高等教育与社会的关系等一系列的变化。在这些结构性的变化中,我国的高等教育大众化进程呈现出独特的"中国模式"(韩飞舟,2006;刘尧,2012)和"中国特色"(杨东平,2011;杨德广,2011)。

第一,中国的大学扩张采用的快速持续增长的混合扩张模式。内部扩张主要体现在以现有高校为基础,大幅扩大全日制在校生规模,并在现有高校内大规模开展在职继续教育和远程教育;外部扩张主要通过高职高专和民办高等教育的较快发展来实现(韩飞舟,2006)。在相当一段时间内,高等教育的主要追求在规模、数量的扩张上,形成了各地对于规模、速度、高等教育毛入学率的激烈攀比,成为了高等教育大众化的主要推力(杨东平,2011)。这样快速的全面增长,给大学教师学术工作带来的是成倍增长的工作量,生师比增大,教学对象多样性增强。

第二,一批精英大学也不同程度地受到大众化浪潮的影响。"在高等教育大众化进程中,经常会出现大众教育冲击精英教育的现象,甚至有的国家(如意大利)的精英教育遭受毁灭性打击(邓岳敏,2005)。我国在推进高等教育大众化时,其中一批精英型大学也涌入了大众化的浪潮,造成了高等教育大众化错位发展(潘懋元,2003;阳荣威,2005)。传统的精英教育基本上是为了培养学术型高级专门人才,课程设置着重于传授与研究"高深学问"。这种高级人才的需求量有限。现代化建设对人才的需求更多样化,需要应用型、技术型、职业型的各级各类专门人才。因此,大众化的办学类型必须是多样化的。所以,应该保留精英大学发展的定位和特色,同时,发展出多种层次和类型的高等教育,具有不同的培养目标与规格,设置不同的课程,采用不同的培养方式与方法(陈晔、徐晨,2012)。

第三,大学扩招、高校合并与升格过程中强烈的行政控制。国外高等教育大众化过程中,教育民主化思潮,教育机会均等和教育公平等理论构成了大众化发展的理论基础。而我国今天的高等教育大众化在总体上表现出一种国家的发展战略和政府行为(邬大光,2002)。政府用"看得见的手"直接干预,无论高校扩招、高校合并调整还是建设一流大学,都是强烈的行政导向,而非基于市场或学术的逻辑(杨东平,2011)。甚至我国今天的高等教育体制和结构都折射出精英教育和计划经济的烙印,层次结构、区域结构、科类结构等不尽合理(邬大光,2002)。

随着高等教育的大众化,大学教师群体内部也产生了分化。李冬和沈红(2009)认为:根据学术职业的经典定义,大学教师应具有学术性、自由性、独立性、竞争性、精神性等方面的特殊属性。但随着高等教育的大众化进程,传统的学术职业价值体系走向分裂,特别是一般水平的地方本科院校或高职院校的大学教师由于其所处的环境,按照有的学者提出的学术职业/专业化程度评估体系(知识、权力、伦理和社会利益)已经很少有机会完成自身的专业化过程了。

中国高等教育在前一阶段并没有进行实质的市场化,仅是与市场接触以及将后勤服务交给了市场。而到了这一时期,在高等教育扩招带来的财政压力下,国家积极动员各种社会组织及公民个人、私人企业乃至海外联合办学等形式,以求达到多渠道筹集资金和多元化办学,并倡导"产学研"结合的模式,以拓展更大的空间和动员更多资源来发展高等教育(Chan & Mok,2001;Ngok & Dwong,2002)。推动形成了多种"仿市场"的竞争方式(Mok,2001),例如:大学生入学市场、教师劳动力市场、学生就业市场等。

1998年,《高等教育法》的颁布以法律法规的形式明确指出"高等学校实行教师聘任制"。其后,1999年的《关于当前深化高等学校人事分配制度改革的若干意见》提出:"用2—3年的时间,在高等学校全面推行教师聘任制,实现由'身份管理'转向'岗位管理'"。2000年《关于深化高等学校人事制度改革的实施意见》对这一规定进行了细化,指出:"学校和教职工在平等自愿的基础上,通过签订聘用(聘任)合同,确立受法律保护的人事关系。它遵循按需设岗、公开招聘、平等竞争、择优聘用、严格考核、合同管理的原则,建立包括实施范围、公开招聘制度、人员聘用程序、聘用合同内容、考核制度、解聘辞聘制度。"在2010年新颁布的《国家中长期教育改革和规划发展纲要》第十七章五十三条中,重新强调:"实施海外高层次人才引进、长江学者奖励和国家杰出青年科学基金等项目,为高校集聚具有国际影响的学科领军人才。"具体到各个高校,其实施方式和进度有一些差异,拿人事制度改革走在前列的北京大学来看,现行的制度规定主要集中在2004年《北京大学教师聘任和职务晋升(暂行)规定》和2000年《北京大学关于富余、转岗人员管理暂行办法》两个文件中,其中规定了对外招聘与内部晋升相结合的方式以及分级管理,长任期和短任期相结合的方式(新人新办法、旧人旧办法),以及富余、转岗人员尽量在校内安置的原则。

在市场化的进程中,大学有区别于其他机构的特点。影响大学竞争的因素主要为办学规模、学科结构与学校声誉。大学竞争的目标不是垄断,而是形成分层分类的高等教育体系。李立国(2011)认为与企业相比,大学竞争的特点在于:1)作为非营利机构的大学,一般不会使用价格去招收那些希望高额付费的较低水平的学生入学,从而提高学校的收入。所以无论多么著名的大学,其学费不可能无限制上涨,并且这些大学还会提供奖学金,以吸引那些家境贫寒而成绩优秀的学生入学,以提高学校的竞争力。2)大学不会无限制扩大规模以满足入学者的要求,反而会控制规模,降低录取率。3)企业在竞争中会竭力打垮对手,并设法兼并对方。而大学竞争只会有强强合作,没有哪所大学会主动去兼并比自己名望低很多的学校,因为大学的科研和人才培养并不像企业生产和服务的标准化能够迅速转移。4)大学竞争的过程具有长期性和缓慢性,其关键原因是大学采用了"松散连接(loosely coupled)"的组织结构,各个部门相对独立,每个部门单位可以自我调整以适应变化。虽然竞争的过程是长期的,但依然是激烈的。5)企业以最小成本,最大利润为目标,而大学追求声誉最大化,为了追求声誉,甚至有成本最大化的趋势(马陆亭,1994)。6)教育特别是高等教育区别于其他产品和服务的一项重要特征是:它是一种连带产品(associative good)。当学生选择院校时,他们考虑的不仅是大学的老师、设备、校园及学术水平,而且还考虑学校的同学智力、先前成绩、财产和家庭状况、体育特长、社交能力等(汉斯曼,2004)。

此外,大学竞争带来的另一个问题是组织机构的分类和同质化。美国的大学分类标准是一种归纳的结果,而不是演绎的体系,更不是指导或限定各个学校发展的"办学原则"。在美国是先有高等教育机构的多样化,后有高等教育机构的分类标准。而我们常常希望通过"指定",并要求被指定的学校各就其位来实现高等教育的多样化,而在这样的行政"指定"过程中,表面上形成了高等教育的多样化发展,但却在实质上促进了高校模仿和逐渐趋同的趋势(汪发元、孙首臣,2012;牛蒙刚、于洪波,2012)。王占军(2011)以我国594所高校为样本,分析大学依赖程度、经受不确定性的水平与专业分化的关系。认为高等院校自身的"松散结合"(loosely coupled)组织特性、不稳定的政策社会环境、对重要稀缺资源的依赖性使得众多院校经受着向上层发展的压力,大学排名或者官方以及社会机构对于大学分类的变化都使得层级较低和中间层次的学校努力模仿高声望大学,出现了综合化趋同和学术漂移两种趋同。在组织机构趋同化的压力下,低层级高校的大学教师承受了更多的压力,他们不仅要结合本校当前的定位进行学术工作,同时还必须模仿和追求高声誉大学学术工作的模式和内容。而所有高校的大学教师面对高等教育市场化都出现了快速专业化发展、工作投入和工作压力增大、职业倦怠增强的变化(孙冬梅、孙伦轩,2011)。

罗兹(2011)认为,在全球化的时代,大学教师应该意识到自己作为"学术公民"的身份,他们不仅可以更广泛地获取知识,还可以更普遍地拥有表达观点和追求行动路线的巨大自由。建设世界一流大学,重点在于教师队伍的建设(顾秉林,2012),特别是具有国际竞争力的创新队伍(刘宝存、李润华,2011)。蒋立杰和黄明东(2012)认为:教师队伍的国际化是研究型大学发展的先决性条件。应理性认识教师队伍的国际化、建立与国际接轨的教师管理机制、加强国际化教师的引进与培养、切实提高教师的英语应用能力。

综上所述,这一阶段的高等教育变革对大学教师和学术工作带来的影响表现在以下几个方面:1)高等教育大众化的快速发展给大学教师的工作带来挑战。工作量成倍增加、工作压力增强、大学教师群体的构成日益多元,对其工作效率和成果有越来越多的评估和要求。2)类市场(market-like)和准市场(quasi-market)的机制开始深入到学术工作的运行和管理中来。大学教师工作的竞争性、流动性增强,稳定性减弱。特别是中层和低层高校的大学教师,受到组织竞争趋同化的影响,他们必须努力模仿和学习高层级大学教师的工作方式和内容,因而面临更大压力。3)大学教师的工作更多受到国际性评价指标的影响。教材的使用、教学方法和技术、科研的评价指标、教师的聘任方式都在向西方高等教育靠拢,一些本土化的学科和研究因无法满足国际评价标准而面临被边缘化的危险。4)政府、市场、学术共同体从不同方面加强对学术工作的影响和控制。三者对学术工作不同方面的强调导致学术工作在不同层次的高校间、不同的学科之间以及不同的大学教师群体之间出现了分层与分割(卢乃桂、黎万红、李琳琳,2011)。

二、当前的学术工作管理政策

(一)高校教师聘任制改革

聘任制改革是高校人事制度改革的核心,包括了公开招聘制度、人员聘用程序、聘用合同制度、考核制度、解聘辞聘制度等一系列人事相关的管理改革。在聘任制改革之前,中国大学教师有稳定的终身工作保障。晋升是基于大学教师的"思想政治条件"与"学识业务",并考虑教师个人资历因素。同时,任用新的大学教师以及教师职称的评定都需由国家权力的执行者,即各级党组织给予最终核定,因而大学教师也没有自主流动的自由。这样的人员管理体系虽然在短时期内体现出整合资源、满足国家建设所需的优势,但机构臃肿、人浮于事、缺乏激励的弊病也非常突出(阎光才,2010)。此外,计划模式带来的结构性资源浪费,也是较长时期内阻碍高等教育发展的症结所在(郑海,1993)。

聘任制改革始于1986年国务院发布的《关于实行专业技术职务聘任制度的规定》以及《高等学校教师职务试行条例》,文件指出,与过去的"职称评定制度"相比,聘任制度的主要变化在于:从原来按教学、学术水平评定职称转变到按工作需要设置职务上来;从职称与职责相分离状态转变到职务与职责的紧密结合;从长期以来形成的缺乏竞争,论资排辈的惰性环境过渡到一种强化竞争意识、奖勤罚懒、催人奋进的环境中来(中国教育年鉴,1985—1987)。同时,为了逐步扩大高等学校办学自主权,国家教委有计划地下放了一部分高等学校教授、副教授任职资格审定权,从而成为高校教师自主流动的开端。但是,由于受到社会整体人事体制在编制、户口、退休、医疗保障等方面计划模式的影响,这一改革并没有产生实质的变化。1989年人事部要求对聘任中的问题进行复查,聘任制的改革被暂停(周进,2010)。

直到1999年《关于当前深化高等学校人事分配制度改革的若干意见》的出台,聘任制改革进入了一个新阶段(周光礼,2003)。文件指出:"用2—3年的时间,在高等学校全面推行教师聘任制。"2000年《关于深化高等学校人事制度改革的实施意见》对这一规定进行了细化,指出:"遵循按需设岗、公开招聘、平等竞争、择优聘用、严格考核、合同管理的原则"进行聘任改革。在这之后,清华大学、北京大学、中山大学等高校开始了新的聘任制改革的尝试,政策争议进入高潮。2010年新颁布的《国家中长期教育改革和规划发展纲要》第十七章五十三条中,重新强调:"创新人事管理和薪酬分配方式……为高校集聚具有国际影响的学科领军人才。"大学教师聘任改革打破了我国长久以来的终身聘任制,对教师进行定期考核,优胜劣汰。其政策目标在于充分调动教师的工作积极性,且提供一个退出机制,使那些表现不佳的教师及时退出。这样就在大学教师之间、大学之间都形成了一种"仿市场导向的竞争",这种竞争以"基于量化指标的表现性评估"为基础来进行,从而实现大学教师这一人力资源的优化配置。

国家关于大学教师聘任改革的政策目标是否在大学得以实现,在多大程度上得到实现?还是有待研究的问题。具体到各个高校,其实施方式和进度有一些差异,就人事制度改革走在前列的北京大学而言,现行的制度规定主要集中在2000年《北京大学关于富余、转岗人员管理暂行办法》和2004年《北京大学教师聘任和职务晋升(暂行)规定》两个文件中,采用了对外招聘与内部晋升相结合的方式,进行分级管理,长任期和短任期相结合的方法(新人新办法、旧人旧办法),以及富余、转岗人员尽量在校内安置的原则。虽然截至目前,在全国高校教师中,解聘和辞聘的教师比例并不高,大部分教师仍有较稳定的工作保障(刘献君等,2009),但定期考核制度和职务晋升制度与大学教师工作的回报和发展息息相关。考核体系中,各种学术工作所占的权重、标准、方式方法,晋升中各种学术工作的指标和权重,都对学术工作的执行和感知产生了深刻影响,亦是实践和理论关注的重点。

（二）大学扩招与本科教学评估

中国高等教育自 1998 年开始，进入快速扩招期，在此后几年里完成了从精英阶段到大众阶段的发展①（Trow，1974）。在扩招过程中，中国逐渐建立起一个多样化、分层级的高等教育体系。这一策略使得机构间的差异开始拉大，使得大学的定位和功能产生明显的区分，不同类型的大学对学术工作的不同方面有所侧重。中国大学的分层，一方面是仿市场竞争的结果。但更重要的一方面，是中国政府意志的表现。仿市场的竞争使得不同的大学寻找自己的比较优势，满足不同层次的需求，从而提高生存机会（Meek，Goedegebuure，Kivinen & Rinne，1996），同时这种竞争也会使其他机构模仿优势机构，带来机构间去多样化和同质化的倾向（Van vught，1996）。政府的意愿则体现在，他们对不同层级的大学分配相应的权力、资源和职责，特别是"211"和"985"工程的实施，对其中一部分高校采取重点建设和资助的策略，拉大了机构间的差距。中国不同层级的大学在学术工作上面的倾斜表现在，高层级的大学被冠以"研究型大学"的名号，而往下依次是"研究教学型"、"教学研究型"和"教学型"的大学（武书连，2003）。大学的层级与学术工作的不同方面相对应，也对大学教师学术工作的内容、执行和感知带来影响。

本科教学评估也是在快速扩招的背景下，为了保证教学工作的质量，而实施的一项政府主导的评估政策。教育部在 2003 年发布了《教育部办公厅关于对全国 592 所普通高等学校进行本科教学工作水平评估的通知》，指出："建立 5 年为一周期的全国高等学校本科教学质量评估制度。"2007 年的教高 2 号文件《教育部关于进一步深化本科教学改革全面提高教学质量的若干意见》中也要求"教育部将根据国家对提高高等教育质量的新要求，继续开展并不断完善高等学校教学质量定期评估制度，把教学评估的结果作为衡量高等学校办学水平的重要指标，以评促建、以评促改、重在促进教学工作、重在提高教学质量。建立高等学校教学基本状态数据年度统计和公布制度，并作为教学工作评估的重要依据"。从这些文件资料中可以看到，我国的本科教学评估政策，为了避免繁琐的、专业的、过程性的控制，将教学活动简化为可测量、可比较的指标，以实现政府对专业工作的控制。并且，量化评估的结果成为决定高校命运的重要依据。

---

① 根据 Martin Trow 在 1974 年提出的划分标准，高等教育毛入学率（指当年各类高等教育在校生数占 18—22 岁人口比重），在 15% 以下属于精英教育阶段，15%—50% 为高等教育大众化阶段，50% 以上为高等教育普及化阶段。

（三）产、学、研结合

产、学、研结合政策在多项国家规划中被多次强调。例如，2005年实施的《国家中长期科学和技术发展规划纲要（2006—2020年）》明确提出"要建立以企业为主体、市场为导向、产学研结合的技术创新体系……使产学研结合逐步成为政府、学术界、产业界共同关注的议题"。此外，2010年颁布的《国家中长期教育改革和发展规划纲要（2010—2020年）》也强调"加强应用研究。促进高校、科研院所、企业科技教育资源共享……推进产学研用结合，加快科技成果转化"。产学研结合政策强调一方面以应用和整合为取向的知识生产方式，促进科研工作在促进经济发展中发挥作用，是高等教育机构提供公共服务的一种方式。另一方面是在高校扩招、经费紧缩的情况下，拓宽经费来源渠道，引入外部资金的重要途径。在知识经济社会中，知识成为经济发展的原材料和推动力。传统的知识观将知识作为公共财产（Merton，1968），而知识经济时代，知识则通过法律以版权、专利、商标等形式将知识个人化及产品化（Slaughter & Rhoades，2004）。当科研成果被运用到产品的生产时，使用者必须向科研成果的所有者付费（Stokes，1997）。因此，横向研究、校办企业、个人咨询、专利的贩售等作为重要的产学研结合的方式受到重视，大学的资金来源也跳出了公共经费的范围，拓展到了各种企业、团体和个人。

以上的高等教育改革中，"高校教师聘任制改革"基于量化指标的表现性评估，使学者之间和高校之间形成聘任和晋升的仿市场竞争。大学的扩招导致多样化的经费来源，大学的分类是在高校之间的仿市场竞争过程中互动形成。"本科教学评估政策"重点体现了"基于量化指标的表现性评估"的管理方法。"产、学、研"结合政策则强调多样化经费来源。这些管理方法体现了新公共管理的部分特征。每一项政策都对学术工作的不同方面有了新的要求，它们会对学术工作的内涵、执行和感知带来什么样的影响？由于中国高校政策变革而引发的学术工作的变化正是本研究试图关注的议题。

三、国内对学术工作的理论研究

学者们普遍认为学术工作的内涵具有宽泛性和模糊性。叶赋桂（2005）参考Boyer对学术工作四个领域的分类，提出中国的学术工作应包括：教学、科研、社会服务和管理四个领域。一方面，学术工作的宽泛和模糊可能带来不同学术工作之间的背离和脱节。最明显的是教学与科研的背离（吴洪富，2011），刘献君等人（2010）通过问卷调查发现：教师持有建构主义的教学观和客观主义的科研观；但教学对科研的促进作用小于科研对教学的促进作用。此外，社会观念的影响和高校的评价方式也进一步激化了这种背离(杨燕英 etc., 2011)。另一方面，学术工作的宽泛性和模糊性也有可能为部门及其成员提供自由、自主发挥的空间，营造出大学所特有的学术氛围(阎光才，2000，1999)。

在研究方面，许多实证研究普遍认为学术研究在满足知识分子好奇心，培养科学发现的快乐感和荣誉感方面作用明显(阎光才，2000b)。研究工作是一项需要个性修养和特殊想象力的工作(王保星，2007)；再者，教学方面的专业发展是当前中国大学教师所急需，因为研究方面的专业化发展建立在严格的学术训练基础之上。而教学行为的专业化和学术性的探究却缺少相应的训练和支持，这在规模迅速扩张后的中国高校尤其重要(例：张应强，2010；王建华，2007)，大学教学评估等政策的出台也给大学教师的教学带来了更多的制约。吴薇等人(2011)对比中荷两国高校教师教学信念，认为两国教师都偏好"学生中心"的教学取向，但与荷兰教师相比，中国教师仍然十分重视学生能否学有所成。徐继红和董玉琦(2010)的实证研究发现教师自评结果显著高于学生评价结果。思政系列课程在中国大学的课程中占据特殊的地位，教师不仅要应对学生们普遍存在的抵触情绪，还要满足国家对于课程内容和教材的严密控制(Lai & Lo, 2011)。其次，学术工作中服务的概念在中国的理解存在混乱(徐岚、卢乃桂，2012)，较少提及服务的利他主义原则，将有偿校外工作都归为服务，较少将服务与教师的专业地位和声誉相联系。最后，一些学者(胡金平，2005；王全林，2005；杨杏芳，2004)从大学教师作为公共知识分子的社会责任这一角度进行分析，认为学术工作还应该包括技术化的批判和道德批判。前者承认既有体制，在体制内进行一种理性的、试错式的改良。后者从应然角度对实然进行批判。

大学教师参与学术管理方面，我国大学教师在学术政策和学术性决策中的影响力非常有限，学术权力行使不充分。当下我国高等教育管理强调的问责方式，也对学者参与咨询和决策产生了冲击(柳亮，2011；陆根书等，2010)。一些学者管理层获得了较多的决策权和资源(Lai, 2010b)。与国外高校相比，我国在校院权力的分配上，出现上移与集中的特点，学院的权力相对较少(周作宇、赵美蓉，2011；宜勇，2004)。在学术工作的决策中，我国大学缺失的是学术共同体的力量，以致学者无法参与到校务的咨询和决策中去(杨移贻，2010；阎光才，2011b)。学者通常要面对来自个体的自主探究权力、源于学术共同体内部的集体权力、来自外部政府和机构的行政权力等相互间的冲突。一个可供考虑的路径选择是如何在其制度设计中体现三种权力间结构性的平衡。此外,教授委员会制度作为一个学术共同体发挥作用的机制应该得到不断完善(Lai, 2010b;毕宪顺、赵凤娟、甘金球,2011)。针对大学中学术权力和行政权力的冲突问题,王英杰(2007)从文化的视角分析了其形成的根源:教师的忠诚指向的是知识和他们的学科专业,工作的基础在于对真理的追求,其权力来源是学术权威和学术影响力。行政管理人员则是为大学这一组织实体服务,焦点是大学的公共责任,其权力来自于工作岗位。李海萍(2011)通过对近百所高校各类学术权力机构成员行政背景的实证调查发现,高校学术权力机构成员资格的获得与其拥有中层以上行政职务高度相关,即使是研究型高校的学术权力也并不能独立于行政权利。

从时间维度分析大学教师的工作,大量的实证研究证明性别、职称、大学层级等因素影响了工作时长和时间分配。男教师工作时间更长,科研时间比例更高,教学时间比例较低(沈红等,2011)。与低职称教师相比,正教授工作时间最长,科研时间比例更高(卢乃桂等,2011;陆根书等,2010)。与一般大学相比,"985"大学教师的工作时间更长,科研时间所长比例更高(史静寰,2012)。此外,大学教师不得不投入越来越多的时间到各种行政杂务上。实证研究表明,为大学教师配备秘书、教辅人员和研究辅助人员,将他们从行政杂务中解放出来,有利于增加工作满意感,减少教师的职业流动意愿(谷志远,2010;龚波、周鸿,2007;李志峰、谢家建,2008)。

在学术工作的管理制度上,新的聘任制改革对大学教师的工作稳定带来挑战(Chen, 2003;黎万红、卢乃桂,2008;王保星,2007),其目的在于优化配置高校教师资源。在这样的学术职业流动中,我国大学教师呈现出单向性、阶层性、能动性与羊群效应等特征(李志峰、杨开洁,2009;潘奇、唐玉光,2011)。与人事制度相配套的薪酬制度方面,当前中国高校的薪酬激励机制以效率为标准和取向,虽然有效激发了学术工作者能动性,但不利于学术创新环境的形成(李志峰、李菁华,2007)。关于工作的前景与晋升,别敦荣和陈艺波(2006)认为,应建立起合理的学术职业阶梯。我国学术职业阶梯是一个全国统一的体系,阶梯跨度相对较大,且阶梯间的异动以院校为基础封闭运行。此外,博士生的学术职业期望也非常重要,蒋承(2011)进行的一项实证研究表明,博士就读动机是其选择学术职业的主要驱动力,此外,就读于高层级的大学、导师是教授等因素也对其期望有正向作用,同时存在非常显著的学科差异。阎光才(2011)对于我国学术英才成长过程的一项实证分析表明,个人兴趣和意志力是影响其成长的显著变量,此外,我国英才身份的获得与行政身份、研究资源拥有量、从职年限等都存在强相关。

管理制度变革使得大学青年教师问题突出。一种观点认为,作为高校人事制度改革的首要对象、高等教育国际竞争的重要力量以及话语权和薪资收入等方面的弱势群体,高校青年教师面临着日渐增强的身份危机,进而影响着进一步的职业发展(郭丽君、周清明,2011)。另有观点认为,即便目前高校青年教师面临诸多压力,但随着我国高等教育的国际化程度日益加深,一系列的人才计划对海外留学人才归国就业吸引力强劲,高校青年教师群体也享受着前所未有的政策红利与发展机遇。谷志远(2011)通过实证研究发现,个性特征和环境因素对高校青年教师的学术产出绩效均具有比较显著的影响,其中拥有博士学位、工作年限、已有工作成就(职称)等对青年教师的学术产出有较大影响。

在学术文化方面,学者们认为在高深知识的发现、传授和应用过程中形成了学术职业特殊的文化,例如,自由探索的文化、勇于批判的文化、大胆创新的文化和严谨求实的文化等(杨移贻,2010)。自主、自由、学术至上构成了学术职业发展内在逻辑的主体(宋旭红,2007)。但当前学术环境"市场化"对大学教师的职业文化产生了显著影响(王保星,2006),大学教师在保留传统对学院和学科的"双重忠诚"的同时,开始形成一种外部"市场忠诚"。孙冬梅和孙伦轩(2011)认为高等教育的市场化从专业成长、工作投入、职业压力、工作倦怠等方面影响着大学教师的工作。此外,政府主导的仿市场行为的竞争也导致高等院校的组织趋同,出现学术漂移的趋势(王占军,2011;李立国,2011)。同时,大学教师之间的关系也因为市场的介入复杂化,课题管理方式顺应市场的需求而产生。教师除了与官方(学校管理者)之间存在聘用的合同关系外,还在教师之间,尤其是与课题经理之间构成了雇佣与被雇佣的合同关系。这使得他们之间的关系类似工厂或商业上的"劳资关系",利益冲突就尤为直接和尖锐(周艳,2007)。

另一种对学术文化的侵蚀来自我国学术职业群体中的"关系化"倾向(马陆亭,2005)。Tam 和 Chen(2010)分别对五本中国大学期刊和五本西方大学期刊进行了分析,发现在中国大学的期刊发表的文章中,编委和所在学校教师所发表的文章数比例失衡。这源于保护主义、学术问责和"关系"在学术发表中的作用。中国大学期刊应该建立起专业的重新评估体系,强化专业责任和伦理。从 Lai 和 Lo(2007)对中国一所地方大学的访谈中也发现,中国政府采取了一系列的措施,实际上加强了政府对大学的监管,大学教师明显感受到了"去专业化"的倾向。教师必须运用"学术资本"弥补资源短缺带来的问题,"关系"强有力地影响着学者的学术地位。钟云华(2012)基于一所高教的职称评审数据进行实证分析，学缘关系对大学教师学术职业发展的影响显著，本科、硕士与博士在同一所学校就读并留校任教的大学教师学术职业发展可能性最大，具有硕士学缘关系的大学教师学术职业发展可能性最小。

学术失范与学术不端行为是另一个讨论的焦点（杨小敏，2010；吴振利，2010；罗志敏，2010；李爱君，2009；戎华刚，2011；张英丽，2012）。罗志敏（2011）通过运用故事情境投射研究法进行的实证研究结果认为，我国大学教师的整体学术伦理水平偏低。这严重侵蚀了健康互信的学术文化。并且，这类学术不端行为在审计文化的盛行之下，在监督惩处制度不健全的土壤之中滋生和泛滥开来。闫光才（2011）采用问卷进行的调查研究也发现，我国学术失范主要受资助制度、高校内部保障制度、晋升制度和奖励制度的影响。只有确保这些制度中标准和程序的合理与公平方是防范学术失范的核心。刘尧和余艳辉（2010）提出可以从学术声誉入手遏制学术不端行为。由此引发的对于师德问题的讨论也受到广泛的关注，师德不是一个孤立的概念，它既是物质的又是精神的，它与学术责任观的建构以及教师发展相联系，需要整合教师各种角色和职能，将育人融入课堂，重视教师专业发展，满足教师发展"以人为本"的需求（徐岚、卢乃桂，2010；江新华，2003；李菲，2012）。

第三节　学术工作的理论探究

一、学术工作的内涵

学术是什么？学术工作包含哪些内容？学术工作不同层面之间的关系如何？关于学术工作内涵的系统讨论始于19世纪工业革命和科学主义兴起之后出现的现代大学。

19世纪初期，德国Homboldt（1809）建立了以科研工作为主、教学和科研协调统一的学术工作观。他认为，大学的任务一方面是对科学的探求，另一方面是个性与道德的修养。Homboldt所说的科学即哲学，他认为思辨的哲学是科学发展的极致，是科学诸学科的升华和纯粹形式。纯科学不追求任何自身之外的目标，只进行纯知识、纯学理的探求（Humboldt，1809）。所谓修养，是新人文主义的重要概念，指一种道德和人格上的境界。"由科学而达至修养"（Bzldung durch Wtssenschaft）的原则不仅概括了大学的双重任务，同时它还表达出了双重任务的关系，即大学的活动为从事科学，其根本目标在于促进学生乃至民族的精神和道德修养的提高。但科学活动有其独立的价值，并非后一目标的从属物。如此看来，大学完全是从事科学的机构，非狭义的教育机构。因此，Homboldt极其强调创造知识在大学中的核心地位。因而，在"唯科学是重"的柏林大学模式下，教师的首要任务是自由地从事"创造性的学问"，每个学生应该至少在日益增大的"知识金庙"上置放一块砖石。当然，这一模式同时也要求教师从事一定的"教学工作"。德国这种大学理念逐渐影响到欧洲各国，中国现代教育家蔡元培领导的"北大改革"就是以德国大学模式为重要借鉴的。在20世纪初，德国成为世界大学的耶路撒冷（金耀基，2000）。

19世纪中期，Newman基于英国的人文主义传统，认为教学应该是大学唯一的工作。1851年，Newman应邀出任新创办的都柏林天主教大学校长，他为宣传这所新办的大学作了一系列演讲，后几经修改和扩充，1852年集成《大学的理念》(*The Idea of a University*)一书。他从词源学的角度认为，"大学(university)是传授普遍(universal)知识的地方"(Newman & Yardley, 1931, p. 3)。据此，他认为大学的目的有两方面，"首先，大学教育是理智的，而非道德的。大学教育的目的是理智训练，发展人的理性。其次，大学教育重在传播和推广知识而非增扩知识"。在对大学的教学功能进行的辩护中，Newman提出"有许多其他的机构比大学更适合促进哲学探索和拓展知识边界，例如法国和意大利的文学和科学'学会'(Ibid, p. 6)"，此外，就个人来说，教学和研究是两种迥异的功能，也是迥异的才能，一个人兼具这两种才能的情形并不多见。《大学的理念》被认为是重教学轻科研的重要代表著作。

美国大学在借鉴英德模式的基础上，逐渐发展出自身特色，确立了教学、研究和服务三种类型的学术工作。随着1862年《莫里尔法案》(*Morrill Act*)在美国的出台，学术工作在工农业发展和国家建设中的作用得到凸显，因此，服务作为第三种主要的学术工作内容受到重视。曾任美国加州大学伯克利分校校长的Kerr，在1963年出版了《大学之用》一书。提出了"多元巨型大学"(multiversity)的理念，将教学、研究和服务三种活动联系起来，使大学的功能复杂化、各种工作的界限也模糊化。他认为多元巨型大学不再是一个有机体，而是由多个社群组成，"本科生社群和研究生社群；社会科学家和自然科学家社群；专业学院社群；一切非学术人员社群；管理者社群。这些社群各不相同，甚至相互矛盾。多元化巨型大学的界限很模糊，它延展开来，牵涉到历届校友、议员、农场主、实业家——而他们又同这些内部的一个或多个社群相关联(Kerr, 2001, p. 14)"。克尔认为现代美国大学中可以实现一种看来不可能达到的一致："本科生力图追随英国模式，并从历史上追溯到柏拉图，人文主义者在这里经常可以找到共鸣；研究生的生活和研究追随德国模式，从历史渊源上追溯到毕达哥拉斯，对所有这一切,科学家给予全力支持。'较小的'专业(指比法律和医学专业)和服务性活动追随美国的模式,并从历史上追溯到雅典的智者学派,社会科学家最能与它产生共鸣(Kerr,2001,p.13-14.)。"

但当大学与社会的结合越来越紧密,对其服务的要求也不断增多。在这样的时代背景下,Clark 在前人的基础上,强调学术工作的知识基础。他将学术工作定义为"致力于发现、保存、修订、传播和应用知识的工作"(Clark,1983,p.12)。Clark 虽然指出了学术工作中的核心部分,但随着新公共管理的发展,学者被要求用最小的投入做更多的事情。Rowland(2006)和 Kogan(2007)认为,学术工作的内涵已经超越传统的范围,不断扩充。那些与学术发展、多媒体专家、教育技术和学习指导相关的工作也被包含进来。Enders 和 Weeret(2004)把他们统称为"次级工作(second-tier activities)"。例如,与质量保障、职业发展、院系运行相关的一些工作。据此,Light 将现代学术工作分为三个相互关联的维度:第一,学科性工作(disciplinary work),即与学科以及学科目标而不是具体的工作相关的活动,个体扮演学科共同体中成员的身份;第二,机构性工作(institutional work),指与特定机构中学术成员的雇佣和升迁相关的活动,个人扮演正式学术组织中被雇佣者的身份;第三,额外性工作(external work),即利用学科专业知识承担机构之外的活动,如咨询、政府服务、公共讲座等,是前两者的溢出和放大效应(Finkelstein,1984)。

这些在不同历史时期得以强调的学术工作层面之间关系如何?应该如何进行协调和评价?Boyer(1990)提出了四种相互联系和促进的学术:发现、整合、应用与教学(scholarship of discovery, integration, application and teaching)。发现的学术是指探究新问题、增进新知识的学术,知识本身作为其终极目标,以学科知识的形式进行自由的探索;教学的学术则是探究知识传递的方式方法以及学术接班人的培养;整合的学术是指学者们将自己研究领域的知识同其他领域的知识相结合起来,形成关于世界的一个整体性的认识;而应用的学术关注将学科知识的探究同社会发展和人类的生活结合起来,促进其发展。这四种学术工作应该被给予同等的重视和回报。只有这样,才能跳出教学与科研关系的怪圈,把大学看作是一个"以教育为目的的社群",教师和学生持有相同的学术目标,共同努力促进教与学。

Braxton(2002)等学者进行的一项全美四类学科的调查研究表明,Boyer 所提出的四个领域的学术工作在大学教师的日常工作中并没有得到同等程度的制度化。在结构层面,四种学术工作都有明显的制度化的表征。但到了过程层面,只有发现的学术和教学的学术得到凸显(这些活动成为日常工作的一部分)。再到接纳的层面,仅有发现的学术被机构成员重视和认可。在 Boyer 对于学术工作重新定义的基础上,Rice (1992)对学术工作之间联系的认知基础进行了分析。他借用 Kolb(1984)对学习过程的分析框架,从认知(knowing)的两个维度——"知识是如何被感知到的"和"知识是如何获得的"入手进行分析。这四种学术在以知识的感知为纵轴、知识的获得为横轴组成的二维空间中,处于不同的位置。第一个维度的一极代表从抽象的分析入手感知知识,旨在寻找到客观性,需要明确的学科分类和价值无涉。另一极则是从具体的情境、关系和价值共同体中感受知识;第二个维度的一方能侧重通过反思和观察来获得知识,另一方则是从更积极的行动过程和实践中获取知识。发现的学术和整合的学术都倾向于通过反思和推理获得知识,但在知识的感知方面,前者更多从抽象性的分析入手,后者从具体的、情境性的问题入手。教学的学术和应用的学术虽然都通过实践性的参与来获得知识,但前者从具体的教学情境中感知知识,后者更倾向于从抽象的分析来感知知识。

在教学学术方面,Shulman(1999)在 Boyer 的基础上进行了理论修正,认为教学和学习是高等教育中紧密联系的两种活动,教学学术应既是关于教的学术也是关于学的学术,提出了"教与学的学术"(scholarship of teaching and learning)。并积极促使大学建立相应的制度保障其实现。基于这一理论,美国、澳大利亚、英国、瑞士等地高校近年来纷纷建立了类似于"教学发展促进中心"的组织,来促进教学工作的发展(例: Vardi & Quin, 2010 for Australia; Martensson, Roxa & Olsson, 2011 for Sweden; Shreeve, 2011 for UK; Cranton, 2011 for USA)。

从上文的梳理中可以发现,学者们对"学术工作应该包括哪些内容,他们的关系应该如何理解"的讨论,在不同的国家和历史时期有不同的侧重。19 世纪初期的德国模式强调应以研究工作为主,教学与科研相结合;19 世纪中期的英国模式强调教学;二战前后的美国模式发展了服务。20 世纪 80 年代以来,强调不同工作间统一的知识和学术基础,认为他们应该进行整合、协调和相互促进。虽然这些理论上的分析并不能完全决定学术工作的制度安排以及学术工作的真实状态,但它通过一系列的舆论和理论传播渠道发挥着影响力。

二、学术工作的执行

(一) 学术责任: 有限自由的学术工作

近 20 年来,随着新公共管理对问责的强调,公众和管理者的注意力从"学术自由"

转移到"学术责任"上,学术工作的责任不断增加和扩展(Fanghanel,2012;Meyer,2012;Hardy,2010;Malcolm & Zukas,2009;Neumann,2009),并对学术责任的履行情况进行形式繁多的评估和比较。Kennedy(1997)的《学术责任》(*Academic Duty*)一书就是这一时期的典型代表。作为斯坦福大学的前任校长,他认为"大学遭受批评的根源在于,大学内部不能认真承担责任。社会慷慨地赋予大学以学术自由,而我们却没有注意到事物的另一面。如果我们能澄清对责任的认识,并获得公众对它的接受,我们就已经履行了对养育我们的社会的一项重要义务。这项义务构成学术责任的最高制度形式"(Ibid, p.2-3)。

Kennedy认为学术工作应该承担起对社会大众、学生、大学、新入职的学者的责任。Kennedy提出的学术责任主要可分为四类,第一类是教学,包括课堂教学和学生指导。教学方面,他认为现阶段大学对于教学的忽视是非常不合适的,教学应该培养学生文化意识的觉醒、分析能力、知识好奇心、职业准备以及领导力;指导同教学的区别在于,它是更个性化的,发生于课堂之外的,教师与研究性的学生之间的,对于学术接班人的全方位的培养。第二类是研究,包括发现、发表和求真。发现这一功能在近些年受到非常多的重视,当前的学术发现需要更多的时间和资金的投入,但问题在于如何处理它与其他责任之间的关系,以及如何更好地规范研究的过程及成果的评估;发表作为学术共同体学术交流的一种方式、作为表现性评价的重要指标,在受到重视的同时,面临着多作者、归属争议甚至学术剽窃带来的一系列问题;Kennedy认为求真是公共对于大学信任的重要来源,如果学术工作被夹杂了更多的个人利益、贪婪和欺诈,这一信任的基础以及大学的根基就不复存在。第三类是服务,包括服务于大学、服务于社会。服务于大学意味着大学教师并不仅仅作为被聘用的人员,同时也作为大学管理事务的参与者,必须参与学院的管理、规则的制定以及政策的执行;服务社会是近年来才受到重视的责任,这源于知识在社会进步和人类发展中日益重要的作用,因此,应用性的研究得到长足的发展。最后一类包括职业准备和变革。现存的职前准备缺乏对教学责任的关注,且没有从一个专业的学习者到一个创新的学术工作者之间的转换阶段;变革这一功能是基于大学处于社会发展最前沿这一论断,学者在引领社会变革的同时,自身也需要不断地创新以适应社会发展的需求。

Kennedy的学术责任观是学术共同体对外界质疑和批评的一种反思性的回应。责任意味着传统意义上的放任型学术自由受到规限,但是学术工作需要承担如此多的责任吗?能够同时承担这些责任吗?如果学术责任这一概念体现了学术工作变迁的全球趋势,那么大学教师又是如何应对这些带有强制意味的责任的呢?

(二)学术工作执行中的挑战

受到经费的限制,以更少的资源做更多工作成为大学教师不得不面对的现实(Kogan & Teichler, 2007)。鉴于学术工作的复杂性,大家希望在学术工作的各个方面都做到最好,但是这种复杂和自由同时也会导致对一些工作的忽视。对学术工作执行情况的量化研究非常丰富(Fox, 1992; Carvalho & Santiago, 2008; Barnett & Barnett, 2009; Trice, 1992),其中,较典型的是卡内基基金会进行的两次大规模跨国调查(Boyer & Altbach, 1994; Altbach, 1996; 2000)。

在教学方面,首先,大学教师要面对班级人数增多、学生背景多元(能力、文化、年龄、种族、语言)、消费者意识增强等变化(Kwiek, 2003; Malcolm et al., 2009)。这使得大学教师不仅课时数增加,还要不断进行知识的更新、新科技的运用、教学方法的调整,从而去满足多元和多变的学生需求(Houston et al., 2006; Fanghanel, 2012),同时,给予每个学生个体化的帮助和指导更难以实现,由于扩张带来的学生质量问题,也成为影响大学教师感知的因素之一(Rosser, 2004)。其次,出现了用科研经费换取免于教学工作的现象(Buying-out teaching for research)。新公共管理强调表现性指标和产出的情况下,科研被给予更多的重视,成为教师间竞争和考评的重要指标(Billot, 2010; Leisyte et al., 2009)。Smith等学者(2012)注意到世界各地的高等教育机构普遍出现了这样一种行动策略:教师们用科研获得的经费换取自己免于教学的权力,聘任大量的临时人员承担教学工作,从而为自己换取时间进行更多的科研工作(Halcomb et al., 2010; Smith & Coombe, 2006)。澳大利亚的一项实证研究表明,机构和教师个人决定采用这种交换策略时考虑了很多因素,也意识到一些高难度的课程不能运用这种策略。临时人员承担教学工作,降低了教师和学生对教学过程的投入感,其教学质量也缺乏质量监控,长此以往,影响堪忧(Smith, 2012)。

研究方面,首先,资助主体的变化、获取资助的竞争性加大,增加了研究的难度。在卡内基基金会组织的第一次学术工作调查中,在英、美国家内部,多于三分之二的学者不赞同"我所在领域研究经费比五年前更容易获得"这一项目(Enders & Teichler, 1997)。表现主义的评估等迫使大学教师必须在短期内得到成果或回报。由于评估和聘任制度都取决于科研成果,研究自身的风险性和周期性也被不同程度地忽略,这使得大学教师对于研究工作产生诸多负面的情绪(Bazeley, 2010; Bastalich, 2010)。其次,大学教师的研究工作被附加了许多事务性工作。诸如科研经费申请、科研团队组织协作、监督进程、专利申请与转让、成果出版与发表等许多非研究性工作（Enders，2005），使研究与这些事务性工作本末倒置，难以平衡。最后，引入多种渠道的科研资金以及强调产出和效率的管理方式，使得大学教师群体内部出现了分化和雇佣。一部分高级研究者依靠声誉和职位优势成为雇主，对外争取经费，为初级教师创造工作机会。而初级教师成为雇员，这样就形成了"两类教师（two tiers）"（Kogan et al.，1994）。虽然初级教师抱怨自己没有职业前景和自主性，高级教师也因为要承担更多的非学术性的责任和事务而心力交瘁（Coaldrake & Stedman, 1998）。这样的一种职业内部地位间的区分以及类似私人雇佣关系的出现也是学者团体回应新的管理体制的一种策略。但当学者之间的关系不再是平等的、基于学术原则考虑的学术共同体，而是基于经济利益的雇佣和被雇佣关系，学术传承和创新何以可能？学者群体内部的监督和批判何以可能？

教学与研究之间的关系一直是学者们关注的重点。已有研究将其分为三类：第一类观点认为两者相互阻碍和竞争。这是由于在有限的资源、时间和精力下，学术工作者必须在两种工作中做出分配，两种工作的回报机制也不尽相同。特别是在新公共管理强调效率和产出的背景下，研究的产出被给予更多的重视，导致教师个人对教学投入的时间和精力减少，大学对于教学的资金投入比例降低（Fox，1992，Lucas，2007；Young，2006）。第二类观点认为两者之间相互促进。优秀的教学和优秀的研究需要一些相同的能力，例如努力、坚持、投入、创造性、批判性分析（Westergard，1991）。也有实证研究证明他们两者之间存在正向的相关关系（Brew，2006；Healey，2005；Griggs，2005；Jenkin，2004）。也有一些研究关注了单方面的促进作用，例如Brew和Weir（2004）关注教学对于科研的促进作用，以及Robertson（2007）分析了科研对教学的促进作用。第三类观点认为两者之间相互独立。教学和研究是完全不同的两种活动，研究需要独立的思考、深入的探究，而教学则需要好的表达和沟通，需要为学生的成长进行引导（Eble，1976；Barnett，1992）。研究活动成功的标志是学者自己有所发现，而教学活动则致力于去让学生思考和发现（Rugarcia，1991）。Hattie和Marsh（1996）对58项相关的实证研究进行的元分析也证明，两者之间不存在相关关系。

在服务方面，"服务"这一概念自身难以定义（Neumann & Terosky, 2007；Ward, 2003），它包括了许多没有被仔细研究过的任务（Macfarlane, 2005）。这一概念有时候仅指校园内部的管理和委员会工作（Porter, 2007），另外一些时候，它包括了非教学、研究、管理和外部咨询之外的所有活动(Bellas & Toutkoushian,1999)。还有些时候，服务被用来特指对外部社会和专业团体进行的工作(Antonio et al.,2000)。一些从伦理角度分析服务的学者甚至将与学术公民身份相关的工作都包括进来。例如，引导学生，探讨学术、参与机构管理、帮助新同事、在学校内外进行领导、促进校园内部形成友好互助的环境等等(Burgan,1998;Shils,1997;Thompson et al.,2005;Tight,2002)。

Demb 和 Wade(2012)对美国大学学者的服务工作进行的实证研究显示，三分之一以上的学者都参与到了服务工作之中，一些学者甚至达到了每周 6 个小时的工作量。其中比例最大的工作是以社区为基础的研究，以及学习服务。为了吸引大学教师更多地参与到服务工作中来，许多高等教育机构在进行晋升决策时，将服务工作的权重增加，虽然它的权重不如教学和科研(Anderson et al.,2007)。影响机构服务工作的因素包括个人因素和环境因素。个人因素方面包括事业发展阶段(Neumann & Terosky,2007)、种族(Bellas & Toutkoushian,1999;Porter,2007)、是否是终身职称(Morrison,2008;Fairweather,1996)、性别(Misra et al.,2011)、对决策机构的感知(Blackburn & Lawrence,1995)、专门知识(Baldwin & Leslie,2001)、个人对服务职能的评价(Blackburn & Lawrence,1995)以及对决策方式合法性的看法(Minor,2004)。环境因素包括校园文化和理念(Leslie,2002;Tierney & Bensimon,1996;Teirney & Minor,2004)以及学校的人事政策(Burgan,1998;Rhoades,1998)。

Neumann 和 Terosky(2007)对服务进行了分类，认为存在三种类型的服务：一种是对学科的服务(例如，文稿的评审，学会的工作等)，这些工作对于晋升和获得终身职位都有帮助。另外一种是对社会的服务(如拓广和公共服务)，这一类的工作是免费的服务。最后一种是对机构的服务(如课程委员会、研究生委员会的工作，参与管理等)，机构的服务是指对"机构的目标、运行和文化生活"进行支持的一系列活动。近年来，为机构服务的工作越来越不受到认可(Bowen & Schuster,1986;Braskamp & Ory,1994;O'Meara,2002)，但管理者和政策制定者却越来越强烈地要求学者更多的参与(Lynton,1995;Tinberg,2009)。同时，大学教师们也渴求管理者明确服务的责任，并且合理分配服务的工作(Misra et al.,2011)。

在这些最基本的责任之外，新任务、新技术、新问责和官僚程序都在传统的学术责任之外增加了新的责任(Gornall & Salisbury,2012)。首先，"科研管理"工作所占的时间和比例越来越大，当前科研的复杂性造就了这种现象，需要去寻找资金、安排合作、管理项目和产出的商品化。以前来自于学校核心费用的科研资金现在变成了竞争性的资金,同时,也有越来越多的国际课题,这都增加了科研工作的复杂性。其次,要服从更多的要求,例如伦理委员会、过程报告、经济责任和质量保障等等。最后,大学的资源日益减少,学者被期望为院系或为自己的工作带来更多的企业资金。通常,学院需要资源来为职工提供技术、文秘和会计支持。这些方面的经费以前作为基本建设由学校负责。那些拥有大的实验室和很多研究生的高级研究者可以解决这些需求,但是小的研究团队和个人很难获得这些(Anderson et al.,2002)。

在不同学术工作之间的联系方面,学者们注意到,大学的管理结构越来越复杂,学科之间和内部出现了越来越多的划分,学院之间很少有联系,课程之间也相互独立,学生的学习经验缺乏连贯性,教学、科研、服务之间出现了越来越明显的分割(Boyer,1990)。一个希望平衡教学和科研工作的人,在注意到科研带来的声誉的同时,还会感受到日常教学和管理的压力(Enders & Teichler,1997)。基于效率的考虑,更加精细的分工与协作能够以更少的投入达到更多的产出,出现了学术工作的分类外包(unbundling)的现象(Schuster & Finkelstein,2006;Gappa et al.,2007)。例如,教学工作会被"外包"给课程设计者、教学技术专家、教师和评价专家。最极端的表现是远程教育的课程,一些学者提供内容,另外一些人设计课程产品,有专职的辅导教师负责对学生进行考核以及通过电子邮件与他们联系,另外有技术人员提供技术支持。同样的分类外包也在研究领域出现,同一研究项目的项目申请、数据收集、数据处理、项目报告撰写同样被分配给不同的机构和个人。但真正的问题在于这种流水线化的学术工作方式在强调分工与效率的同时,如何保障合作的深度与质量的密度?

面对学术工作制度与环境的变化,Ball 认为所有的政策都不会被消极地接受并自动执行,而是被重新解构、诠释、并对复杂的社会文化环境进行回应(Ball,1994)。个体的能动性表现在能动者不以结构的约束为行动的终点,而是基于个人的能力,"建构和再建构自己的世界"(卢乃桂,2007)。Berger 提出,个人有三种主要的策略来实现对社会结构的能动作用:"变革、超然和巧妙利用"(Berger,2008)。变革是最为激烈的策略,彻底颠覆现存的社会结构。超然是指当教师对学术工作的认知与制度要求无法达成一致的情况下,采取的一种表面伪装附应,但在内心深处退让的姿态。而在实际工作中,会减少工作投入,甚至有脱离工作的意向。而巧妙利用则是用社会结构的合法守护者未曾预料到的方式有意识地利用这些社会结构,根据他自己的目的在社会丛莽中独辟蹊径,用这些办法来颠覆最精巧的社会控制系统。

大学教师群体也是如此，Trowler(1998)认为一部分大学教师去顺应变革；一部分运用变革带来的机会去获得积极的效果，发展出解决问题的策略去避免消极的效果；还有一部分根据自身的愿望和理解去重新诠释变革。Webb(1999)认为大学教师内部存在两类人群：旧式教授，采用福利和关怀的语言体系；新式教授和管理人员，采用市场和效率的语言体系。Gewirtz(1995)却认为这两种语言体系并不是相互独立和排斥的，而是共存的。实际上，很多教授在不同的场合运用相应的语言体系。相似的，Bennich-Bjorkman(2007)认为教师们每天都在适应着外在的变革，但同时，他们内在的个人信念是支持他们工作的动力源泉。他将此命名为"双账本"(double-booking)。教师们认为适应外在变革的要求是"玩一场游戏"，以此为代价换来自由的空间去坚持自己的理念和个性(Hoecht, 2006; Lai, 2009)，甚至有些大学教师为了维持他们的工作信念和相对自主，选择抵制新的管理体制变革，因而在外在物质回报和晋升机会方面受到损害(Lai, 2010)，而长期的抵制和超然必须付出巨大的心理代价，较多的对大学教师工作满意度和离职意愿的实证研究表明，对工作制度和管理的不满意会降低工作的投入感及工作效率(Mapesela & Hay, 2006; Rosser, 2005)，并对离职意愿产生较大的影响(Rosser & Townsend, 2006; Johnsrud & Rosser, 2002)。

从对学术工作执行的既有讨论中，可以发现，随着管理理念等因素的变化，传统的教学、科研和服务三类学术责任有了新的内容和挑战，此外，学术工作又被添加了许多新的附带责任和公众要求。学术工作的不同方面在执行中难以相互协调和统一。大学教师在面对日益增多的工作责任和自身对于学术工作的理解和兴趣之间的矛盾时，采取了多样的应对策略。

三、学术工作的感知

学术工作的感知是学术工作外在要求和内在追求之间的调节器。它同教师个人对学术工作内涵的理解相互影响，也同教师的学术工作执行相互作用，并受到其他多方面因素的影响。在大学管理变革的背景下，特别是在新的聘任和评估体系中，不同学术工作获得的回报出现差异，教师对学术工作优先次序的排列发生变化。教师个人学术工作优先次序是否顺应评估和回报体系的要求，这进一步影响着他们的工作发展机会。在这一过程中，大学教师对管理变革的看法如何表达？能否在管理决策中发出自己的声音？都是理论研究和教师实践关注的核心议题。因此，下文将从学术工作的优先次序、工作的发展机会和学术管理三个方面对学术工作的感知进行分析。

（一）对学术工作优先次序的感知

随着学术工作的内容和责任不断增多，学者们越来越多地被卷入处理这些相互独立的学术责任中去(Boyer，1990)。科研、教学和服务等活动开始竞争学者个人的时间(Light，1974)。核心的问题就是：学者个人认为这些学术工作的优先次序是什么样的？他们希望工作时间的分配次序是怎么样的？而实际的情况如何？

Boyer(1990)认为，在美国，随着高等教育机构的多样化，学术工作的优先次序却在不同的机构和群体中出现惊人的一致。原因在于，学术优先次序的问题，从根本上来看，是不同学术工作在教师回报中的份量问题。在问责制度与准市场竞争的影响下，大学对于教师的科研产出更为重视。当大学的目标和责任在不断地增扩，而报酬体系所回报的学术工作类型却在不断缩窄。他提出这样的问题：如何才能使不同的机构根据自身的定位来调整大学教师的工作优先次序？我们的高等教育体系是否可以容纳不同的工作优秀模式？

一系列的实证研究表明，学术工作的优先次序在不同类型的学校、不同类型的学科和不同学术等级的教师之间存在明显的差异。

首先，高等教育规模扩大使得大学之间出现功能分化，不同等级的学校，学术工作的侧重点不同(Fairweather，1993；Tierney & Rhoads，1993)。一项对美国20多年的数据追踪研究显示，所有类型的大学教师在过去20年间花费在研究上的时间都在增加，而除了研究型大学，其他类型学校的教师花费在教学工作上的时间也在增加。与此相反，在所有类型的高校中，用于和学生非正式交流和咨询的时间却呈下降的趋势(Milem et al.，2000)。Hermanowicz(2009)对美国不同等级大学、不同职业阶段物理专业的学者进行的调查表明，在职业发展的早期，所有类型学校的学者都有信心要研究出一些科学发现。但到了职业发展中期，只有精英大学的学者还保留着这样的信心，中等大学的学者则认为教学和研究有同样的价值，那些低层次大学的学者则把工作重心都转移到了教学工作上。但同时，位于高等教育等级中部和底部的教师，有模仿优秀大学教师工作方式的倾向(Jacobson，1992；Scott，1995；Hackett，1990)。这种机构模仿的现象源于相同的法律和政策环境，社会责任和行为规范。那些地位较低的大学希望通过模仿排名靠前的，获得"合法"地位的大学工作方式来提升自己的地位和声誉。

其次，在一些学科和研究领域，教学与科研相结合的可能性大小不同，获得科研资助的可能性不同，发表科研成果的难度亦不同，因此学术工作的优先性也不同。大部分的企业资助都集中在一些应用性的学科,像农科、商科和工科(Slaughter & Leslie, 1997;Slaughter & Rhoades,2004;Slaughter et al.,2004;Washburn,2005)。另外一些学科,如艺术、社会科学都在积极寻求企业和政府资助的可能性(Blumenthal, 2003;Blumenthal et al.,1997;Campbell et al,2004;)。Porter 和 Umbach(2001)的一项实证研究表明,学术工作的优先次序有非常强的群体效应。获得科研经费的可能性以及研究成果发表的可能性对其都有非常显著的影响,这两者与学科的类型紧密相联。同时,本科教学工作量的增加,在有些学科会对科研绩效带来负面影响,而在其他学科则无明显影响,这也是源于学科自身性质的差异。Szelenyi 和 Goldberg(2011)的研究表明,那些对研究更感兴趣、花更多时间在研究工作上、发表学术论文数量较多的学者,拿到企业资助的可能性非常低。其原因可能在于,这些对研究感兴趣的学者希望有决定研究方向和研究问题的自由,不想受到外部因素的影响。这种影响反过来亦可能成立,接受企业资助的学者,没有更多的时间用于学术论文的发表和专注于研究。

第三,随着学术等级的提高,学者愿意花更多的时间在科研工作上。Bentley 和 Kyvik(2012)对 13 个国家教师时间分配的数据进行分析后发现,虽然不同国家学者工作的优先次序存在差异,但在不同国家里,处于最高学术等级的学者群体却出现了一致的现象:他们都对科研更感兴趣,比起教学来,科研上所花费的时间也更多。那些学术等级更陡峭的国家,教授职称的学者会花更少的时间教学,更多的时间进行管理。在卡内基基金会的第一次国际调查中,约四分之三的中级学者同时对教学和科研都感兴趣,而在资历最高的学者中间,重视研究的比例更高一些。认为自己的兴趣只是教学或只是研究的回答者只占约四分之一(Altbach,1996)。此外,一项对新入职教师的实证研究发现,由于受到自身工作量和时间的局限,加上无法从有经验的教师中得到帮助和支持,最终搁置自己教学和科研兴趣的问题较为普遍(Ambrose,Huston & Norman,2005)。

第四,传统学术从业者群体的同质性被打破,从业人员的聘任状态非常多元。不仅有全职、终身轨的学者,还有一些短期聘任、甚至非全职人员,他们大多只担任单一种类的学术工作(Court,1998;Hugo,2005a,b;Finkelstein,2010)。Ehrenberg 等人(2005)的研究发现,美国的非全职和非终身职位的学术工作者所占的比例从 1975 年的 43%,上升到了 2003 年的 64%。对澳大利亚和英国(Robinson,2005)的研究也表明非全职和非终身职位的学术工作者在快速增加。此外,欧洲 5 国的实证研究也印证了这一趋势(Cavalli & Moscati,2010)。Finkelstein(2010)把传统的要担任多种学术工作的学者归为"核心群体",把聘任状态不稳定、只担任单一工作的学者归为"边缘群体"。他们或者只从事研究、或者只从事教学,这个群体不断庞大,他们工作稳定性不强、身份模糊、待遇微薄、职业发展前景堪忧(McAlpine, 2012)。

学术工作内容与兴趣的因素是大学教师进行学术工作的内在动力。已有的研究发现,大学教师普遍对于他们工作自身的满意度较高,包括他们在教学、研究和时间分配上的自主性和灵活性、根据自身兴趣进行探究、从工作中体验到的成就与认可等各个方面,这些都是大学教师工作投入感和满意感的主要来源(Houston et al., 2006)。August 和 Waltman(2004)的研究证明,合理的工作任务分配能够有效减少工作不满意。

(二)对工作发展机会的感知

受到经费的制约,各国高等教育都在强调竞争性的学术劳动力市场在资源有效配置中的作用,因此,大学普遍减少终身职位的数量,增加非终身职位和兼职人员的聘用比例(Musselin, 2011; Kevin & Jaeger, 2009)。出现了很多专职于一种学术工作的人员,如,只担任教学、或研究、或项目管理工作的兼职人员。此外,连"终身制"本身的涵义也在变化。在瑞士、挪威和英国等地区,传统意义上的"终身制"意味着只有在非常极端的情况下才能够解聘,但现在,只要是有人员冗余,或者院系调整这些非研究者个人的因素,都可以解聘终身制成员(Enders, 2011),加之部分国家实施的"终身后评审"制度,学术工作的稳定性遭遇强烈的冲击(Wood & Des Jarlais, 2006)。

学术工作从业者的一大特点在于:职业准备期远比其他职业要长,一般来讲博士学位的获得需要平均 6—8 年的时间(Kwiek, 2003)。此外,学术职业内部不同的职位意味着巨大的差别,因此,晋升对学者尤其重要(Enders & Teichler, 1997)。在大部分国家,年轻学者需要经历长期的等待和考验才能够获得长期的聘任。大学是否能够为教师的职业发展提供机会和帮助(Mapesela & Hay, 2006),是教师们非常关注的问题。具体包括:对新入职教师的引导和培养、根据教师需要提供培训机会、持续地开展教师发展活动、为教师发展与成长提供所需的时间和资金支持等方面。

晋升机会的减少对女性影响更为显著。英国 2009 年的统计表明,大学教师中女性的比例并不低,占到了 42.6%,但在教授这一级别,女性的比例却仅占 18.7%,同时,女教师中,兼职的比例达到了 42%,而男教师中这一比例仅为 27%(ECU2009, Statistics for 2007/8)。Kwiek(2003)对波兰的实证研究也表明,学术职位越高,男生的比例越大。他认为出现这一现象的原因在于:首先,家庭分工中男女责任的差异,一般认为男性主要承担供养家庭的责任。其次,在学术工作的分配当中,女性被分配给了更多在晋升中权重较低的工作,包括那些与教学、辅导学生、提供咨询这一类型的工作(Barrett & Barrett, 2010; Probert, 2005; Glazer-Raymo, 2008)。

晋升机会也存在明显的学科差异。学院和学系经常在谁能够获得晋升的决定上存在争议,这一般是学术机构中最大的矛盾和争端(Holton 和 Phillips, 1995)。Hearn 和 Anderson(2002)的一项研究表明,争议最大的学科往往是教学任务量很重、内部专业分化不明显的"软"学科。这些学科自身知识结构松散,没有形成统一的对于知识的评价标准(Kuhn, 1970),因此不可避免地存在争议(Cole, 2001; Collins, 2001)。Neumann(1977)的一项研究对化学、物理、社会和政治四类学科的大学教师进行了调查。结果表明,对于化学和物理这一类研究技术发展较好(high technology development)的学科,期刊论文在晋升中的作用非常大。而在社会和政治这一类学科中,专著和资历更多地决定了晋升的可能性。

一种观点认为,这对大学来讲是一个危机(Rhoades, 2011),因为它导致大部分大学教师的职业前景黯淡、流动性强(Schuster & Finkelstein, 2008),晋升机会减少,工作报酬变差,对有才能的年轻人的吸引力正在逐渐衰退(Kwiek, 2003)。在减少大学聘用成本的同时,大学教师对大学所尽的义务和责任也是有限的。追求短期的回报使得学术工作的连贯性、质量、持续性、深入性都受到损害(Jacoby, 2006)。Ambrose、Huston 和 Norman(2005)的研究发现,当前的大学教师在未来职业发展上面有更多的焦虑和负面的情绪体验,而许多对于兼职教师(Maynard & Joseph, 2008)、非终身轨教师、非终身合约教师的研究(Zhou & Volkwein, 2004)也表明,因为受到工作回报、稳定性、工作条件的制约,他们较之处于有利聘任状态的教师,满意度更低,出现了较明显的离开学术工作的意愿(Barnes, Agago & Coombs, 1998)。另外在晋升评定过程中,当他们身边出现一些案例异于他们的价值判断时,这种负面的感知会更加强烈,再加上决策与评定过程不够公开和透明,使得这一过程被更多的学者质疑。从而影响着大学教师的工作投入,也增加了他们的离职意愿、投入更多的时间和精力进行工作搜寻。

相反的观点认为这是一个契机。这样的机制实际上是给大学教师的学术工作带来更多挑战,通过激烈的竞争,及时淘汰那些不适合参与学术工作的学者,为新进入者提供机会。通过从业者的流动,达到资源的合理配置并提高效率(Perrucci, et, al., 2011)。Hargens(2012)对社会学科学术劳动力市场的一项实证研究证明,那些在学术劳动力市场需求量较低时期获得聘任的副教授,较之在学术劳动力市场需求较多时期获得聘任的副教授,在聘任之后有更高的工作满意度和更高的科研产出。同样的结果也在新入职的博士毕业生群体里得到了验证,相比学术劳动力市场出现卖方市场的情况下,买方市场时期更容易聘任到最有学术潜力的学者(Kim et al,1998;Schuester & Finkelstein,2006)。激烈的竞争要求学者有更强的应变性(flexians)(Wedel,2009)、自主性和责任感(Edwards,2004)。

(三) 对学术管理的感知

在当前的学术工作管理中,资源、工作任务和评价等机制对学术工作的感知产生直接的影响。大学教师对于这些管理支持的期望则集中在管理制度的公平性、有效性、透明性和合理性方面(Ambrose,Huston & Norman,2005)。同样的,受到新公共管理制度的影响,大学教师普遍感受到对效率的强调和对公平的忽视(Linda & Vicki,2002)。对于利益的强调而忽视教育自身发展的价值和规律(Fredman & Doughney,2011),以及大学的行政机构越来越成为管理机构而不是服务机构,这些都成为大学教师感受到的学术工作管理中的主要问题。随着管理方式的变革,使得中层管理人员的人数增加。同时,聘任的方式也使得能够参与机构共同治理的人数减少(Slauthter & Rhoades,2004;Steck,2003)。理论上对于学术工作管理的讨论主要集中在三个方面:是否应该强调学术工作的表现性问责?当前的管理模式是否侵害了学术自由?大学教师是否需要参与咨询和决策?

1. 是否应该强调表现性问责

问责(accountability)是新公共管理的一个重要维度(Townley,1996),强调的是对利益相关者(stakeholders)需求的回应(ansewerbility)。近年教育领域的问责多围绕公平、效率和质量的话语展开(Suspitsyna,2010)。许多学者认为根据回应对象的不同,教育领域的问责可以细分为不同的类型。例如,Besley & Petersburg(2006)认为有四种问责机制同时作用于教育机构,它们分别是:政府和联邦负责的官僚问责;通过专业团体进行保障的专业问责;通过市场形成的消费者问责;对雇佣的学校负责的管理问责。因此,从这样的视角看来,问责在大学中的出现远早于新公共管理思潮,但新公共管理思潮的影响在于:过于关注和强调了消费、管理和官僚问责,而以同行评价为媒介的专业问责被边缘化(Olssen & Peters,2005;Besley & Peters,2006)。问责同时意味着信任不是给予的,而是需要通过证明不断赢取的(Enders,2011)。这里有一个重要的差别在于:一个是需要给出证据才能证明一个人不可信,而问责则是要不停地给出证据才能证明一个人可信。这也同时意味着问责和权力之间存在着相关，那些决定问责的程序、方法和标准的人就在一定程度上提前定义了"表现"和"成功"。围绕评价质量和标准展开的斗争以及这些标准在什么样的范围内被如何使用，已经成为高等教育领域权力博弈的重要领域（Morley，2003）。在是否应该强调学术工作的表现性问责的问题上，存在三类观点。

一类赞同的观点认为，大学接受国家财政资助，影响到许多利益相关者的利益，因此有必要对公共资金负责，让利益相关者了解大学的表现性成果（Henkel，1997）。学术工作的表现可以证明"我们是公共物品的提供者，我们的工作可以帮助社会达到一些目标，而不仅仅是为了工作而工作"（Moore，2006，p.19）。Wellman（2006）认为，在美国，公众对于高等教育的质量、机构的价值、是否值得付费都存在严重的疑问。因此，一批学者甚至号召学术界用工作成果去证明自身的价值（Evans，1999）。通过问责，我们才能获得政治上的合法性（Zumeta，2001）。学术工作为了继续生存和发展下去，必须注意到"顾客对其工作有什么样的期望"（Scott，1999）。Redding（2005）认为，虽然学者不可能完全满足高等教育顾客的需求，但是当学生发生了改变，教学也需要改变，当顾客发生了变化，质量也必须随之承载新的内涵。

还有另外一类持反对观点的学者，Burke（2005，p.1）提出，"问责是一个被广泛支持但缺少分析的概念"。它作为一种不被质疑的理念被政府、企业和公司广泛使用。但在具体的操作层面，为了避免繁琐的、专业的、过程性的控制，将专业性的活动都简化为可测量、可比较的指标，以实现管理层对专业工作的控制（Suspitsyna，2010）。这种以表现指标为基础的问责走向极端，便形成了"表现主义"，表现主义将"表现"作为终极的目的，自身存在无法调和的矛盾：1)无法证明"表现"指标是否能够准确测量公平、效率、质量方面的达成程度，即表现评价指标的有效性和合理性；2)教育本身是一个缓慢的、多因素作用的过程，对某几个方面表现的即时测量无法关注长周期和不可预测的因素；3)随着时间和情境的变化，教育的目标必然产生变动和差异，但表现指标本身在变动中存在滞后性和惰性，无法反映教育发展的需求（Elliott，2001）。因此，这种强调表现和评估的问责在大学的推行过程中遇到了重重问题和批评。例如，教师的研究工作在这样的表现指标评价中被简化为两点：这项研究能带来多少钱？能有多少成果发表？（Nixon，1996）。另一方面，问责的广泛使用也导致同僚管理的理念受到侵蚀，一种审计和怀疑的文化逐渐蔓延（Strathearn，2000），学者个人、学院和机构之间产生了更深的分割（Wilmott，2003）。强调学生作为消费者的身份以及他们对教学问责的权力也使得教师与学生之间产生了对立,课程的难度大大降低,学术的标准受到威胁(Carlson & Fleisher,2002;Naidoo & Jamieson,2005)。

最后一类持中立观点的学者认为,"我不会反对问责,也不会相信问责能带给我们自治和同僚管理的黄金期"(Morley,2002)。大学需要同时具备自治和问责,这样才能服务于社会,但不从属于社会(service without subservience),在服务于社会的同时,审视和批判社会(Burke,2005)。大学与社会之间的这种张力,自治与问责之间的张力,在 Nettles 和 Cole(2001,p. 216)看来,是"健康和必须的"。这些张力能够促使大学的进步和创新。Halstead(1994)提出,问责必须在控制和自治之间找到一个适中的位置。问题的关键在于理清问责的范围和局限,发展出有效和整合的问责体系(Nettles & Cole,2001)。

2. 当前的管理模式是否侵害了学术自由

对大部分学者来讲,学术自由是学术生活的方式,也是学术职业最重要的一种回报。许多实证研究证明学术自由是学术从业者内在满意度的主要来源,也是学者们最为关心的议题之一(Henkel,2005)。"学术自由"的概念和内涵同样存在争论。Akerlind & Kayrooz(2003)认为对学术自由的定义可以分为两类,一类是"相对于什么的自由(freedom from)",是一种消极的定义方法。例如,Arthur(1992)将学术自由定义为"学者有自由讨论他们的研究问题、发表他们的研究结论,不受政治因素的影响,也不受机构的管理人员的干预,除非他们的研究方法被同行的专业群体认为有违专业道德";第二类定义方式是"在什么范围内的自由(freedom of)",这是一种积极定义方法,这种观点认为学术自由是指个人可以自主地选择研究问题、决定研究的进展并被自行管理自己的工作方式和优先性,与此相应的大学和政府机构也有责任为其提供各种支持(O'Hear,1988)。

一种观点认为,当前,学者的学术自由受到严重的威胁。在新公共管理的影响下,政府虽然强调放权,但这并不意味着学者们的自由更多。在政府放权的过程中,大学和机构的确获得了更多的程序自主,但学者们却越来越无法决定自己的工作的结构和过程,机构的自主和学者的自由之间呈现出一种典型的负相关关系(Tapper & Salter,1995;Dee et al,2000)。这种所谓的自由是被严密规训了的自由(regulated freedom)。

也有相反的观点认为,当前的变革实际上给了学者一些其他的自由,例如,Slaughter 和 Leslie(1997)认为大学研究所生产的知识开始私人化为学者个人的"资本",这使得学者在市场中拥有了更多的"权力"。他们可以用自己的学术资本同市场上或政府机构中的其他主体进行"议价",从而获得自主的空间。这种外部环境的变化使得旧式的"等待别人给予"的学术自由已经不合时宜,新的学术自由是个人在达到外在要求之余,主动实现的自由(Bauer,1999)。

Lacy 和 Sheehan(1997),Ambrose、Huston 和 Norman (2005)以及 Mapesela 和 Hay (2006)等研究都强调了组织的文化和环境因素对学术自由的影响,包括同事间的关系、学生与教师间的关系、是否形成开放包容的文化、对少数族群或外国学者和学生的接纳程度、对组织目标的认同等等。文化与环境的作用在于,整合组织内部学者个体的能动性、使不同学术兴趣、方法、倾向的学者相互理解,自由表达意见,形成一个学术共同体,使成员都感受到认可与协作。

3. 大学教师是否需要参与咨询和决策

参与咨询和决策是指为学术共同体服务的工作。这一思想源于古典大学"教授治校"的理念。而在高等教育迅速扩张,追求效率、效能与经济的新公共管理理念下受到质疑。关于学者是否应该"参与咨询和决策"存在着争论。

持支持观点的学者用大量实证数据表明,"学者参与咨询和决策"对于工作投入和工作满意的确有非常显著的正面影响(Linda & Vicki,2002)。学者们的意见和建议是否有一个畅通、民主的表达渠道,在多大的程度上、多大的范围内参与决策。此外,决策者手中的资源是否能够得到平等合理的分配,也是重要的考虑因素(Postiglione & Shiru,2011)。Mapesela 和 Hay (2005)对于南非高等教育政策的一项深入分析表明,学者不同的需要和利益诉求是否在政策中得到体现和关注,他们是否感受到公平和重视,都会极大地影响他们对于工作的投入感和满意度。Fredman 和 Doughney (2011)在访谈中发现,大学教师更多地运用比较的话语将"以前的制度和当前的制度"进行对比来表达对当前管理制度的诸多不满。一些英国学者甚至认为之前的时代是"绅士学者"的"黄金时代"(Bryson,2004)。而当前对于管理和金钱的强调毁掉了大学的灵魂和核心。

持反对观点的学者认为,"学者参与咨询和决策"效率低下、浪费时间、争论不休。学者们眼中的"黄金时代"不过是一种美好的关于过去的幻想。在高等教育大众化的今天,"教授治校"已经失去了存在的条件和环境(Coates et al.,2009;Waitere et al.,2011)。而学者们一旦适应了当前的管理方式和工作方式,并产生较好的工作绩效,他们同样会产生较高的工作满意感,并愿意更多地投入到工作中去(Fredman & Doughney,2011;Gough et al.,2010)。一项对澳大利亚大学的研究表明,对于参与机构管理和委员会的工作,学者们普遍持消极的观点。这是因为,首先,大学教师花费了大量时间在上面,却得不到回报。其次,真正的决策并不是由这些委员会产生,这些参与管理和委员会的工作只是表面上的同僚管理,实际上还是决策者来决定(Anderson, et. al, 2002)。

通过对学术工作感知的梳理可以发现,学术工作的优先次序在学校类型间、学科间、职称间、聘任状态间都存在较大的差异。越来越少的晋升机会也存在性别和学科差异。因此,在之后的研究中,应注意关注到学术工作的学科特征、机构特征,学术工作者的性别特征、聘任状态以及职称与学术工作感受之间如何互动。发展机会的竞争性对大学教师来讲是危机还是机遇?是否应该强调对学术工作的表现性问责?当前的管理模式又是否侵害了学术自由?大学教师是否应参与咨询和决策?这些问题还存在较多的争论,也应该是进一步研究的重点。

第四节 研究问题、方法及概念框架

高校管理改革背景之下,提高学术工作的效率并保障质量,已经成为各个国家高校管理改革的共同目标。中国当前进行的,以聘任制改革为代表的一系列政策变革也致力于此。但在实践中,中国高校教师如何理解学术工作的内涵和执行?不同因素又如何影响大学教师对工作的感知?大学教师又如何看待当前大学的学术管理?在文献梳理和评述之后,我们对三个研究问题进一步细化如下:

问题一:中国大陆大学教师如何理解学术工作的内涵与管理要求?在执行中采取什么样的应对策略?

他们如何理解学术工作的理想内涵?

他们如何理解聘任、考评和晋升政策?

他们如何做出应对?

问题二:中国大陆大学教师如何感知学术工作的优先次序与发展机会?

他们如何感知学术工作的优先次序?

他们如何看待自己的工作发展机会?

不同因素如何影响中国大学教师对学术工作的感知?

问题三:中国大陆大学教师如何感知学术管理?

他们如何感知大学的学术管理?

他们如何参与不同层级学术管理的咨询和决策？

他们如何感知大学、市场和政府的关系？

一、质化研究取向与个案研究方法

质化研究取向主要基于后实证主义、批判理论和建构主义三类范式对本体论、认识论和方法论的新的理解之上(Denzin & Lincoln, 1994)。这三类范式的共同之处在于，都注重在自然情境下对社会现象进行整体的探究，要求对当事人的意义建构获得解释性的理解，注意反思研究者个人因素对研究过程及结果的影响(陈向明，2000)。Habermas(1972)认为，人类知识的发展被三种认知旨趣驱使：技术认知旨趣(technicalcognitive interest)、实践认知旨趣(practical interest)和解放认知旨趣(emancipatory cognitive interest)，进而分别发展出三种科学：实证——分析科学、历史——诠释科学和批判社会科学。本研究主要基于实践认知的旨趣，从历史——诠释的视角来分析大学教师对学术工作的感知。本研究认为学术工作是在历史中积淀形成的，在实践中建构出来的学者们互动的方式。研究者以语言和符号工具为中介对学术工作的意义进行解释，这种解释必须建立在深入理解学术工作具体的文化和实践之上。研究必须将学术工作放在具体情境中才能对其意义进行解释。研究者尝试倾听和理解大学教师如何阐释学术工作的意义，他们经历了什么，以及他们如何阐释这些经历，他们如何建构他们的社会世界。

研究方法的选择，取决于研究者关注什么样的研究问题及研究目的。如上文所述，本研究关注的是聘任制改革等公共政策背景下，大学教师对学术工作的感知。关注大学教师这一群体的理解、意义、价值取向及发挥能动性的过程。是"如何"和"为什么"的问题。在学术工作相关的公共政策中，大学教师这一群体是主要的利益相关者。他们都会对学术工作的相关政策现象和议题形成本身的阐释及判断，即对它们赋予意义、投入价值，并凝聚成信念、态度与行动取向(曾荣光，2007)。同质化研究的重要关心是一致的，都是在自然情境下，获得个体的内在理解(inside understanding)，主体如何定义自己的处境，如何阐释那些承载着被人们赋予意义的社会现象(Denzin & Lincoln, 1994)。质性取向在政策研究领域中聚焦于对政策现象的理解，这些理解被置于制度及历史脉络、文法规则脉络以至于国家制度的历史脉络中，它们揭示参与者及个体对政策的价值以至于信念与取态(曾荣光，2011)。

质化取向有多种搜集经验材料的方法，个案研究方法作为其中一种，"强调细微的差别、事件背景的顺序性和个体的完整性"(Stake，2005)。个案是一个有界限的系统，界限就是个案与其他个案及其环境之间的区别，也是个案的独特性所在。系统则是指个案的组成部分构成的一个相对自成一体的单位(Stake，2005)。在本研究中，将大学作为研究的个案，因为每一所大学的学术工作状态都是独特的，同学术工作的制度和文化相区别，相对自成一体。个案研究的一个重要特征在于，认为人类系统具有整全的结合体的性质，不是简单的一系列特征的集合，它重视情境中各个因素之间的关系，对个案的理解需要对它与其他进行丰富的描述和理解(Sturman，1999)，试图发现有限脉络中要素之间的互动关系(Stake，1995)。

此外，在质化取向的个案研究与理论发展的关系上，个案研究并不是去验证某一项理论假设，而是旨在通过对资料的归纳性分析，增进对研究对象的理解(Sturman，1999)。Popper(1963)认为，研究者不可能不带任何理论视角地去观察一个对象，甚至我们对于研究对象的选择本身就已经受到研究者脑中已有视角的指引，这些脑中已有的视角和概念成为研究的框架和参考。Wilson(1977)提出，研究者应该将这些理论和概念"悬置"(suspending and bracketing)起来，研究者不可能完全摆脱它们的束缚，但是这些已有的理论和概念也不能阻碍新的发现和探索。陈向明(2000)认为，质的研究中的理论包括前人的理论和资料中呈现的理解，这两者之间是一个互动的关系。个案研究的取向对个案提供了详细的描述，这一过程中，研究者可以接收新的本土理解，并回应已有的研究，从而发展出新的理解(Sturman，1999)。

二、个案与访谈对象的选择

本研究对两所大学进行个案研究，选择 32 名大学教师作为访谈对象。质性研究的个案选择不同于量化研究中的抽样，不必代表一个群体的特征而寻求统计推论的可能性，而是强调个案的丰富信息，能提供深度资料为标准(Patton，1990)。倾向于从以往的经验和理论视角出发，选取个案。因此对研究问题的了解，往往成为选择样本的第一步。这种方法被称为目的性取样，即"按照研究的目的抽取能为研究问题提供最大信息量的研究对象"(Patton，1990，p.169)。根据信息最大化的策略，选取具有较高信息密度和强度的个案进行研究。访谈对象的选取则是以滚雪球的方式进行(Kuzel，1992)。

基于目的性取样的原则，本研究选取位于中国本科院校等级顶端和中端的两所高校进行比较研究。之所以没有选取本科院校等级中底端的高校，是因为，底端的本科院校大多是在近年的高等教育扩张过程中新近升格为本科的院校,学术工作内容单一、制度不完善,不能为本研究关注的问题提供丰富信息。A高校位于北京,办学历史悠久,是教育部直属重点大学。"九五"期间,被首批列入"211工程"建设计划,"十五"期间,学校进入国家"985工程"建设计划。学校的研究生人数多于本科生人数。A校的专任教师中,高级职称人数占70%左右,具有博士学位的占80%以上,具有海外学历的多于10%,比例居中国高校前列。长江学者和特聘教授二十余人,国家"高等学校教学名师"若干人,国家级创新研究群体、教育部和外专局高等学校学科创新引智群体若干个,博士学位授权一级学科约20个。

B高校是一所地方本科院校,办学历史同A校一样悠久,但这所学校没有进入"985"和"211"工程项目。B校是一所地方省政府重点建设的高校,省政府比照"211工程"项目,在建设资金方面给予B校重点扶持。现有教职工四千余人,兼职工作的院士10余人,教授、副教授一千余人。研究生在在校生中的比例接近四分之一,一级博士学位授予点约10个。

表2 访谈对象分布

大学	专业	职称	管理职位/头衔	性别
A	教育学	教授1名、副教授2名、讲师1名	副所长1位	3男1女
A	数学	教授1名、副教授2名、讲师1名	长江学者1位	3男1女
A	经济学	教授1名、副教授2名、讲师1名	无	3男1女
A	信息学	教授1名、副教授2名、讲师1名	无	3男1女
B	教育学	教授1名、副教授2名、讲师1名	校特聘教授1位	2男2女
B	数学	教授1名、副教授2名、讲师1名	副院长1位	4男
B	管理学	教授1名、副教授2名、讲师1名	副院长1位	4男
B	化工	教授1名、副教授2名、讲师1名	系主任1位	2男2女
共计32人	2所大学 4类学科	教授8名、副教授16名、讲师8名	管理人员4位、重要学术头衔2位	24男8女

在访谈对象的选择方面,首先考虑的影响因素是专业。20世纪以来,知识领域在广度和深度上的快速发展,专业数量也显现出爆炸式增加的趋势(Clark,1987),专业增加表现在:学院数量和种类的增多、教学科目的增多和变化、专业组织的增加、期刊数量和种类的增多以及研究议题的增多。每个专业有自己的历史、发展轨迹、行为惯习和评价标准,形成了不同的学术部落和领域(Becher & Trowler,2001),Clark

(1987)将其描绘成为一个个不同的小世界。特别是随着学术资本主义的发展,不同的专业根据研究领域的差别,在寻求资金支持的可能性以及来源上都存在差异(Slaughter & Leslie,2001)。基础学科强调发现、解释和理解。应用学科强调针对实际的问题,产生出一定的技术、产品或程序。不同的知识体系本身的这种特征,决定了不同专业领域学术工作的方式。具体到中国的情境中,不同专业发展机会的差异也非常突出。在教学、科研和服务方面,发展机会都存在差别。特别是在研究方面,当前的科研经费主要是以课题申请的方式获得。从政府申请得到的课题被称为纵向课题,强调研究的公共性。而与企业合作的课题是横向课题,强调知识的应用性。因此本研究选取四类学科:第一类因为其知识领域本身的特性易获得政府资助,如教育。第二类与市场结合紧密,如经济和工商。第三类则偏重于基础知识的研究,如数学。第四类偏重应用研究,如信息和化工。从这四类专业中选择个案有利于分析专业差异对学术工作的影响。

其次是聘任状态。中国在建国之后将高等教育收归国有,纳于"总体主义"(Totalism)的治理形态。大学有长期的"单位制"的传统。大学教师是"国家工作人员"(申素平,2003),其工资来源是经财政划拨。而在聘任制改革过程中,原有的计划配置并没有完全被新的市场机制所取代,出现了"混合型"配置机制。计划配置下的"编制"是由教育行政部门决定的可以聘用的人员(刘献军、吴鹏、周光礼、郭卉,2003),而市场配置则体现了"岗"的概念,"按需设岗"。而在"编制"制度之外,大学可以用研究经费或政府拨款之外的其他渠道获得的经费来聘任工作人员,他们可以根据大学发展的需要自行聘任和解聘,被称为"体制外短期聘任"人员。这就形成了非常独特的聘任环境,名义上,所有的学术工作人员都是聘任制。但是否有"编制"这一聘任状态是否会对学术工作带来显著影响?国外一些实证研究表明,不同聘任状态的学者在学术工作的投入度、职业发展前景等方面存在差异(Finkelstein,2010;Robinson,2005;Ehrenberg et al.,2005)。而我国的"体制内定期聘任"和"体制外短期聘任"的划分与国外的"终身轨"和"非终身轨"制度还存在差别。但还缺乏相关的研究关注不同聘任状态下学术工作的状况。因此,在本研究中,有必要将聘任状态作为选取个案的一个划分因素。

此外,是职称状态。学术职业内部存在职业阶梯,不同国家的学术职业阶梯设置并不相同。前文也对不同职称教师工作状态的研究进行过综述,他们在工作兴趣、工作时间分配等方面存在差异(Bentley & KYvik,2012;Ambrose,Huston & Norman,

2005；Altbach，1996)。我国长期采用的是教授、副教授、讲师和助教四级职称体系(陈永明，2007)。许多学者认为这样的评审制度实质上是一种"身份评审"，因为职业地位决定了学术声誉、薪酬水平甚至是工作内容和方式(吴鹏、刘献君，2004；周光礼、彭静雯，2007)。而自从1998年颁布的《高等教育法》以法律法规的形式明确指出"高等学校实行教师聘任制"之后，各个高校都在探索新的指向工作自身"岗位聘任"制度。目的在于将"岗位"也即"工作内容和方式"同"职称"划分开来。实现由"身份管理"转向"岗位管理"(赵书松、廖建桥，2010；郭卉，2007)。在实践中这样的转换是否能够实现？职称对我国大学教师学术工作产生什么样的影响？这都有待进一步研究。

最后是性别因素，国外有较多的研究关注大学教师群体中性别因素的作用，认为性别对他们的工作任务分配、职业发展机会、工作兴趣都产生影响(Barrett & Barrett，2010；Probert，2005；Glazer-Raymo，2008)。而国内这方面的研究并不丰富。在中国是否也有相似的影响，有待进一步探索，因此在个案选择中，也考虑了性别的因素。

三、资料收集与分析

本研究的资料收集主要采用半结构性访谈的方法，辅以一部分文本分析。

Mishler(1986)认为访谈是一种研究性交谈行动，是受访者与访谈者共同建构意义的过程。受访者并不是将已经存在脑中的记忆或感受直接呈现，而是通过语言表达、沟通和反省，在互动过程中建构起彼此都能够理解的意义。本研究所采用的半结构性访谈，目的是能够依据自己的概念框架对受访谈者提出一些基本的问题，详见附录1。但进一步的问题会依据受访者的参与和兴趣进行灵活的调整和发展。此外，结合研究反思，产生进一步收集信息的需要，并征得受访者同意，对关键访谈对象做多次访谈。

Bogdan和Biklen(1992)提出的一些访谈原则成为本研究的参照：提供机会让受访者充分表达意见；使用适当的动作语言和保持必要的沉默，表现倾听的耐心；提供时间让受访者组织他们的想法；弹性调整访谈内容，不拘泥于既定的架构。此外，研究者也认同，在访谈时，没有必要谈论研究者的观点，除非受访者询问，并特别必须时(Anderson，1998)，尽量避免论说型和评价型回应(陈向明，2000)。

此外，文本分析有助于研究者了解历史脉络，不但能和访谈的资料相互印证和补充，而且有助于研究者理解研究对象的理解、意义及其产生的情境。本研究收集的文本资料大多来源于大学网站上的公开信息，主要包括：所研究大学的聘任、晋升、考评管理文件;所研究的大学和专业的发展基本信息;个案教师的个人背景资料,包括学历背景、教学经历、科研成果、参与项目等。文本分析为访谈提供背景资料和三角验证。

本研究在资料分析的过程中,借助 Nvivo 软件,对资料进行三级编码。编码的过程就是用集中和浓缩的方式将原始资料反映出来,并进行系统化和条理化,形成一个有一定结构和内在联系的意义系统(陈向明,2000)。在第一级编码中,研究主要采用浓缩的手段,通过多次阅读,进行类属的命名和划分。以研究者自己与资料互动过程中的感觉和体悟为主,结合具体的情境寻找文字的意义(Lofland, 1971)。在第二级编码的过程中,编码的归类需要寻找类属之间的相关关系,将不同的类属合并成类群(Miles & Huberman, 1994),这一过程不仅遵循资料本身的条理,也结合研究的概念框架进行调整。是一个研究资料与概念框架进行对话的过程。最后一级编码,则是直接接合研究问题,对编码系统进行调整和整合。类属分析是将资料打碎,进行归类。而到了具体的写作过程,则采用情境分析的方法,对事件发展的因果联系、互动关系作整体的、动态的呈现(陈向明,2000)。

四、概念框架

通过以上的文献综述可以发现,在多种因素的作用下,全球的高等教育变革或多或少都体现出新公共管理的趋势,但由于每个国家治理传统和背景的差异,新公共管理理念在实践中与各国原有的治理体制进行了本土结合,大学、市场和国家之间呈现出多样的关系,在这样的管理背景下,各国大学教师对学术工作的内涵、执行和感知的理解存在较大的差异。具体到中国,从西方移植的现代大学,在 1949 年建国之后被收归国有,经历了纳学于政、学以致用和混杂治理三个时期。这都决定了我国学术工作的特殊管理背景。

学术工作的内涵在西方经过长期的历史演进和学术讨论,形成了相对一致的观点。认为学术工作应该是基于知识基础,相互促进和协调的统一体,也有大量的研究致力于形成统一的学术评价标准和制度。但在中国,对学术工作内涵的讨论并不丰富,学者们的理解缺乏一致性,不仅存在概念上的模糊和混乱,而且在制度变革中快速变化。

学术工作在执行中被赋予越来越多的责任,这是中外大学教师都面对的形势。教学、科研和服务三类传统的学术责任有了新的内容和挑战。此外,学术工作又被添加了许多新的附带责任和公众要求。学术工作的不同方面在执行中难以相互协调和统一。大学教师在面对日益增多的工作责任和自身对于学术工作的理解和兴趣之间的矛盾时,采取了多样的应对策略,或附应、或抵制、或退出。但在中国高等教育独特的发展阶段和管理环境下,具体每一种工作面对的新变化是什么?大学教师需要承担哪些独特的责任?中国大学教师的应对策略等,还有待研究。

学术工作的感知受到学校层级、学科类别、职称、聘任状态和性别等因素的影响。对我国学术工作的一些研究讨论了学校层级和职称的差异,但对学科类别、聘任状态和性别鲜有提及。再者,对学术工作管理的感知,国外的研究存在较多争论,是否应该强调表现性问责、当前的管理模式是否侵害了学术自由以及大学教师是否要参与咨询和决策。而国内的研究普遍认为现有制度不利于学者的生长和学术工作的良性发展,管理体制亟待完善,关系化、学术失范、行政权力挤压学术权力等问题突出。但对此类问题的分析多是理论分析,实证研究并不丰富,为什么会出现这样的感受、不同的大学教师群体如何对他们的学术工作赋予意义,还需进一步讨论。

因此,本研究对三个关键概念间的关系进行理论上的探讨,将其作为一个开放的概念框架,作为后续质性研究的参考(见图1)。首先,本研究是在中国高等教育管理体制改革,特别是聘任制改革的背景之下发生。其次,我们研究关注的对象是大学教师个人,是处于与其他个体互动之中,具有明显的机构、专业、聘任状态、职称和性别等特征的个体。再者,学术工作是我们研究关注的主要议题。学术工作的内涵、执行和

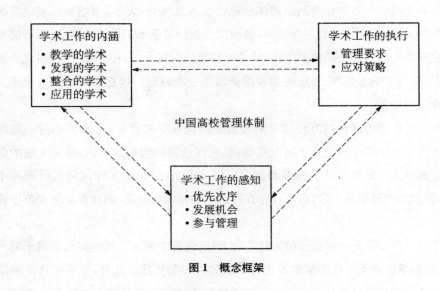

图1 概念框架

感知是我们用来对学术工作不同方面进行描述的关键概念。中国大学教师如何建构自己对学术工作理想状态的理解；学术工作的执行中，新的政策对学术工作提出了什么样的管理要求？大学教师如何应对；学术工作的感知中，他们如何看待自己的工作发展机会，如何感知学术工作的优先次序。如何看待学校和院系的管理方式？如何参与不同层级学术管理的咨询和决策？是我们欲关注的主要问题。

在政策变革的背景下，大学教师学术工作的理想状态（内涵）和实然执行之间存在着张力。而大学教师个人的感知则是张力之间的调节器。管理变革对执行提出要求，这些要求可能会直接影响对学术工作的理解，或通过"感知"这一调节器，改变对学术工作理想状态的理解。但是，反过来，大学教师对理想状态的理解也可以直接作用于学术工作的执行，或是通过"感知"这一调节器，形成应对学术工作执行的策略，甚至对管理变革产生作用。如果大学教师有足够的自主性及发言权，他们能够巧妙利用政策变革带来的契机，寻找空间促进学术工作的发展。此外，他们在政策变革中的议论和批判便能够影响政策的制定。在相反的情况下，大学教师缺乏自主性和发言权，意见得不到重视，则会引发出一系列不利于学术工作发展的应对策略，政策难以推进，学术工作缺乏吸引力，发展前景黯淡等问题。

我们沿着两条路径去探索三个重要概念之间的关系。第一条路径是管理变革的作用。以聘任制改革为代表的一些管理政策变革，对大学教师学术工作的执行提出了新的要求，大学教师在对新的政策进行解读、意义阐释和价值判断（Yanow，2000）的过程中，产生了一系列对学术工作感知的影响，他们要在政策的要求下获得更多的工作机会、寻求进一步的发展，必须调整自己对学术工作的优先次序，服从管理要求。同时，这些感知和要求会对学术工作的内涵，也即什么是理想的学术工作产生挑战。

另一条作用路径是大学教师的能动空间。大学教师如果有充分的学术自主性，他们对理想的学术工作状态的理解影响他们对新政策文本的解读和价值判断，他们利用政策变革带来的契机，按照自己的兴趣和理解去安排学术工作的优先次序和工作方式，产生个人的应对策略。这样一种感知和个人应对策略在学术群体内部的人与人之间形成议论和批判，达成相同的意义诠释（Berger & Luckmann，1966），这种学术工作方式可以使得政策变革难以施行、无法达到政策目标。此外，发言权也很重要，大学教师也希望通过参与管理、表达自己的意见，对政策变革直接产生作用。我们只是便于理论分析，才将两条路径进行了区分，而在实践当中，两条路径同时存在，相互影响。

其互动的复杂关系,有待进一步探讨。

五、研究可靠性与研究伦理

传统的实证主义量化研究将信度和效度作为判定研究质量的标准,而质性研究者也常常被质问研究的信效度问题,成为一种困扰。因为质性研究者关注的不是客观分类计量、普遍法则的寻找或因果假设的证实和推论,而是社会事实的建构过程以及人们在不同的、特定的文化社会脉络下的经验和解释(姚美华、胡幼慧,1996)。这种过程、互动、意义和解释的探索研究,其价值和判定标准,更多是在追求一种公平性(fairness)和真实性(authenticity)(Lincoln,1995)。学者们提出用"可靠性"、"真实性"、"可信性"等来衡量质性研究的质量(Lincoln,1990;Lincoln & Guba,1985)。Maxwell(1996)认为质性研究者必须从自己的经验出发,考察在质性研究中可能出现的对研究可靠性造成的威胁,包括描述型威胁、解释型威胁、理论型威胁和评估型威胁。如何解决这些可靠性的威胁?Hammersley(1990)认为,可以用研究者个人的"反思"来增加研究的可靠性,包括1)被研究者与文化、政治、经济、历史脉络之间关系的反思。2)研究者与被研究者关系之间的反思。3)研究者的角度和资料解释之间关系的反思。4)研究书写的风格和所用资料表达、说辞和权威性的反思。

此外,在研究的伦理考量方面。首先,对受访者公开研究者的身份和目的,在征得受访者自愿参与研究的情况下,进行资料收集。访谈录音事先征得访谈对象同意。其次,尊重受访者的隐私,研究资料仅用于研究,不外泄或用于研究之外的其他用途。在研究书写过程中,进行匿名处理,并省略任何可能暴露受访者身份的相关信息。再次,尊重受访者的感受和意见,不强加自己的意见和感受,建立平等互信的良好关系。最后,对访谈对象的参与和贡献心怀感激。通过耐心倾听、在研究中公正表述他们的感受和意见、分享研究成果等方法给予回馈。

第二章　理想与现实的角力：学术工作的内涵与执行

本章通过分析中国大学教师理想的学术工作状态、大学对学术工作的管理要求，以及面对这种理想与现实之间的张力时，大学教师所采取的行动策略，来呈现学术工作理想与现实之间的角力。

第一节　大学教师理想的学术工作

一、从事学术工作的初衷

从事学术工作的初衷一直是讨论的热点之一，即，在选择学术工作之初，学术工作的哪些特质吸引他们，使他们选择成为一名大学教师。对学术工作初衷的讨论从一个侧面刻画了大学教师理想的学术工作。Weber(1958)早在1919年"以学术为业"的演说中就讨论了这一职业的外部环境和终极意义问题，区分了"为"学术而生存与"靠"学术而生存的两种方式。受访者们也有类似的感受，例如，A校经济学专业的一位受访教授就认为：

> 现在的高校老师，第一类，天生就是把学术做成兴趣的，就是他的爱好，要是不做研究，浑身就难受；第二类，把它看作一个职业，他要选择哪一种给他带大的收益，他要追求收入的话，他可以到处讲课，完成学校基本工作量之后，可以出去挣点钱，社会地位还稍微高一点儿；第三类人呢，没有多大的追求，就感觉大学老师比较稳定一些，时间也有很多自由支配，完成基本的工作量之后，我愿意干多少干多少，没人管我。（A‐ECO‐AM‐10）

下文将从学术工作的内在吸引、外部环境等方面入手分析:

(一) 学术工作的内在吸引力:自主和创新

在研究中,有一小部分老师认为,学术工作本身非常"有挑战性",无论是教学还是科研,都需要不断地改变和创新。他们对于未知的知识怀有强烈的好奇心,想要通过理性来为世界除魅。正是学术工作这种"为知识而知识"的特性,吸引他们成为大学教师。A校教育系和经济系的两名教授分别谈到:

> 它能让你做一些新鲜的事情,比如说你教课,你面对的是不同的群体,你每个学期面对的学生都不一样,然后你备课的时候就会老想改变点什么,然后你做科研更是一种新的挑战。(A-EDU-AF-20)

> 起码就是你自己不知道的,可能通过科研知道,因为科研最重要的是满足自己的好奇心,这是一个驱动,如果这方面动力没有的话,那科研工作纯粹就是一个简单劳动。(A-ECO-AM-10)

与其他机构的工作相比,学术工作内容又有什么样的特征?A校信息专业的一位副教授给我们提供了一些参考,信息工程专业与市场的联系比较紧密。这位老师在成为大学教师之前,有在公司工作的经历,他对公司的工作与学术工作进行对比,认为:

> 在公司里就是把现成的技术应用到成熟的领域里去,公司没有实验性的东西,没什么挑战性。但大学里的科研是解决全人类的问题,我觉得有点像攀登山峰一样,搞科研就像是别人没登过的山峰你往上登,起码有一种挑战性,虽然到现在觉得很辛苦也很累,还是觉得这挺有意义的。(A-INF-B1M-08)

除了工作创新性的吸引力,学术工作的自主性也是这位老师选择成为大学教师的另一重要原因。大学教师可以在一定程度上自主决定工作的内容和进度,并且管理学生和研究团队,这也让他"感觉挺好"。

> (在大学)就觉得上面没有老板了,可以说你自己给自己打工,而且到一定时间以后,可以带一些研究生,也有一种挺自豪的感觉,你也可以管理一些人,引导他们,自己尽到培养的义务,这些学生完全是我们在管理嘛,所以这个感觉也挺

好。(A-INF-B1M-08)

这位 A 校信息专业的副教授在访谈中表现出强烈的工作热情,有较明确的研究计划、对于自己学术工作成就的评定,有很强的内在价值判断,而不是仅仅满足于工作机构对于他的工作要求。

整合了这一部分的观点之后,研究者发现,那些受到学术工作内容吸引而成为大学教师的受访者,更多地体验到的是学术工作的满足感和成就感。他们对学术工作的特征有较深入的了解,经过理性的分析,认为自身的兴趣与学术工作相契合。

(二) 学术工作环境的吸引力:稳定和自由

大部分教师是受到学术工作环境的吸引。虽然仅从收入来看,很多学科的教师收入低于其他机构,但"工作的稳定性"却比其他机构略好。大学教师聘任制改革的尝试,虽然在中国已经进行了近三十年,但相较于企业单位的聘任,鲜有大学教师被辞退,稳定性依然较强。这是吸引大学教师的重要的环境因素。例如:A 校信息专业和数学专业的两位老师分别认为:

> 我原来在博士期间曾经在两个公司里干过,当时比学校给的薪水要多,但是我自己觉得不适应,因为自由惯了,公司里的氛围不太适合,太拘束了。(A-INF-B1M-08)

> 我的感觉就是稳中求进,本身教师这个职业相对于社会上其他职业更稳定一些。(A-MAT-CF-05)

此外,大学作为事业单位,经费来源也比较稳定,还可以为大学教师解决"户口"和"子女入学"等方面的需要。这也成为"体制内职位"的重要吸引力。甚至使得少数对于学术工作内容不太感兴趣的人,最终选择了大学教师这一工作。对学术工作内容不太感兴趣的教师,会把较多的精力放在家庭和其他兴趣爱好上面,学术方面的兴趣和成就也必然不高。这个类型的两个典型案例,分别来自 A 校和 B 校数学系的老师,都是学术成就很低,迟迟得不到晋升的两名讲师:

> 也没啥吸引的,当时最烦的事情就是当一个老师,感觉老师的工作太乏味,太枯燥。但是毕业之后,家人感觉教师比较稳定,大学还是一个国家的事业单位。

然后干了一年多之后,感觉干教师也不错,尽管收入不高,但是时间很多,有假期,自己能支配的时间比较多一点,上完课之后自己想搞点学问就搞点学问,不想搞点学问,凭自己的兴趣干点什么事情,是吧?(B-MAT-CM-11)

在这个学校的话,大学有附属的幼儿园和小学,孩子的入学都可以解决了。很多人呆在这儿,孩子的原因也很重要。(A-MAT-CF-05)

最后,很多老师也认为学术工作在时间安排方面也有较大的自由度,例如,A校数学系的一位副教授认为:

时间弹性比较大,必须要出现的时候就是上课的时候,其他时间就比较自由,假期比较多一点。(A-MAT-B1M-06)

仅出于对学术工作环境的偏好而成为大学教师的受访者,他们的工作成效普遍差强人意,认为自己只要满足聘任和考核的需求即可,对工作发展缺少规划,对如何改进和改善工作的思考不多,也很少体会到探索、发现和传播知识带来的愉悦和成就。

(三)误打误撞

与前两类大学教师相比,少数受访者表示选择大学教师职业并没有经过多少考虑,甚至很无奈地从事这样一份工作。他们获得的职业信息较少,特别是一部分"从学校到学校"的大学教师,他们在求学过程中缺少其他职业的信息,不了解自己适合做什么,也不了解学校之外又有什么样的机会。他们熟悉学校的环境,当有机会成为大学教师的时候,便从事了这样一份工作。

A校教育专业和信息专业的两名教授就是"误打误撞"进入这一职业的代表,两位教授都是在成绩优异的条件下被"保送"或"留校",在工作之后也逐渐适应和胜任了这一工作:

没有特别去规划,本科毕业,保研就保了,然后读硕士的时候再硕博连读,博士就读了,然后博士毕业之后,留在高校的居多,就这样顺理成章一步步就成大学教师了。(A-EDU-AF-20)

也没有什么失望的,因为一步步走到这儿,就选择了这个,就坐在那里呆着。(A-INF-AM-14)

还有极少数在工作之后培养兴趣失败的人,很容易"厌倦了"这种工作,对于工作的前景、管理、发展,流露出一种近乎"麻木"的状态。在我们的研究中,B校教育专业的一名刚刚入职的讲师,因为刚刚经历职业选择,他在这一方面有较多的分析。他认为文科研究生的培养模式与社会需求之间存在脱节,文科博士很难在大学教师这一职业之外有其他的职业选择,工作半年不到,这位讲师已经多次有退出学术工作的想法:

理科的话,还可以进公司做研究,但是文科的博士,不进高校,你能做什么?你的出路在哪里?在社会上机会比较少,不进高校无法谋生。实际上不光是我,我个人感觉像年轻人的话,最终选择进入高校的原因,很多时候是一种迫使。(B-EDU-CM-01)

通过本节对选择学术工作初衷的讨论,我们发现,出于对学术工作内容感兴趣而选择成为大学教师的受访者,在工作中表现出更加积极的态度,而被学术工作环境吸引的大学教师,缺乏进取的动力。最后一类"误打误撞"成为大学教师的受访者,更容易出现工作倦怠和离开学术工作的意向。

二、学术工作满意感

学术工作的不同方面,对大学教师带来的成就感和满意感也不尽相同,也有少部分教师无法从学术工作中获得满足感。因此,这一部分将从教学、研究、工作倦怠和不满几个方面进行分析。

(一)教学的乐趣

大部分受访者在谈及教学的乐趣时,关注点在"教师"和"教的过程",强调自己在教学中的受益。包括教师获得学生的认可和肯定的乐趣,例如,A校经济系的一位讲师说:

我觉得有一次比较兴奋的就是上完课以后,我的学生中间会给我鼓掌,这是对我最大的奖励了。(A-ECO-CF-05)

B校教育专业的教授是有一定教学声望的"教学名师",她自己非常享受教学的状

态,认为教学甚至对自己的心理状态有积极的影响,使得自己乐观、向上、坚毅等,"人生美好的东西被唤醒":

> 教学所谓的这种满足感,幸福感,是源于学生对你的需要和认可,我们感觉我们的这个理论还是蛮有价值的,我们做了一件很有意义的事情……另外,当教师的,在课堂上,自己必须是一种很积极的状态,然后试图用自己的这种状态去唤醒学生,这同时也是对我自己一些人生美好的东西的一种唤醒。(B-EDU-AF-23)

此外,也有通过教学成功表述自己思想的乐趣,这种乐趣源于教师在知识上的优越地位得到了学生的认可。一位A校信息专业的副教授这样描述他们教学的满足感:

> 我觉得教学有一种成就感和优越感,因为你对着这么多学生发表你的看法,然后把一个问题阐释清楚,这每一堂课就像一次演讲一样。(A-INF-B1M-08)

但是,大学教学中,教师是否适合成为所谓的"先知"和"煽动家",许多学者对此进行过反思(Weber,1917),认为大学教师不应该扮演这两种角色,而是应努力使得学生自己头脑清明地对问题进行判断和分析。

与"教"的乐趣不同,还有少部分受访者对于教学的乐趣主要来自于"学生"和"学习"。他们将学生知识的掌握、兴趣的培养、反思批判能力的形成甚至整体的发展作为自己重要的教学成就。A校数学系的教授就是如此:

> 教学不仅仅是教课,还可以影响学生很多方面,学生因为你的工作,整个的发展状态走到一个更积极进步的方向,这样的话,感觉收获还是蛮大的。(A-MAT-AM-20)

教育系的教师,因为专业领域的关系,普遍对于"学生和学习"有较多的思考,他们对于培养什么样的学生、培养学生的哪些能力都有自己的观点。A校教育系的一名副教授和讲师分别对于课堂中学生的学习有这样的认识:

我现在指导的几个研究生，他们的论文都是从我上的一门课中得到启发的，他们写的论文都挺不错的。一些学生也读了博士了。我的终极目的是，能够教育出来一批学生，能够看到他们的成长。他们自己知道自己想要什么东西，有这个能力和计划，并具备积极的心态去追求它。（A-EDU-B1M-10）

如果学生觉得我基本上说的都是错的，我就觉得"到家了"，用国外的术语就叫"批判性思维"，这就是我最想让他们学到的东西。（A-EDU-CM-05）

A校教育专业的另外一名副教授，她的课在学生群体中颇受欢迎，她自己对教学的目标、内容、方式进行了很多的反思。她这样描述自己教学中幸福的来源：

我把我的课堂当作唤醒学生的课堂，在教学当中，如果不能去唤醒学生，甚至在这个课结束以后，让学生还有去探索它的热情，那我这个课就不算成功。（A1B2F-13）

但是这些关于教学的思考，大多还处于个人反思、经验总结的阶段，是否能够把它们理论化、在共同体中传递、接受批判、获得认可，发展成为"教学学术"，还需要相应的交流、认可、激励制度进行保障。

在调查中，我们也发现了两例"教学学术"的萌芽。一例是前文提到的B校教育系有"教学名师"之称的一名教授，她在三年前通过自身的反思和借鉴其他大学教学经验，在自己的教学中尝试进行"研究性学习"的教学改革：

这个反思主要在于，原来我觉得大学的教学是我按照我对学科的认识，讲的精致、课堂效率高、传授相关的知识……后来，通过我女儿上大学的过程，我在想，不仅要传授他们知识……更宽泛一点，是要培养一个"人"，用专业的立场去发展，有一个专业的意识，做研究的方法，找到专业领域内一个自己感兴趣的点，让他们尝试去做一个研究。后来我就改革了我的教学方式，让学生们通过研究一个专业领域里他们感兴趣的问题进行学习，这种教学改革得到了院领导的认可，在学院里面进行提倡。（B-EDU-AF-23）

这位"教学名师"认为自己的教学学术探究非常成功，学生们对于学科的兴趣、研究能力都得到了提高,并且,通过"领导提倡"的方式,她的教学改革理念也与学院其他老师形成了交流。但是,她的这种个人性的教学反思之所以能够被同行交流和共享,是因为"幸运地"得到了"领导的认可",而并非一种制度性的保障。

在研究中,我们也发现了保障"教学学术"的制度萌芽,这便是"教学改革项目"。研究中有少数几位教师参与"教改项目",这种项目鼓励教师们用研究的态度进行"教学改革",并把这种教学改革的相关知识进行理论化,以"教学改革论文"的形式进行同行交流。A校信息系的一名讲师就参加了这样的项目,但是据他的观察,在大学教师的评价体系中,"教学学术"的成果远不及"发现的学术":

> 我现在有做一个教改项目,研究一门课本身的教学内容怎样优化,课程所反映出的背后的一个知识体系怎么搭建……(但对老师的评价)主要还是看科研方面的成果,教学改革方面的论文一般都不太看。(A-INF-CM-03)

总体而言,大部分大学教师对于"作为经验性工作的教学"还是充满热情,很多学科的老师都体验到以"教师"和"教"为中心的乐趣,但以"学生"和"学习"为中心的乐趣不多,并且大部分集中在教育类专业。作为一种学术活动的"教学学术"只被少数老师谈及,虽然有"教学改革项目"一类的制度萌芽,但教学学术的成果得不到相应的认可,教学学术思想也没有形成有效的交流、批判和共享机制,这都有待进一步发展。

(二)研究的乐趣

1. "发现的学术"的乐趣

本研究的发现印证了 Harbermas(1972)关于不同学科认知旨趣的观点,以自然世界为认知对象的理工学科,出于技术认知旨趣(technical cognitive interest)的控制目的,发展出实证分析的视角,这些学科进行实验、推理、解决技术问题。例如,A校数学系的一名讲师跟研究者分享:

> 比如说有个问题你想了很久也没有解决,然后突然有一天,你把它做出来了,那种时候就会特别高兴。然后你会把整个过程回忆一遍,就觉得特别美的那种感觉。(A-MAT-CF-05)

另一种以社会世界为认知对象的文科和商科,出于实践认知旨趣(practical

interest)的理解目的,发展出历史诠释的视角,他们发展出理论和模型对现实进行解释,通过反思和沟通得到启示,A校经济系的讲师和教育系的副教授分别有这样的感受:

　　一个模型终于解出来了,或者是想到一个模型正好能够解释目前存在的问题或什么的时候,就比较开心。(A-ECO-CF-05)
　　其实作为一名大学老师最重要的喜悦是得到启示,那种启示,真的对我的人生都是最好的。第二位的就是跟人分享,它的确是第二位的。包括跟学生、同事去交流。(A-EDU-B2F-13)

在"发现的学术"方面,不同学科学术发现的模式不尽相同,这与学科自身研究对象的特征有关。根据学科研究对象的不同,又由多种旨趣所驱动。本研究中可以较明显看到,以自然世界为认识对象的学科(数学)更倾向于技术认知旨趣,而以社会世界为认识对象的学科(经济和教育)更倾向于实践认知旨趣。

2. "应用的学术"乐趣

对于知识的应用,不同的学科和教师所持的观点不尽相同,甚至随着学科的分化和新兴学科的建立,同一学科的不同方向,对"应用的学术"关注程度也存在差异。一些社会学科的受访者认为自己的学科只能解释现实,无法改变或应用到现实中去,至多使相关人员从他们的研究中得到一些启发,因此不涉及"应用的学术",A校教育系的讲师和经济系的副教授分别认为:

　　(研究对现实)改变不了(非常肯定的语气)! 我信奉芝加哥学派,咱们搞社会科学的只能解释,它不是这种预测或改造性的学科。当然,中国传统,觉得知识分子都要为帝王师,是吧? 都想要改造天下,其实改造不了。你只能去解释它。(A-EDU-CM-05)
　　但也许会有用,你要说有什么实际的用处的话,也许政府官员或者是企业老板看了,受到一点启发,将来他做决策的时候也许对他起到一点触动,这就是用处,但你也不知道他会不会用。(A-ECO-B1M-09)

但相同专业的另外一些老师,则持相反的观点,同是A校教育系的老师,另一位副教授则倡导"理论和实践的结合和对话",认为改进现实是可以实现并且非常有必要的工作。她以近期参与的一项X区教委委托的横向课题的经验为例,谈到:

> 我们本身就需要和实践对话,在实践中我们也想去发现新知。我们就能充分地做这种桥梁,真正地把我们的理论用来改进教育……我当时学教育的初衷就是认为我们教育中有很多的问题,我希望通过学习教育来看能做一点什么样的改进。(A-EDU-B2F-13)

与社会学科不同,工科的老师们普遍认可"应用的学术",并且这种应用的学术也往往以课题的形式得到资助,特别是企业资助的横向课题,更是将知识的应用所带来的经济效益作为其发展的直接动力,B校应用化学专业的一名副教授就认为:

> 你切切实实地去做这些东西,是为地方经济服务。(B-CHA-B2F-16)

在"应用的学术"方面,社会学科(经济和教育系)的老师们存在争议,而工科(信息和化学)的老师们普遍认同应用学术的价值。

3. 发表的乐趣

长期以来,学术发表作为学术群体内部交流和沟通的一种有效途径而存在。但随着新公共管理对于表现性评价的强调,"发表"亦成为一种通过学术期刊而对新的学术发现进行授权的方式。这种"授权和认可"的价值远远超过了"交流和沟通"的价值。随着评价体系对于"发表"的重视,大部分老师都在发表方面,获得"被认可"的成就感。例如,A校经济系的讲师和信息系的教授所言:

> 科研无非就是我的文章被SSCI接收了,那当然会很高兴,然后申请到了教育部、国家的课题会很高兴。(A-ECO-CF-05)

> 研究的满足感就是得到一些承认啊,比方说你做了个什么,别人跟着你做了,你就觉得在某些方面还可以引领一下,对不对?觉得至少你的工作还没有白做,做这些工作还是有些价值的。(A-INF-AM-14)

也有极少数的老师,将发表作为一种整理研究成果的必要阶段和方式。B校教育系的一名副教授这样说：

> 内在的比如说一些东西有进有出，这许多的思路啊，理论啊，论据啊，把这些东西整理出来，就感觉到平衡了，感觉到进去出来，这就平衡了。外在的，看到自己的成果公开发表了，就很高兴。(B-EDU-B1M-03)

以上从学术工作满意感的来源角度来分析大学教师理想的学术工作，可以发现：中国大学教师对于"发现的学术"及其成就感有很强的认可，对"作为经验性活动的教学"也有很多积极体验，但将教学的知识作为一种可交流、可研究、可共享的"教学学术"则还处于萌芽状态，并没有得到老师们的普遍认可。"应用的学术"在不同的学科和研究方向，重视程度不尽相同。整合的学术在本研究中没有被大学教师提及。而"发表"作为一种获得同行认可和授权的方式受到重视，但其交流和沟通的价值被日益边缘化。

三、学术工作之间的理想关系

学术工作不同方面之间的关系，一直是理论探讨的热点。在中国情境下，大学教师普遍认可教学与科研在理论上存在相互促进和补充的关系。但是具体到每一位大学教师的个人偏好和能力，则需要尊重每一位教师选择的空间。

（一）教学与科研相互促进和补充

首先，大部分老师认可科研对教学的促进作用，科研的最新成果应用于教学，能够更新教学内容，引发学生学习兴趣。反之，如果长期只教学，不做科研，便会使"课堂僵化，思想也僵化"，B校化学系和数学系的两名副教授认为：

> 科研做的好的话，能促进教学。因为教学如果只是教死书本上的东西，没有新鲜东西注入进来的话，教学也走不远。这两个方面你都要去兼顾的。(B-CHE-B1F-08)

> 教学跟科研挂钩之后，学生有兴趣，教材的知识陈旧，通过自己的科研，介绍一些前沿的知识。(B-MAT-B2M-06)

其次，少数老师谈到教学对科研的促进作用，教师在教学准备以及在课堂上与同

学的交流都会引发对于知识探究的思考,B校数学系的副教授和A校教育系的副教授有相似的感受:

> 在教学过程中,和本科生、研究生一起探讨最前沿的文献也是非常有意义的,学生的提问也引发自己的思考,有助于研究。(B-MAT-B1M-03)

> 学生和老师之间充分和自由的讨论,彼此都是非常受益的,我觉得这很大方面是我工作上喜悦的来源,就是那种跟人分享、得到启示的快乐。(A-EDU-B2F-13)

最后,还有一位A校化学系的副教授认为,教学和科研这两种活动的周期性和规律不同,对大学教师个人所带来的成就感也可以相互补充:

> 科研这个东西是没有规律的,这灵感不是我给自己定个计划,比如说十天以后就来灵感了,所以说如果科研上遇到挫折的时候,你可以从教学上去平衡。相反,如果教学上有时候不太顺利的时候,你可以从科研上补,所以我觉得两者是互补的。(A4B1M-08)

因此,大部分的大学老师认可教学和科研之间相互促进和补充的关系。无论是教学对于科研的促进,还是科研对于教学的帮助,或是两者在成就感上为教师主体带来的平衡。

(二) 教师的偏好和选择空间

尽管大学教师们普遍认可教学与研究之间存在相互促进和补充的关系,但正如Weber(1958)所言,两种活动对于教师兴趣和能力有不同的侧重,很少有人能幸运地同时具备这两类能力。教学活动因为发生在人际的交流和互动之中,因此强调沟通和表达的技巧。研究活动更需要抽象思维、逻辑思考、归纳演绎等能力。虽然有一部分教师,例如A校信息系的讲师和数学系的副教授,对于两种活动都非常喜欢:

> 我既然当初选择高校老师这份工作,我的兴趣就既有教学又有科研的。(A-INF-CM-03)

> 两样都喜欢吧,你要是只喜欢做研究就可以去中科院了,就不用教学了,对

吧？有的时候，这两种都挺好的。（A－MAT－B1M－06）

但是，也有一部分老师对两种工作存在偏好，下面两位老师就更倾向于教学，他们分别是 B 校管理系的副教授和 A 校经济系的教授：

  实际上（兴趣）更多的是教学，这个学期每周 28 节课是最忙的，但是有时候上一下午或者一晚上，并不感觉累，在这儿做一天（行政），有时候反而累。（B－MAT－B2M－06）
  其实在大学里面当老师，最有意思的还是教学……大学不是一个纯粹的科研机构，大学如果没有学生，就不是一个大学了。他还是要想着怎么培养学生的，老师最基础的作用在于，帮助学生缩短学习的时间，帮助学生提高一些能力，这样的话，你的工作就有价值了。（A－ECO－AM－10）

也有一些被访者更偏好科研，例如：B 校化学系的教授就把科研作为一种生活中不可或缺的"习惯"，B 校教育系的副教授喜欢科研工作相关的阅读和写作：

  对我自己来讲，最主要的（兴趣）还是科研工作，我到现在基本上养成了一种习惯，不做它会觉得不习惯，这是我生活中很重要的组成部分。（B－CHE－AF－17）
  （兴趣）更多是在学术上，研究上。我也挺喜欢看书的，就是看点书，结合当下的实际，整理点儿文章。（B－EDU－B1M－03）

那对于这部分存在工作偏好的大学教师，他们理想的学术工作方式是什么样的？A 校信息专业的一名副教授认为，理想的学术工作管理应该给不同的教师以选择的空间，她明确自己对教学有非常强的偏好，而对于研究根本没有兴趣，她提出：

  学校最好是能分成两块儿，让喜欢教学的老师去全心地做教学，然后科研能力很强的老师，只用一点时间教学，甚至可以指导别人教学，把你的成果给别人去教。因为有些老师是不适合教学的，所以我觉得这可能跟个人的性格，个人的表达方式都有关系。（A－INF－B2F－13）

综合本节所述,本研究中大学教师理想的学术工作,其内容应具有创新性和自主性,工作环境稳定且自由;教学和科研活动都能给大学教师带来成就和满足。发现的学术受到重视,应用的学术在一些学科和领域正在发展,教学的学术正在萌芽,整合的学术还未被关注;学者群体普遍认为教学和科研应该是相互补充和促进的关系,但具体到每个人,由于能力和兴趣的不同,制度应该给个人提供空间,让他们选择适合自己的工作内容。

第二节 大学对教师的工作要求

一、大学实践中的聘任制改革

聘任制改革自 1986 年实施以来,经过了长期的实验和探索。但"大学编制"这一计划经济的产物在聘任制改革中并没有完全退出。根据 2000 年中编办、教育部和财政部合发的文件《普通高等学校编制管理规程(草案)》的规定,每个学校的编制总额,是"以学校标准生数为基本参数,以学校类别为调整参数,运用数字公式计算"。而大学的自主权体现在"在执行国家编制法规、政策的前提下,在核定的内设管理机构和人员编制限额范围内……可以自主确定学校内部管理机构设置,自主安排人员编制的规划使用,自主决定用人形式"。

在本研究中的 A 校和 B 校,学校在用人的具体形式上也不尽相同。根据两所大学人事处网站的人事管理规定以及受访者的描述,A 校对大部分教学科研人员采用"事业编制"进行定期聘任,这一部分人员占用国家编制名额,基本工资由国家拨付,可以享受许多事业单位的福利政策,在聘期内需接受每年的年度考核和聘期考核。在此之外,A 校近年正在进行"编制外聘任"的改革和尝试,具体形式有"985 工程"人员聘用,以及"年薪制聘用"等等,这些人员的工资由项目或研究机构支付,聘用的人数不受国家限制,明确聘期工作要求。而在教学科研人员之外,教学辅助人员和思想政治教育人员的聘任则开始进行编制外聘任的尝试。与 A 校不同,B 校的文件和访谈中并没有看到关于"编制外聘任"的尝试,教学辅助人员和思想政治教育人员也继续采用编制内聘任的形式。

聘任制改革的目标之一,是强化竞争意识,在大学教师之间、大学和大学之间,都形成一种"仿市场的竞争",从而实现优胜劣汰,使那些表现不佳的教师及时退出。但实际上,A 校和 B 校的优秀人才和表现不佳群体,又在聘任制改革中经历了什么?我们分别对其进行分析。

(一) 优秀人才的吸引和流失

在A校,"体制外聘任"所标榜的高薪和自由的选择空间,在一定程度上达到了吸引人才的目的。特别对于海外人才和留学归国人才,这些职位提供高薪,也有较高的聘期工作要求。聘期结束,双向选择是否续聘。但这种聘任形式所占的比例并不高,A校经济系的教授向研究者介绍:

> 我们还有体制外的老师,真正的合同制,他们的收入很高,一年30万,然后他们工作要求很高,三年内完不成,下次就不再聘任。我们学院这种合同制的不多,这几年有5个。主要是海外回来的。(A-ECO-AM-10)

但并不是所有的老师都认可这种"体制外聘任",曾经以体制外聘任形式进入A校工作的教育系副教授,在第一个聘期结束以后,选择转到体制内的"事业编制"。他认为:

> 我们走985的聘任制就非常不划算……表面上说年薪八万,但实际上我们的待遇比正式的老师还低……但是对我们要求的成果比他们多。不是正式编制的,孩子入学什么的手续也很麻烦。所以我们一个聘期结束就转成正式的了。(A-EDU-B1M-10)

与A校不同,B校本身是一所普通高校,在大学等级序列中没有优势,在与其他学校的竞争中,一些优秀的老师被"挖走了",甚至在一些院系出现了"招不到老师"的情况。但同时,B校的聘任制没有进行多样化的尝试,仍是编制(指标)内聘任,造成许多学科发展受到限制。例如,B校化学系的一名副教授说:

> 我们每年去学校要这个指标,指标也申请下来了,我们也挑中自己比较满意的人了,但后续他们都有各种各样的选择吧(没来我们学校),我们的指标就废了,好几年都这样子,所以持续的比较缺老师,另外,团队的教授们都跳槽,往更好的地方,他们全走了。(B-CHE-B2F-16)

B校在人才流失的情况下也尝试建立了一些实验试点,B校教育学院便是这样的试点学院,这一学院对于"985"高校的博士毕业生,甚至海外博士毕业生,采取"内聘副教授"的方式吸引他们到B校工作。"内聘副教授"是指,一旦被聘任为讲师,给予副教授级别的工资和福利待遇。在访谈中,教育学院有一位讲师和一位副教授便是博士毕业于"985"高校,以"内聘副教授"形式引进的人才。

但总体来说,大学老师在学校之间的流动比例并不高,流动也不频繁。主要的流动是一些优秀学者从一般大学向高学术声誉的大学流动。A校数学系的一名副教授这样分析大学教育流动遇到的实际问题:

> 对,流动的困难比较大,很多东西都限制在你那儿……家人啊,房子啊,孩子上学啊,这个成本太大。国内现在总体来说,流动的氛围还是比较不太多的吧。不像国外大范围流动的那个样子,还没有。(A-MAT-B1M-06)

可以看到,两所高校在聘任制改革中,都在积极探索有益的灵活的聘任形式,无论是A校的"项目制"和"年薪制",或是B校的"内聘副教授"目的都在于吸引人才。但同时,灵活的聘用形式也使得在大学排行中处于劣势的B高校大量人才外流,在这样的人才竞争中处于不利地位。

(二) 降格、转岗和解聘

表现不佳的教师在聘任制改革中,又面临什么样的情况呢?A校和B校的情况也存在差异。A校现行的管理文件声明:"聘期考核不合格的受聘者,原则上给予1年的缓聘期。缓聘期后考核仍不合格者,降聘至低一级岗位。"在访谈中,A校经济系教授向研究者表明,他周围就有这样的案例:

> (没有完成任务的)主要是科研,三年一考核,连续两次完不成的话就降格,然后如果再不行,就转岗,转做行政岗。像现在我们管研究生教务的M老师,他就是从教学岗转成行政岗的。(A-ECO-AM-10)

A校也曾经尝试过"非升即走"的聘任办法。但遇到了重重阻力,最终搁置。A校数学系的副教授说:

早的时候是这样的(非升即走)，我刚留校的时候(要求)是六年，六年要是评不上就得走人，我也是第六年才评上。(A-MAT-B2M-07)

但是总体来讲，老师们普遍认为，大学现在的聘任方式，较之公司，还是相对稳定，很少出现解聘事件。例如，A校数学系的教授认为：

刚开始可能有老师不太适应，不达标的该转岗的转了，新进来的老师知道，既然做这个行当了，知道应该怎么做才能过，所以现在就很少了……真的解聘的我都没怎么听说，没准全校能有那么一两个，跟公司的聘任制应该有本质的区别，它基本上算是一个稳定的工作，但有一个考核在那，从管理上来说，是给你一个压力让你好好干。(A-MAT-AM-20)

与A校的管理不同，B校的文件和访谈中没有发现降格、转岗和解聘的案例。对于聘期考核不合格的人员，采用"扣奖金"的办法进行处理。B校管理系的副教授告诉研究者：

(有没有没有达到聘期考核要求的?)有啊，你没达到的话，学校有相关的费用，达不到这个工作要求的话，学校会扣你的钱。学校是一个事业单位，公有制的东西，很难，很难解聘。(B-MAN-B1M-17)

由于B校采取这样一种管理体制，出现了较多的，达不到考核要求但仍在岗，晋升无望的"老讲师和老副教授"，B校数学系的教授说：

有一些年龄大的老师，是老讲师，老副教授，专业做教学，这一部分占到了20%—30%。他们学历低，没有科研基础。他们只要能讲课，就不会被解聘。(B3AM-19)

此外，两所高校都有类似"年度述职会议"的机制，以院系为单位进行，所有老师参与。每位老师汇报自己当年的工作成绩，使得每位老师的工作成果都对其他人公开，对大学教师形成了舆论上的压力。A校教育系的一名副教授对于这种"述职会议"感

受颇深,对她形成了巨大的压力:

> 我们每年都要述职,都要对着我们全体的同事说,我今年发表了几篇作品,哪几篇是 cssci 的。很多人反对公布学生的成绩,说这个不顾孩子的隐私啊。但是现在我们老师每年就要经历这么一天,然后那个压力是很大的,因为在这个会上,很多老师都会因为发表量不够向大家道歉。我觉得这样很不好。(A-EDU-B2F-13)

总体而言,两个学校在聘任制改革的力度上存在差异,A 校的聘任形式更加灵活,对聘期考核不合格的老师进行降格或转岗。但体制外聘任的形式如何发挥其优势和吸引力,还需进一步探索。而 B 校只采用编制内聘任的计划模式,一方面,大学本身的学术竞争力不强,大量人才外流,很难吸引到优秀人才。另一方面,对考核不合格的教师,没有实施降格和转岗,而采用减少奖金的方法对他们进行惩罚。在这样的情况下,B 校的高校教师队伍不利于学科和学生的稳定发展。两所学校都用公开教师成果的方式,加强聘任和晋升考评的舆论压力。

二、学术工作的考评与晋升

对学术工作的评价大致可以区分为聘期考评(包括年度考评)和晋升两类。两个学校的聘期都在 3 至 5 年,聘期的考评要求又被细化,成为每年年度考评。老师们普遍认为,考评的要求不是太高,大部分老师都能够达到。但是晋升的机制却不相同,晋升是基于有限名额的竞争,职称的名额是有限的,竞争者往往是名额的数倍之多。因此,晋升的竞争非常激烈,要求也更为严苛。借用 A 校计算机系一名副教授的话,两者的区别在于:"晋升是你优不优秀的问题,考核是你合不合格的问题。"(A-INF-B1M-08)

这两种评价和竞争,都基于一种量化的表现性指标之上。这样一种新公共管理的话语已经被大部分老师接受和使用,老师们虽然认识到其中可能存在的弊端,但也认为它是一种"时势所需"。特别是对于处境不利的 B 高校,普遍存在与教育系这名副教授相似的观点:

> 这也是一种时势所需吧,反正这个时代需要这种东西,尤其是现在这种叫作

"量化竞争"的风气下,它必须需要一些奖励和竞争的政策来激励老师们的进取心和工作热情。如果不这样的话,某个排名我们排在后面,这样的话招生也不好了,老师的待遇也不好了,老师将来在外面受到的重视程度也不够了。它就是一环扣一环,这种东西非常有必要。(B-EDU-B1M-03)

下文将分别从教学评价、科研评价、所谓"服务"三个方面进行具体分析,学术工作的晋升和考评机制如何将这样一种表现性指标、量化评估、仿市场竞争、多元化经费来源的管理理念进行操作化。

(一) 教学评价

在聘期考核中,两所学校对教学工作量都有非常明确的要求,包括课时数,带研究生数和指导学习毕业论文等工作。而在晋升中,则会对学生评教的成绩做出最低要求,如果学生评教结果低于此成绩,便没有资格参与晋升。同时,如果在教学方面获得奖励,也会对晋升有所帮助。在学生评教之外,本科教学评估政策也是对大学教师教学工作的考评。两所学校在2006和2007年分别经历了本科教学评估工作。

1. 学生评教

具体到学生评教方面,大部分老师对学生评教的合理性有质疑,普遍质疑学生是否有评价教师所需要的态度、能力和信息。首先,老师们认为,教师和学生在对知识的掌握程度上存在差异,学生不具备对教学进行评价的学科知识。B校管理系的一名副教授就认为:

> 学生不能考评老师。因为学生不知道边界的问题,前沿的问题,探索的问题,他是不知道的。顾客是公司的上帝,但是学生来讲,你是我的加工的对象,你怎么会是我的上帝呢?不仅因为学生交了学费,还因为他具有一些能力,我才同意它成为我的半"加工品",否则的话,他连我的"原材料"都不能是。(B-MAN-B1M-17)

其次,学生与教师之间并非消费者和销售者关系,学生是基于能力原则被大学筛选出来进行教育的对象。例如,A校经济系教授的观点是:

> 这种做法还是有很大问题的,第一,是什么样的人能对这个人做评价做考核

呢？按经济学的说法是，你要是有信息优势的人，所以从来我们看到的都是老师考学生，不是学生考老师。第二，这不是一个消费者和销售者之间的关系，学生不是上帝，他是一个来接受教育的人，你该讲什么东西，该教什么东西不是取决于学生的口味。你该讲什么东西它是有一个学科的属性，所以这在本质上来说不是一回事情。(A-ECO-B2M-05)

强调学生作为评价主体的评价方法，再和学生选课等制度结合起来，长此以往，形成不良的教学风气。A校经济系的另外一名副教授就有这样的观察：

如果是学生考老师的话，完全会出现这种模式，你想听什么我讲什么，再怎么样我到时候给你一个高分。这个事情现在非常普遍。现在选课，学生们在讨论选课的时候，大家第一句话就是谁给的分高。所以其实这个是助长了一个很不好的风气。(A2B2M-05)

再者，部分态度不端正的学生参与评教，滥用评教工具，对教师产生了不公平的影响。A校教育系和信息系的两名副教授就有这样的经历：

学生填这个东西(评教)的时候也是敷衍了事，不见得那么认真。(A-EDU-B1M-10)

我觉得很多因素都需要改进，比方说如何让学生认真地去评价，这个需要有一个引导。比方说有的学生他这个一学期都没来听过课，好，我要对他严，我一点名，他就给我分低了。这对老师就不公平了……我觉得平时成绩到了一定程度的学生才有资格评老师。(A-INF-B1M-08)

最后，受访者认为，学生评价的统计方法、统计结果的使用方法也有待商榷。否则，将会导致教育质量低下，影响教师教学的积极性。例如，A校教育系的教授和经济系的副教授认为：

我也关注了一下这些指标，还有这两个学期的平均分，老师的评分都很高，都99点几，我觉得不可想象，没有区分度啊，我想是不是学生为了讨好老师啊，不给

他低分,然后老师也为了讨好学生,把课程的任务、期末的任务要求简单一些,这样等于双方都满意了。(A-EDU-AF-20)

你如果是真的要对教学去做考核和评估的话,是要去组织一帮老师,一帮专业的人员,对老师的讲课做一些评价。(A-ECO-B2M-405)

但是总的来讲,学生评教的结果,特别是一些中肯的评价有助于教师对自身的教学进行反思和改进。但不中肯,不客观的评价也会在一定程度上影响教师投入教学的积极性。A校教育系的讲师在不同的科目上经历了高教学评价和低教学评价的反馈,他是这样来看的:

我(现在的课)的(学生评教)分数还比较高,应该是一个正的影响。当然,有一门课啊,就是后来停掉的×课,那课打分就很低,哎,那看上去就会让人……哎,要反思,哪里教的不好?它不是分二十个细项嘛,要看哪一项学生打分尤其低嘛……我觉得再上这门课就误人子弟了,所以就不开了。(A-EDU-CM-05)

与这位老师反思自己教学过程、停掉一门课,找到自己适合教的科目不同。B校一位数学系的老讲师在看到学生态度不端正的低教学评价后,对教学工作的热情降低:

我讲经济学的时候给学生举例子,经常拿包子来举例子,因为这个东西简单易懂……但是,听院里其他老师说,网上(评教)学生说我是"包子哥",然后是"包子托生的老师"……我不喜欢别人对我这么评价,我为什么没事儿给自己增添一些不该想的事情呢?……现在的学生学习态度也不端正,只想混个文凭。(B-MAT-CM-11)

总体而言,大学教师普遍认识到学生评教的局限性和制度设计中的问题,学生的态度、能力,评教成绩的区分度、应用范围等等都有待商榷。学生评教虽然在一定程度上为教师教学提供了反馈信息,但带来的负面影响,如降低教学难度,一味迎合学生需要等等,也不容小觑。

2. 本科教学评估

本科教学评估是另外一个评价教师教学的政策。两所大学的受访者普遍认为,本科教学评估只能评价一些形式上的东西,没有评价教学过程、教学态度和教学效果。可以通过"准备文件"、"补文件"来达到考评合格的,A校经济系的副教授和教授认为:

> 因为那个评估呢,是一个过程,你具备那些东西就行了,至于说教得好不好,学生怎么样,学生学得好不好,这个也没法考核,对我们也没什么压力。(A‐ECO‐B1M‐09)

> 对我们一般老师没有什么大的影响,它的评估,形式上的东西很多……这些形式上的要求,如果以前没有的,那就造假,去补这些东西。(A‐ECO‐AM‐10)

这样一种事无巨细,强调格式、比例的教学评估,对实际的教学工作并没有产生重要的影响。B校管理系的讲师跟研究者分享到:

> 一评估就提出,讲义什么格式,课件什么格式,重点、难点你有没有,理论教学占多少,实践教学占多少,有一个比例。其他的,教学用不用普通话啊,多媒体啊什么的。甚至细化到,作业什么格式,试卷什么格式,怎么给分。教授多少比例,副教授多少比例,讲师多少比例。另外硬软件设施都有要求。(B‐MAN‐CM‐18)

B校化学系的一位副教授以试卷评分为例,介绍了本科教学评估对于各种文件形式的规定:

> 举一个简单的例子吧,就是试卷,我们之前改试卷也是很认真的,但是不统一,有人喜欢写扣的分,有人喜欢写得的分,评估之后要求要写得分,每个地方都要有签名。这样的话对学生来说,是备察。我改卷子我会觉得很繁琐,我要签很多的名,包括有的地方我不小心给错了,涂改也要写上签名。(B‐CHE‐B1F‐08)

两所学校中,老师们认为自己从本科教学评估受益之处在于:它对于生师比以及教师教学科目进行了一些限制,使得自己所教科目有所减少。把自己的教学工作量控制在合理的范围之内。例如,A校数学系和B校化学系的两名副教授分别认为:

2006年、2007年那段时间很多高校招青年教师招得特别多,就是为了应对这个教学评估的师生比例,我是赶上了。(A-MAT-B1M-06)

我刚毕业的时候,一个人一个学期曾经担过三、四门课,但(本科教学评估)之后只让我带两门课。等于说有了这个教学质量评估啊,老师们的教学更规范一些。并不是说学校想怎么去组织教学就怎么去组织,它制定了很多的教学的标准,好多了。(B-CHE-B2F-16)

综上所述,教学评估方面,聘期考评只对教学工作量进行要求,不涉及教学的过程、效果,也不关注指导研究生的方式和方法。晋升考评则对学生评教的成绩有最低要求,受访者对于学生评价的态度和能力、评价方法和结果使用等方面存在质疑。本科教学评估对于教学相关的文件进行了规范化的规定,对生师比和教学任务量的要求有助于保证教学质量,但对于教学过程、内容和结果没有产生明显的促进作用。

(二) 科研评价

受访者普遍认为,科研方面的评价是聘期考评和职称晋升中的"关键"。科研要求中,论文发表、承担课题、获得奖项是两所大学所有学科都认可的科研成果。此外,根据不同的学科属性,咨询报告被领导批示、工科获得专利、艺术学科参与表演也可以作为科研成果参与考评。

1. 论文发表

论文发表本身作为学术群体分享和交流学术思想的一种重要方式而存在。但源于新公共管理的表现性评价理念认为论文发表被用作工作产出的重要的表现性指标。两所高校以及不同的学科虽然在论文发表的标准和数量上存在差异,但都将论文发表作为颁发奖金、聘期考核和职称晋升的首要依据。首先,每个学科的期刊被详细划分到众多等级当中,例如人文社会科学分为外文 SSCI,中文 CSSCI 的 A、B、C 等;理工学科分为 SCI 的一到四区,EI 等。A 校教育系的一名副教授告诉研究者:

在我们学校,每个期刊都是有等级的,分 A、B、C 三等,然后根据这个,评职称啊,每年的津贴啊,绩效工资都是从这里面来的,你在 A 类发表是多少钱,B 类多少钱,你发表论著多少钱,译著多少钱。都是算分儿的,我们全部要算成分,就像工分一样,每年根据这个发给你津贴。(A-EDU-B2F-13)

按照期刊的等级来确定此篇论文获得奖金的数额,折算成为相应的工作量。在这一方面,两所大学对高层级期刊上发表的论文给予丰厚的物质奖励,以激励老师们"多发论文,发好论文"。A校信息系的教授对本校论文奖励的情况作如下描述:

  咱们学校现在也奖励,从去年开始分区的,一区奖励五千,二区是二三千,但一区很少有的,三区和四区是多少,剩下的就是EI的期刊了。但重视期刊的话倒是一个好事,因为受到咱们国家的影响弄的那个东西。(A-INF-AM-14)

B校对于论文发表的奖励尤其高,B校化学系的副教授告诉研究者,在B校,一篇四区的文章会奖励8 000。这是由于B校认识到,自己在当前的大学排名中处于不利地位,要想保持现有的位置,甚至迎头赶上,必须要在论文发表方面取得成绩。因此采取了较高的奖励来激励科研产出。B校的很多老师从论文奖励中受益,一位管理系的教授介绍:

  大概有两三个年轻教师,每年(在论文发表方面获得)奖励20多万。(B-MAN-AM-35)

其次,论文发表时作者的署名和排序也有明确的要求,在这一方面,B校的要求也比A校更为严苛。甚至文科的职称评审中,只计算独著的文章。B校化学系的教授以及管理系的副教授这样描述:

  理科的文章很少有独著的,基本上没有。有些场合只认第一作者,有些场合是通讯作者和第一作者。对于低职称的,最多算到第二作者,像助教和讲师,但是高级职称的就只认第一作者。(B-CHE-AF-17)
  在我们学校,文科的话,你拿来评职称的论文,就必须是独著。这是不可思议的。如果不是独著的话,第一作者都没用。(B-MAN-B1M-17)

最后,学术论文评价的周期也对老师们的科研活动产生了很大的影响。老师们普遍认为,学术评价的周期过短,导致长周期、原创性的研究难以进行。A校教育系的副教授认为:

像我们这些副教授,要求每年要在所谓的 cssci 上面发表论文……大学不断地逼迫年轻人过早过快不断地发表作品,这对学术研究来说,是一个很大的祸害,因为他们很难有经过长时间的思考凝练得来的创造性的知识。一些诺贝尔奖的研究者,是几乎过了十年才发表一部著作,就这一部他就获得了举世无双的贡献,的确要给研究者以时间,不能把我们当成计件工人。(A-EDU-B2F-13)

从上文的分析可见,在强调表现性评价的过程中,论文发表自身作为学术群体内部沟通和交流的价值被淡化。而其作为评价指标体系,对专业知识进行认证和授权,进行等级化和量化的作用被放大,从而使不同学科的知识、多元价值的知识被放置于同一个可比较的指标体系之中。

2. 项目(课题)申请

在论文发表之外,参与科研项目也是晋升的必要条件。无论是国家的科研经费还是其他机构的科研资助,都以项目经费的形式拨付学校。申请项目,意味着申请科研经费。科研项目分为由政府机构拨款的"纵向"项目和由其他机构支持的"横向"项目。纵向项目又根据政府级别分为"国家级"、"省级"、"市级"、"校级"等等。不同的部门每年发布项目指南,指出项目重点支持的研究领域和研究问题,愿意申报的老师根据项目指南提交项目申请书,部门再组织专家进行审核。科研项目一般由多位老师参加,其中一位老师是课题的"主要承担者",其他则作为"课题参与者"。两所高校在晋升评审中都要求教师承担一定级别的纵向课题,"参与"课题则不被计入工作量,也不计入晋升条件。A 校教育系的教授认为:

科研项目的竞争应该说是越来越激烈了。有时候也觉得挺烦的,要写很多申请书,一个学期要写好多邮件或者短信,通知你这个项目要开始申请了,那个项目要开始了。如果都要申请的话,就要查很多资料写项目申请书,我觉得这个还是挺占时间和精力的。(A-EDU-AF-20)

教师评价中对于项目的强调使得老师们必须花费大量的时间精力去申请各类项目。但每一个项目的研究倾向性不同,大学老师,特别是人文社会科学的老师,为了申请项目,不得不经常变更自己的研究领域,甚至做很多与自己的领域不相关、自己不擅长的研究,A 校教育系的一名副教授称这种情况为"不务正业":

> 科研项目的影响可能是最大的，科研项目本来是说你喜欢科研，你发挥你所长，做一些事情，但现在颠倒过来了，就是你主要是为项目服务的，你要把这个项目做好，你要投入大量的时间精力去做项目，以至于我觉得很多老师说得不好听就是不务正业，对吧？可以说，咱们目前的很多项目，没有谁是擅长的。(A‐EDU‐B1M‐10)

此外，在新公共管理多源化经费来源的理念下，大学研究越来越多地通过科研项目的形式来获得政府和其他机构的经费支持。甚至在一些理工学科，项目经费成为实验室建设的重要支柱，没有持续的项目经费，科研工作无法开展。B校化学系和A校信息系的两名副教授提出：

> 所以我觉得我现在只能是立足于目前这种现状，我能持续有一些经费，那我后续才能持续带研究生啊，才能做一些东西，现在也只能是这样子。(B‐CHE‐B2F‐16)
>
> 因为自己有项目，有这个项目经费，需要什么设备就买什么设备。(A‐INF‐B1M‐08)

项目经费成为教师收入的来源之一，也是博士生和硕士生研究经费重要来源。A校信息系的一位教授就向研究者介绍了项目经费对于研究生经费、实验经费的重要作用：

> 做那个东西（项目）的话老师可能在经济上会得到一些好处，然后可能学生能得到一些好处……咱们学校是招一个人（研究生）老师是要出一部分钱的……要是没有经费的话实际上就等于说把学生给坑了。学生还要出去交流呢，还要开会呢，写论文的话现在中文的论文要版面费，英文的话有时候也要润色费啊，实际上还有实验室的一些开销啊，比如计算机啊，数据要购买啊。如果没有支持的话，那研究生肯定是啥都做不了。这也可能是咱们国家的一个毛病吧。(A‐INF‐AM‐14)

3. 学术评奖和出版论著

学术评奖则是在学术论文和科研项目之外，一个"锦上添花"的工作评价指标。A

校教育系的教授告诉研究者,这些奖项主要包括:

> 比如说得了国家科技进步奖,国家自然科学基金一二三等奖,除非是国家的重大奖,有可能会在年末的科研奖励里面有所体现。(A-EDU-AF-20)

在两所学校,获得一定层级的奖项便有一定的经济奖励,这些奖项也会在晋升中作为老师重要的工作成就。甚至在将来的项目申请过程中,也是研究能力的重要证明。A校信息系的副教授就有这样的感受:

> 申请这些奖一个是对自己科研成果的认可,另外一个是你得了奖再去申报其他的项目,让人觉得你之前做过一个挺让整个学术界认可的成果,这方面的基础研究能力还是很强的,这样的话你再申请其他的项目的话更好说一点。一般来说申请项目都要有研究基础嘛。(A-INF-B2F-13)

但是申请奖项也是非常费时的一项工作,奖项是由不同的单位主办,想要申请的老师需要按主办方的需要进行填报和申请,A校教育系的一名副教授就认为,这样转移了老师们的注意力,使得评奖不再是一个"附带产品",而成为一项"重要工作":

> 前两天就是"第六届人文社科"刚评完,这两天又评"市哲学与社会科学"这个奖。你的注意力和重心就不应该在评奖上。评奖就是一个附带的结果。但我们现在日常工作中,有太多这种情况,要你评这个奖,那个奖,申报这个课题,那个课题。实际上,老师的主要精力都已经不在教学科研上。(A-EDU-B1M-10)

与论文发表、课题申请、学术评奖开展得如火如荼相比,出版论著逐渐被冷落。因为论著的出版不需经过严格的匿名评审,多种论著之间也找不到合适的等级化、可比较的指标体系。在科研评价和晋升考核中逐渐被边缘化。B校教育系的一名副教授告诉研究者,在B校文科的评价体系里,一本学术论著所获得的认可只相当于一篇中文核心文章:

> 评价制度对文章的重视,使得老师们不愿意出书,因为一本书只算一篇核心

文章。这种奖励的方法短时间对学生发展好,但长期来看,对国家学术发展的影响不好。(B-EDU-B2F-14)

综上所述,对科研工作的考评明确使用量化表现性指标进行比较和评估,除了将科研的表现性产出作为续聘和晋升的重要依据,也通过奖金、项目劳务费与大学教师的收入挂钩。这强化了评价指标对于科研工作的控制。论文发表、课题申请、学术评奖的行为都被强化,高风险的研究、长周期的研究、专注于自己感兴趣的研究、发表学术论著等科研行为逐渐被边缘化。

(三) 所谓"服务"

本研究发现,受访者普遍对于"服务"这一概念缺乏了解。一些老师明确表示,自己根本不知道服务是什么。A校经济系一名副教授对于服务是这样的看法:

> 服务?我现在始终不理解这个大学的服务是什么意思。给谁服务?这个服务是一种无偿的服务呢还是有偿的服务?还是什么样的东西叫做服务?我不知道,因为教学、科研本身就是在做社会服务。还单加一个社会服务我不知道是什么意思。(A-ECO-B1M-09)

此外,"老师们理解的服务"和"学校考评的服务"往往并不一致。A校教育系的一名副教授认为,社会服务的对象是"非全日制在校学生",但是大学里考评的是为在校生和院系进行的服务:

> 我做过很多社会服务啊,只要不是全日制在校读书的人,我们对他们的服务都属于社会服务。包括给很多在职的培训班,暑期的培训班,函授站上课,请我们作为专家去参加一些电视节目的录制。我觉得这些都是属于社会服务的方面。但是,学校的考评和我们的理解完全不同。学校是这样,做班主任、辅导员,做工会的委员,或者做一个什么行政管理工作,这都叫社会服务。(A-EDU-B1M-10)

而其他老师对服务的理解也非常多元。按照 Neumann 和 Terosky 的服务对象来看,可以分为对学科的服务、对社会的服务、对机构的服务这三类。

1. 对学科的服务

对学科的服务方面,老师们的认识较为统一。认为包括为期刊杂志做文章评审、为学科学会的发展做一些工作、同一学科外校教师晋升评审等等。A校数学系的副教授和教授分别谈到了对学科的服务:

  当然科研方面审稿啊什么的,因为你的稿子也需要有人审,这都是大家义务做的,没钱的,大家都在做。(A-MAT-B1M-06)

  我是国家学科评议组成员,这个也是服务,你在为国家这个学科的运转做服务,学校很在意这个,通过你个人实现了这个学校对国家的贡献。(A-MAT-AM-20)

对学科的服务不被计算在学校的工作考评和回报中。大部分属于一种自发的、无偿的服务工作,这种工作虽然没有直接的经济回报,但可以帮助大学老师建立学术声望,对于学校的发展也是颇有助益。

2. 对社会的服务

老师们对于社会服务的理解存在差异。一些老师认为,服务的对象只要不是全日制的在校师生,便是社会服务。还有一些老师认为,免费的为社会大众服务,结合自己的研究领域,做一些知识普及和宣传才是社会服务。还有老师认为,横向研究便是社会服务。这种服务工作,也是大学老师自发进行的。A校数学系的副教授和讲师分别认为:

  有很多人服务了太多根本跟他个人的研究就搭不上边儿的,那也是没有必要的,那不就不伦不类了嘛。(A-MAT-B1M-06)

  像我在国外见到的,社会上介绍你这个方向,用很通俗的语言向社会介绍,这种是我理解的社会性的服务。国内我没见到别人做这样的事情,尤其是和大众生活息息相关的这些专业可能真的需要多做一些这样的科普。(A-MAT-CF-05)

但是大学老师们理想的这种无偿的为社会服务的工作,在大学的管理中并没有要求,更没有被纳入对老师的考评当中。在现实中也很难真正实现。

3. 对机构的服务

相对于前两种服务工作，在大学教师工作考评里真正强调的，是对机构的服务。但为机构的服务，与大学教师个人的专业知识无关，与学术性的工作无关，是一些非学术性工作。这种所谓的"对机构的服务"包括：担任行政职务（院、校、系和各部门领导）、党政工会工作、学生工作（辅导员、班主任）、助理性的工作（院长助理、科研助理）等等。大学和学院也用"减免教学工作量"或"给予岗位津贴"等方法来鼓励大学教师参与这种工作，或者采用"行政命令"的方式要求老师承担对机构的服务。A校数学系的一位教授就认为，这种为机构的服务是必要和合理的：

> （对机构的）服务我觉得也算义务之一，因为整个大学要运转起来，如果每个人都各扫门前雪，那最后肯定就完了。所以服务每个人多多少少都应该承担，也是每个人的责任。（A-MAT-AM-20）

但是这些为机构服务的工作，工作的付出和回报是否"成正比"？是否"划算"？每一个老师有自己的考量。老师们普遍认为，担任行政管理的职务"最划算"，不仅减免很多的教学工作量，有岗位津贴，还拥有大量的资源和权力。其他为机构服务的工作，则根据各个学校和系所的规定，回报的方式和力度有所不同。A校教育系和经济系的两名讲师分别谈到：

> 服务这块儿我做过工会小组长，主管聚会啊，毕业生吃饭啊，就这个。做服务工作呢，一般是所里，正职可以减免所有教学工作量，副职可以减免一半教学工作量，但工会小组长就不减免。我做的这个没什么用处。（A-EDU-CM-05）

> 哦，我们叫行政。就是跟教学跟科研不相关的那块儿，比如说，我做了一年的院长助理，这个就是很花时间，就是主管外事。比如说，美国一个大学的商学院来访问，你就得接待。这对于我自己没有任何好处，但是我就得接待，这个不算工作量，就一个月给1500元补贴，但是跟你的付出就完全不成正比。所以学院当时对我做这个工作挺感激的。（A-ECO-CF-05）

一部分工作是基于自愿的原则，基于工作的回报，或者服务他人的理念。例如：A校经济系的这名老师是基于自愿的原则：

一般现在对我们年轻老师没有这方面要求。就是你想带（研究生）班主任你可以自己带，因为有班主任费，还可以算工作量，大家就自愿。（A-ECO-CF-05）

但也有一些老师是接受了"行政命令"，不得不承担为机构服务的工作。一些学生工作和助理工作，本应该是一个全职行政人员的工作量，但由于行政职位不足，而强制要求教师兼任。在B校，这种由于行政命令而承担的对于机构的服务工作，在教师中非常普遍。例如，B校教育系的这名讲师和化学系的一名副教授，都有类似的经历：

这个学院呢，辅导员特别缺。当时我是很不乐意做这个（辅导员的），但是没办法，做为一个新人的话，院里面分给你的工作，还必须要做。（B-EDU-CM-01）

这个工作（科研秘书）不是我主动请缨来做的，领导说这个工作让我来做，我就来做了。你也看到了，工作比较繁琐比较累。（B-CHE-B1F-08）

B校担任行政职务的老师有非常强烈的要求，希望大量的所谓"为学院服务"的事务交给专门的行政人员来做。例如，B校教育系的这名副教授，是B校以"内聘副教授"形式引进的"985"大学的博士毕业生，但由于担任了学院的"科研秘书"，投入教学和科研的精力受到了限制，他认为：

还是要设置这种专职的行政人员，把我们教师从这种繁杂的行政事务上解脱出来。我觉得有时候写文章就像箭在弦上一样，不得不发，但是呢，确实是没有时间去整理，事务性工作太多，行政上的事儿就是这样。（B-EDU-B1M-03）

还有一些是临时性、非常规、又需要一定的学术能力的事务。"领导"也会分配给学院的老师去做。老师们并不会因为承担这些工作而减免工作量。B校化学系的这名副教授跟研究者谈到：

比如说学校有个要求，要求院里面做，比如说，下学期上什么课，安排啊，研生培养方案要修订啊,院长不可能每一个事情都去自己做,就压到下面,每个教研室主任,你去安排,教研室主任再组织自己的人再做这些。(B-CHE-B2F-16)

这些领导以"行政命令"方式分配的工作,或是工作量大,与回报不成正比的工作,或是没有明确回报的"临时性"工作,老师有权力拒绝,但他们中的大部分人没有拒绝,又是出于什么样的原因呢?A校经济系一名没有担任政职务的教授以及B校数学系担任副院长职务的副教授分别在访谈中告诉研究者:

学院里面比如说重点学科,评估了,你要填表啊,你要汇总材料啊,有的是行政人员做不了的。老师是义务去做,你可以不做。但你如果真不做的话,你就游离于组织之外了。(A-ECO-AM-10)

学院里有两类人,一类是愿意服务的,一类是只顾忙自己的事儿的。这两类人,在同样的条件下参与评审和晋升,学院当然会给前一类人一些优先的考虑。(B-MAT-B1M-13)

从上文对服务的分析中可以发现,中国大学教师对于"服务"工作缺乏讨论和理解,大学对学科、对社会的服务没有被纳入学术工作的回报和考评中,所谓的"对机构的服务"却与大学教师的专业知识无关,不是学术性的工作。只有"对机构的服务"在学术工作评审和晋升中会给予显性或隐性的考量。

综上所述,通过聘任制改革中的聘任、晋升、激励政策,大学教师的学术工作竞争性加强,稳定性减弱。新的聘任形式在A校萌芽,B校在竞争中人事改革缓慢,面临人才流失、不合格人员滞留等问题。两所大学的考评和晋升都要求大学教师同时承担多种学术责任。教学方面包括课堂教学、指导研究生,科研方面包括论文发表、承担课题、获得奖项等。服务方面又有庞杂的、与学术工作无关的、对于机构的服务要求。但三个方面相比较而言,对于科研方面的要求最为明确,在考核和晋升中的难度最大。对学术工作的要求和管理,主要通过量化评估的表现性指标体系得以实现,通过这个体系,多元价值的学术工作被数学化、标准化、等级化成为一个可比较的体系,从而实现对大学教师学术工作的控制。

第三节　大学教师的应对策略

将前两节的内容进行比较分析,可以发现,大学教师理想的社会工作,同实践中的工作要求之间存在着巨大的鸿沟。理想的学术工作中,大学教师享受学术自主和创新,工作条件稳定且自由,受到各种研究旨趣的驱动而进行工作,收获学术工作自身带来的多元乐趣。教学和科研互相促进和补充,教师个人有自己的偏好和选择空间。而现实中,对学术工作的管理通过聘期考核、晋升、教学评估等各种手段,要求大学教师同时承担多种责任。包括教学、指导研究生、发表论文、申请并承担项目、筹集科研经费、获得奖项、为机构服务等等。并通过各种形式的量化表现性评价,将评价结果与职业发展机会、物质回报、"声誉"和"面子"等社会控制结合,从而实现对学术工作的有力牵制。

面临理想与现实的矛盾,受访的大学教师大都经历过挣扎。在他们的话语中经常出现"迷茫"、"纠结"、"不得不"、"无奈"等词汇。例如,B校管理学院的副教授和教育学院的讲师,他们所在的学院以行政命令的形式要求他们分别担任"对外联系"和"本科生辅导员"的所谓"服务"工作,两位受访者这样描述他们的状态:

> 这两年很茫然啊,这个岗位(对外联系)是组织上给的,有时候不是自己能做的了主的。做这个工作,对学院确实有贡献,对我自己的研究,也确实有影响。(B-MAN-B1M-17)

> 我现在也知道学校对这方面的政策,我都很了解。学校不注重行政这一块儿的东西,还是注重教学研究。所以我现在也是很迷茫很纠结,这边的工作(本科生辅导员)的话,你也看到,很多很杂。(B-EDU-CM-01)

还有很多不满学术工作要求的受访者,强烈表达出"失望"和"不公平"。他们对学术工作中自认为不合理的要求和评价方式进行批判,通过这种议论和批判来缓解理想与现实的矛盾所带来的压力。例如:A校教育系的一名讲师,对"强调论文发表数量"的评价机制表示强烈不满,相对于那些"一稿多投"的学者,又感受到明显的"不公平":

> 它要求你必须多发文章,像我们这种老老实实的,整天不一稿多投的就等着

吧,一年才发一篇文章……把我逼急了,我也要干坏事儿了,以后也要一稿多投了。(A-EDU-CM-05)

在各种矛盾和挣扎中,本节关注大学教师采取何种策略去应对理想与现实之间的矛盾。受访者的策略大致可归为以下几类:第一类策略,也是大学老师采用最多的策略——附应管理要求;第二类策略使用的老师也较多,他们会巧妙利用制度的空间。第三类以牺牲一定的机会和收入为代价坚持自己的理想、原则和工作方式,这一种的老师更少些。第四类,有极少数老师采取"超然"的策略,它是在内心深处采取退让的一种态度,包括成功者的超然和被边缘化的超然。在这些实际的行动策略之外,只有两位老师谈及变革,但自己的思考中就否定了变革的可能性,更没有采取任何变革行为。每位受访者的应对策略并不局限于其中一种,但在不同的时期或不同的时机会采用不同的应对策略。

一、附应

附应策略的应用最为广泛,这是指大学教师顺应管理要求,对自己的行为和态度进行调整,从而在评估和晋升中获得机会和回报。调整的内容包括:重视科研、多发文章、申请项目、为学院服务等等。B校教育系的讲师和A校信息系的一名副教授就根据管理要求调整了自己的精力和时间分配,花费更多时间进行科研、申请项目:

如果说投入的精力的话,会更功利一些,看到学校对哪方面更重视,就对哪方面投入的更多一些。(B-EDU-CM-01)

反正晋升的时候要用嘛,就算你不是很喜欢科研,那该做的还是得做。所以你除了教学之外,就是说该去想办法申请项目的,哪怕就是自己在别人名下去做,也要去做。(A-INF-B2F-13)

B校教育系的副教授,为了在现有的管理体系中发展得更好,也积极担任起一部分行政工作,认为行政工作也能帮自己争取到一些学术机会:

现实毕竟是现实,高校教师有时候也不能太追求理想了,我觉得我看得挺开的,就是行政有时候也需要做,有时候一些学术的机会呢,也是靠这种行政来争取

来的,你如果两翼齐飞的话,在高校会发展得好一点。(B-EDU-B1M-03)

大学教师出于考评的要求去积极申请项目,为了能使自己的申请书在竞争中胜出,选择行政官员可能感兴趣的研究领域,而自己感兴趣的研究则被搁置。这位B校教育系的副教授称这样的能力为"学术敏感",这样一种所谓的"学术敏感"其实是"行政敏感",是对"大学管理要求做什么,政府官员希望做什么"的敏感:

> 行政上的一些资源啊,一些信息啊,肯定会对学术敏感有一些帮助的。比如说,我正在做行政的时候看到这个文件了,(政府)它有这个精神,那我的这个研究的触角呢,(申请项目)就可以往那上面靠一靠,往上面一靠吧,就容易打动行政官员的心,有这种捷足先登的优势。(B-EDU-B1M-03)

一味附应管理要求也可能衍生出一些不利于学术工作健康发展的行为:包括抄袭、一稿多投、侵占学生成果、一篇文章拆成多篇、拼凑文章等等。以B校管理系的一名副教授为代表的多名大学教师就在受访中坦承自己曾经拼凑文章:

> 我大部分的文章都是那个时候的,攒一个文章,很快。我现在想起来,太不应该了。一开始就是为了发表,现在那些东西我都不再看了。感觉上没有自信,拼凑出来的,我感觉不是一个很正确的学术态度。(B-MAN-B2M-17)

A校教育系的一名讲师认为,这些学术不端行为的产生,大部分是被管理要求所逼迫,出于无奈的选择:

> 我(发表)那篇文章折腾了整整一年。这就是你老老实实,你要按照规范来,这就慢。我要想投机取巧,我就一下子发五家,那就快,对吧,那就看你怎么做。所以说这就是很多人为什么有抄袭,为什么有一稿多投,为什么老师爱侵占学生的成果,完全是制度把人逼出来的。我相信大部分老师是不愿意这么做的,你天天逼着他们,他们没办法,对吧。你整天要考核他,他最后没文章了,或者他的文章还在那儿审着呢,你说他怎么办?要么抄一篇,要么把学生的成果拿来去发一篇。(A-EDU-CM-05)

附应的应对策略减少了大学教师行为与制度要求之间的冲突,甚至大学教师个人在发展机会和经济回报方面会从中受益。但一味的附应,也会使学术工作自身给大学教师带来的成就感降低,甚至容易出现学术不端行为,影响学术工作的长远发展。

二、与制度共谋

在附应之外,也有较多的大学老师寻找到一些制度空间,Berger(2008)将"巧妙利用制度"(work the system)定义为:个人用正常运转之外的方式去利用社会制度,从而达到自己的目的。大学教师群体中也存在这样一种策略。他们找到没有被控制和约束的空间,来绕开和颠覆最精巧的社会控制系统,用社会结构的合法守护者未曾预料到的方式去有意识地利用社会结构,从而达到自己的目的。例如,A校教育系的一名副教授认为:

> 必修课,科研,项目(大学)你可以管。但是你(大学)管不着的地方也有很多啊,比如说,我可以开我自己感兴趣的课程,我可以去引导我能够影响到的学生,我也可以做一些我感兴趣的研究,虽然没有什么项目支持,我还有很多自由的时间可以做很多事情。(A-EDU-B1M-10)

(一)出外交流和访学

多位受访者提到自己已经争取或正在争取外出交流和访学,认为这是一种非常好的逃避过多工作责任,发展学术兴趣、专注于学术工作的方法。例如,B校数学系的一位副教授,因为数学系需要承担大学的公共数学课,教学任务量非常大,几乎没有研究的时间,所以他选择:

> 出去访问,读博后回来的一年里,一篇论文都没有看。只能修改以前的论文。教学期间有了新的想法,就申请出去交流,访学,在外面做研究。下个学期我就计划出去做两个月的访学。这是唯一的方法,在一个地方教学很难超过两年。(B-MAT-B2M-06)

对于这种策略,管理者也无可奈何,B校数学系的一位副院长称这种现象在学校很普遍,他认为这一部分总想"出外交流和访学"的人,是"自私和不负责任的"。他们只考虑自己的发展和晋升,学院的教学工作和杂务总找不到人来做。

(二)加入团队,找到领路人或合作者

以申请科研项目的方式获取科研经费已经是每个大学教师都必须面对的责任。大学教师不仅要进行一系列的学术工作,还需要"跑课题"、"管经费"、"申奖项"等等。"团队合作"的形式应运而生,通过团队合作,大学老师转移一部分自己不擅长的责任,和其他老师共享数据和资源,从而提高工作产出。"团队合作"的形式原本只存在于需要共享大型实验仪器和设备的理工学科,当前,却成为一种应对学术工作管理要求的策略,在人文社会学科也得到发展。

例如,A校经济系一名年轻的"海归"讲师,她在刚回国内高校工作时遇到重重挫折,之后,通过加入团队,找到"学术领路人"才解决了各种危机:

> 前几年就感觉到很难受。刚回来的时候没有任何的人脉关系,发表文章总是遇到挫折,更申不到课题。我觉得这几年,加入到这个团队,×教授是我们团队的负责人,他自己首先在学术上非常过硬,大家都很信服的一个人。再加上他舍得奉献,为我们大家付出很多,他花了很多时间去跑数据,然后申请钱、申请项目,我们只需要安心写文章就行了。所以还是感觉比较幸运。(A - ECO - CF - 05)

另外一名B校教育系的年轻副教授,他所在的学院没有比较成熟的团队,他通过与其他大学教师的合作和互助,来减轻过多工作责任带来的负担:

> 我们处于相互合作的状态,它是双赢的。因为我们这些年轻人,还不像一些学科带头人一样,他们有一些学生啊,有一些学术资源的,我们没有。我们只是这种双赢的方式,互帮互助。一般我们的学科团队有两种形式,一种就是"父子兵",就是师父带着徒弟。另外一种就是互助组,这个课题以我为主,那个课题以他为主,这样互助一下。(B - EDU - B1M - 03)

(三)合并班级

在种类繁多的工作责任之中,有一部分老师并不热衷于教学。合并班级便成为他们减轻教学负担,应对工作压力的一种方法。A校经济系的这名"海归"讲师便采取了这种策略:

(现在承担)本科生一门,辅修一个班,必修一个班,后来我嫌课时太多了,把两个班合一块儿。合一块儿之后很多,有70多个,好像是79个学生。当然班级大效果肯定不如小班好,但是对于老师来说,比两个班上课工作量会小一些吧,不用上两次课。(A-ECO-CF-05)

三、抵制

与附应的策略相反,还有一小部分老师抵制外在的管理要求,坚持自己对学术工作的理想、兴趣和工作方式,但在评估制度中,发展机会和经济回报也必然受损。A校教育系的一位讲师,他工作成就感的来源就是探究知识,满足好奇心。而对于发表论文,特别是大批量地发表论文,兴趣不高。因此,在他申请的一个项目中,面对项目中期考核,他仍然选择保证论文质量,付出的代价是项目经费被削减:

如果解释完了,你也满足了好奇心了。至于怎么把它写出来,怎么去投稿,真的是很懒得去干的事儿了。所以经常压了几篇文章,写完一年了还没投稿……考核定的时间那么紧,你要保证质量,怎么可能呢?最后我说你们要削减我经费你们就削减吧,我也没意见。(A-EDU-CM-05)

另外一种比较普遍的方式是牺牲休息时间和假期时间,投入工作。才能完成多种学术工作的责任,在保证质量的前提下,增加数量。例如以下的两位受访者,分别来自B校化学系的教授和副教授认为:

如果又想把教学做好,又想把科研做好,只能是牺牲你休息的时间,没有第二条途径。我每天除了正常的吃饭、睡觉,其他的时间基本上都投入到工作上了,周末和假期也是,压力其实是挺大的。(B-CHE-AF-17)

在大学里的话,至少想做个副教授,既然要求有这么多,只能多付出。我就是熬夜,年轻的时候熬得特别多,原来都不觉得什么,熬夜啊都无所谓,现在不行,一熬夜绝对失眠。(B-CHE-B2F-16)

在强调科研的管理要求下,来自B校管理系一位喜欢教学的"老副教授",已经工作了 17 年。但因为爱好教学,不想做研究,即使是担任了行政工作,能够弥补在聘期考评中对科研要求的工作量,却没有机会进一步晋升:

> 这个就是,科研量少的话,一定会很受影响,实际上从一个人长远来看,这个是大方向。不太好取舍,需要自己平衡。我自己这一块儿做得不好,我是选择做教学这一块儿和行政这一块儿。(B-MAN-B2M-17)

四、超然

最后,有极少数老师采用超然的策略,超然的是抵抗社会控制的一种方法,个体用内心的信念重新诠释社会对他们的期待,通常要付出巨大的心理代价(Berger, 2008)。这样的个体通常以"异类"的形式存在,他们在规范和认知上隔离于其他人,不理会常规的管理要求。而在本研究的视野中,这种"异类"又可分为两种,一种是成功者,一种是被边缘化的人。

(一)成功者的超然

这里的"成功者"特指一部分老教授,他们拥有较高的学术声望,在经济收入和职称上面都已经达到满意的状态。学术工作的管理要求和评估机制无法对他们的行为产生影响。他们自己对于学术工作的信念和价值判断超越了管理对他们的期待,从而达到一个超然的状态,成功者的超然能够在一定程度上对其他大学教师的态度和行为产生引导作用。例如,B校管理系的一位老教授,他已经在本校工作 35 年,是学院创办时的第一批老师,在学院的师生中有很高的威望。他对于论文发表中的一些不良现象痛心疾首,抵制靠"关系和金钱"发表文章的行为,为自己修筑一座"精神的城堡":

> 我觉得研究工作应该是很自愿的,是自己的一种兴趣。做了东西你要想发出来,你就发出来。(科研奖励)这个方面我看的很轻,你是靠这个奖励才去做研究工作的吗? 它有个基础就是对这个事情感兴趣,有兴趣做的时候,你才感觉比较幸福。所以这个事儿它奖励多少钱跟我没关系,我也不会为了这些奖励去投机取巧,去跟人家杂志做一些联系,交一些费用什么的。(B-MAN-AM-35)

(二)被边缘化的超然

另外一部分受访者可以被归为"边缘化群体",他们同样不认可一部分管理要求,采取抵制的态度对待。但他们在学术群体中并没有相对较高的学术声誉和地位,必须承受达不到管理要求而带来的机会损失、回报减少等物质代价,并付出巨大的心理代价。他们与其他大学教师相"隔绝",甚至出现了放弃学术工作的意愿。例如,B 校数学系的一名"老讲师",作为一名优秀研究生留校任教,但对于科研的兴趣不高。这名"老讲师"拒绝做研究,逐渐被边缘化,甚至做好了离开学术工作的准备:

> 我就想我这个讲师,到退休,混到个副教授也好,混不到个副教授也好,我 45 岁以前,随时都可以解雇我,我可以做其他事情。因为我 45 岁之前,我还算年轻吧,我现在才 35 岁,还有十年的时间,还可以干一些事情,至少养个家是没啥问题的。(B-MAT-CM-11)

还有另外一名 B 校教育系的副教授,她不认同"追求数量不求质量"的"学术繁荣"。坚持自己的学术原则。很少和其他老师谈论研究成果,避免心理上的压力:

> 我不知道现在学术这样的"繁荣"好不好,我自己是凭良心做研究,不说瞎话,不拼凑,觉得是个真问题才写。我也很少和老师们凑在一起,很少比较,所以也不觉得不平衡。我过我自己觉得对的生活,守着自己知识分子的本分。(B-EDU-B2F-14)

最后是一名 A 校教育系的副教授,她对于学术工作充满热情,她不认同学院很多"没有经过严格研究设计"的科研项目。自己去联系了一个经费很少的横向项目。因为经费太少,她做这个项目不被计入学校考评,她也放弃了和学院其他同事的学术交流,进入自我隔离的状态,只做自己感兴趣的研究:

> 就是我们做的跟要评价我们的不一样。我们做的很多事情是不能够评价的。从去年开始,学院的这些项目我就都不参加了。我不在乎用项目去挣钱,我觉得今天上午跟学生一起讨论我们也觉得很愉快,我的学生得到成长,我也得到成长。所以这种机会我就觉得很好。最主要的是在工作里面得到启示的快乐。(A-EDU-B2F-13)

长期持超然态度的大学教师,在正式的管理和评价机制中得不到认可,会降低工作的成就感和满足感。他们背负巨大的心理压力。成功者的超然能够对其他个体产生价值观念上的影响和引导,但被边缘化的个体,则面临着降低学术工作投入甚至离开学术工作的倾向。

在以上各种策略之外,也有两位老师谈及了"变革"的可能性,即改变当前的管理要求和规则。例如,B校教育系的一名刚入职半年的讲师,他自入职之后就接受了一项行政命令"担任本科生辅导员",这项工作让他非常痛苦,他计划过向院领导提出辞呈,但预计到成功的可能性,变革的计划还是被搁浅:

> (变革)可能没有很好的途径,如果走正常的程序的话,可能就是向主管学生的副书记提交辞呈,然后院党委班子讨论。如果院里面没有找到合适的接替的人的话,基本上没有可能通过。(B-EDU-CM-01)

综上所述,受访者在面临理想和现实的差异时,都否定了"变革"的可能性。坚持个人信念的"抵制"和"超然"必定付出机会、经济和心理等代价。"附应"和"巧妙利用"又使得"不被认可的规则和理念"继续控制学术工作,甚至衍生出一系列不利于学术工作发展的行为。

第四节 本章结语

在学术工作的理想内涵方面,本研究发现,中国两所大学的受访者从事大学教师的初衷,部分是出于学术工作的内在(instrinct)吸引力——自主和创新的影响,部分是出于学术工作外在环境(extrinct)吸引力——稳定和自由的影响。而随着聘任制改革的逐步深入以及一系列表现性评估对于学术工作的控制,学术工作的稳定性、自主性都有减弱的趋势。其中,学术工作内在的吸引力更是驱动大学教师积极投入学术工作,获得工作成就的关键。

按照Boyer(1990)提出的拓展的学术观,本研究中的中国大学教师对于"发现的学术"及其成就感有很强的认可。这种发现的学术在不同的学科领域,根据研究对象的不同,又由多种旨趣所驱动,以自然世界为认知对象的理工学科,多由技术认知旨趣驱动,而以社会世界为认知对象的文科和商科,多出于实践认知旨趣进行研究。"作为经验性活动的教学"给受访者带来很多积极的工作体验，包括以"教"为中心的乐趣和以"学"为中心的乐趣。但将教学的知识作为一种可交流、可研究、可共享的"教学学术"很少被谈及，还处于萌芽状态，并没有得到老师们的普遍认可。"应用的学术"在不同的学科和研究方向，重视程度不尽相同。在中国的语境下，工科（如信息和化学）多以"横向课题"的形式资助"应用学术"的发展。而在一些社会学科，如教育和经济，老师们对"应用学术"的认可程度存在差异。"整合的学术"在本研究中没有被大学教师所提及。

在不同学术工作的关系方面，本研究中的中国大学教师普遍认为在理论上，教学和科研应该存在相互补充和促进的关系，支持西方学术讨论中，两者相互促进的观点（Brew，2006；Healey，2005；Griggs，2005；Jenkin，2004）。具体来讲，教学对科研的促进作用表现在为研究提供新的思路。科研对教学的促进表现在为其提供新的教学内容、激发学生兴趣等等。但具体到每个人，由于能力和兴趣的不同，个体存在学术工作的偏好，管理制度应该给个人提供选择的空间，让他们选择适合自己的工作内容，并相应地给予公平回报。

机构对大学教师提出的工作要求主要通过聘任制改革、绩效评估、本科教学评估等体系来体现，这些政策都引用了新公共管理的一些理念，其一，引入仿市场竞争的机制。在大学教师之间、大学和大学之间，都形成一种"仿市场的竞争"（Grand & Bartlett，1993；Olssen，2002），从而实现优胜劣汰，使那些表现不佳的教师及时退出。本研究中A、B两所大学便被卷入了这样一种竞争。但两所学校在聘任制改革的力度上存在差异，A校的聘任形式更加灵活，对聘期考核不合格的老师进行降格或转岗。但体制外聘任的形式如何发挥其优势和吸引力，还需进一步探索。B校在竞争中人事改革缓慢，面临人才流失、不合格人员滞留等问题。在这样的人才竞争中，B校处于劣势。

其二，强调以表现指标为基础的量化评估。通过聘期考评、晋升、本科教学评估等评估体系，向大学教师施加多种学术责任。教学方面包括课堂教学、指导研究生；科研方面包括论文发表、承担课题、获得奖项等；服务方面又有庞杂的、与学术工作无关的、对于机构的服务要求。但三个方面相比较而言，对于科研方面的要求最为明确，在考核和晋升中的难度最大。对学术工作的要求和管理，主要通过一个量化评估的表现性指标体系得以实现，通过这个体系，多元价值的学术工作被数学化、标准化、等级化成为一个可比较的体系，从而实现对大学教师学术工作的控制。

其三,多元化经费来源。对于大学教师来讲,这一管理理念迫使他们不仅要承担学术工作的责任,还需要自行筹集科研经费。从"国家拨付科研经费的状态"转变为必须通过申请政府机构的"纵向课题"或获得由企业资助的"横向课题"来获取科研经费。筹集经费成为大学教师另一项重要的责任。

将大学教师对学术工作的理想内涵,与大学教师的工作责任进行比较分析,可以发现,两者之间存在巨大的鸿沟。理想的学术工作中,大学教师享受学术自主和创新,工作条件稳定且自由,受到各种研究旨趣的驱动而进行工作,收获学术工作自身带来的多元乐趣。教学和科研互相促进和补充,教师个人有自己的偏好和选择空间。而现实中,对学术工作的管理通过聘期考核、晋升、教学评估等各种手段,要求大学教师同时承担多种责任。包括教学、指导研究生、发表论文、申请并承担项目、筹集科研经费、获得奖项、为机构服务等等。并通过各种形式的量化表现性评价,将评价结果与职业发展机会、物质回报、精神回报结合,从而实现对学术工作的有力控制。在本研究中,A校的控制方式有:转岗、高职低聘、公开学术成果等等,B校主要是通过"扣奖金"和公开学术成果来对学术工作进行控制。

其中对于"服务"的理解,中西方的情境存在明显差异。根据 Neumann 和 Terosky(2008)的划分,"对机构的服务"在西方大学强调大学教师并不仅仅是被聘用的人员,同时也是大学事务的决策者和管理者(Thompson et al.,2005;Tight,2002)。但本研究中,只有"担任行政职务"这一工作同西方的理念相一致,但其他如、党政工会工作、学生工作、助理性的工作、临时性的事务工作等等,却是完全可以由专职行政人员担任的非学术性工作。老师们内心对这一类的工作持抵触情绪。本研究中,"为学科的服务"不被纳入管理要求,虽然没有物质上的回报和认可,但因为可以建立学者的学术声望,大学老师也愿意参与其中。"对社会的服务"在西方的讨论中是一种无偿性、公益性的活动(Antonio et al.,2000)。在当下的中国高校,这种服务工作只停留在理念当中,本研究中的大学老师没有相关的经历。

受访者在面临理想和现实的差异时,采取多种策略进行应对。与西方研究中出现的"双账本"(Bennich-Bjorkman,2007)、"多重语言体系"(Gewirtz,1995)和"玩一场游戏"(Hoecht,2006)不同。中国大学教师大部分采取"附应"和"巧妙利用"制度规则,学者们对于自己认可的制度变革理念,会抓住政策变革带来的机遇,促进学术工作的发展。但同时也使得一部分"不被认可的规则和理念"继续控制学术工作,甚至衍生出一系列不利于学术工作发展的行为,学者们最终以减弱自己道德自律的方式进行报复式的回应。少部分老师坚持个人信念,"抵制"外在的制度要求,但同时必须牺牲晋升机会和经济收入。极个别"超然"于制度之外的学者,主动将自己隔离,付出巨大的心理代价。国外学术讨论中关于"变革"的应对策略(Berger,2008),在中国大陆的情境中难以存在,只有两位老师谈及了"变革",但预计到成功的可能性,变革的计划还是被搁浅。因为在管理体中,不存在有效的管理沟通机制来共同协商学术工作的责任。消极的应对策略影响大学教师的学术投入、侵蚀学术文化,降低学术工作的吸引力。

第三章　与变迁共舞：学术工作的感知

学术工作的理想状态和现实要求之间存在差距，大学教师采用了不同的行动策略来应对这样的矛盾和冲突。在这一过程中，学术工作的感知起着重要的调节作用。本章第一节和第二节分别从学术工作的优先次序和发展机会两个方面来看大学教师对学术工作的感知，第三节从三个典型个案入手，展开讨论，对于每一位独特的大学老师，他们对学术工作的感知，如何调节理想与现实的差距，如何产生互动并形塑他们的行动。

第一节　学术工作的时间维度与优先次序

在上一章的讨论中，我们发现，大学的管理对大学教师提出了繁多的、不必然相关的工作责任，其中还有一些非学术性的工作。并通过行政命令、年度考核、晋升考核等多种形式对学术工作进行控制。那么，大学教师如何分配自己的工作时间？又如何感知不同工作的优先次序？

一、保证最低的课堂教学时间

（一）刚性的课堂教学时间：最低要求与影响因素

课堂教学时间是一个刚性的要求，管理制度中对大学教师每年承担的课时量有最低要求。课堂教学时间也不能轻易更改和压缩。"比如说上课迟到的事情，如果你迟到了，就算教学事故"（B-EDU-B2F-14），老师们普遍认可教学的重要性，例如B校化学系的教授讲到：

> 对我们（大学老师）来说，教学是首要的，是必须要保证的。(B-CHE-AF-17)

首先，课堂教学时间受到学校因素的影响。A校和B校教师承担的教学工作量相比较，A校教师的教学工作量相对较少。与扩招前相比，学生规模并没有大幅度的变化。而B校是"教学研究型"大学，在大学扩招的过程中，学生规模特别是本科生规模急剧增大，大学教师的教学任务量较重。B校的老师对于自己学校的定位也有清楚的认识，以该校管理系的讲师为例：

> 教学这一块儿，实际上课时量是比较大的，尤其是我们B校是教学研究型大学，实际上是以本科教学为主。(B-MAN-CM-18)

其次，课堂教学时间还受到学科因素的影响。受访的几个学科之间相比，数学学院因为承担大学公共数学的教学任务，但是数学系的老师名额配备是按数学学院的生师比来定，并不是按照整个大学修习的学生数来定，因此教师们平均每周的课时量最大，班级规模也大。A校数学系的一位副教授跟研究者分享：

> 我们现在数学学院的老师承担的教学任务一般是比较多的，而且每班的人特别多。一个班100多人算是比较平常的。甚至有的160啊，170啊，都会有。这样呢，教起来就会累一些，效果呢，当然也会差一些。(A-MAT-B1M-06)

最后，课堂教学时间受到职称的影响。受访的大学老师普遍表示，随着职称的晋升，教师必须承担的课堂教学工作量会减少。并且，老师们大多认可这样一种教学工作在职称间分布的差异。其背后的逻辑在于：更高的职称意味着更强的科研能力，能申请到更多的课题。因此低职称的老师需要承担更多的教学工作。在这样的逻辑中，科研对于老师的重要性和优先性也得以凸显，课堂教学的地位不言而喻。以A校信息系一位讲师的话为例：

> 教授可能科研工作量会更多一些，项目会多一些，像他们的话，要是再带这么多门课的话，工作量可能会大一些。但对于年轻老师来说，刚刚进这个学院，那可

能会更多地承担一些教学工作。(A-INF-CM-03)

课堂教学工作量在学校、学科和职称间的分布显示,非重点高校、基础学科、低职称的教师承担更多的课堂教学工作,这样的分布本身,就显示了大学管理对于课堂教学非优先性的倾向。

(二)不愿承担更多的课程:原因与对策

在管理要求的基本课时量之外,大学老师普遍不希望上更多的课。据B校教育系的一名副教授所言"老师们不愿意上课,上够要求的课时就行"(B-EDU-B2F-14)。老师们通过各种方法逃避承担更多的教学任务,B校经管系的副教授说:

> 我们院现在都缺专业老师,每个人大都一周20多个小时,我们都是超工作量。像我们这个年龄段,能推的课都尽量往外推。我年轻的时候,都同时教三门、四门,那时候就直接派给你课,你必须上,不管你能不能接下来。(B-MAN-B2M-17)

老师们不愿意承担过多的教学任务,原因之一是大学教学需要不断进行知识更新,备课、收集资料、课程答疑、批改作业等相关工作都会占用时间,如果不好好准备,就如B校化学系的副教授所说"上讲台都有点心虚"(B-CHE-B2F-16)。特别是通过学生自由选课、评课机制,"大学课堂教学"发展出类似"商品"的属性,需要满足学生需求,如B校经管副教授所言:

> 上课的话你必须认真备课,上课的艺术性啊、知识性啊,这些东西缺哪一个,现在大学生都会提很多意见。(B-MAN-B2M-17)

另一方面,每段教学时间并不连续,它将工作时间分割开来并碎片化,很难进行持续性的工作。以A校数学系的一名副教授为例:

> 你别看教的课不是特别多,我是一周三次课,你怎么还得备点课,之后还有讨论班。这样的话一周几乎每天都有课啊。而且大学有课,都是两、三个小时,上午下午就没了。这样的话就没有完整的时间,很难静下心来做研究。(A-MAT-

B1M-06)

每门课需要相对专精的知识积累,每位老师都是在自己擅长的较小的领域的专家,因此不可能同时担任较多门课程的教学,不同的课程也就是老师们所谓的"课头"。以B校化学系的副教授为例,她所在的学院这些年:

> 持续的比较缺老师,这个对学科发展是非常不好的,我07年读完博士回来之后,几乎把这个专业所有的课都上了一遍,经常是持续的新课。我哪里有那么高的水平把这一个专业的课都上完了是吧……我自己都觉得特别担心,教学质量简直都没法儿保证。(B-CHE-B2F-16)

每教一门新课,老师往往会花费更多的时间和精力进行备课,所以老师们不愿意教新课,教过多的科目,所谓的"课头"。例如B校教育系和A校数学系的两名副教授在访谈中说:

> 现在教四门课,每星期8小时。主要的问题是课头多,备课占的时间多。(B-EDU-B2F-14)

此外,教学的回报——课时费非常低,特别是给全日制在校生上课的课时费。此外,大学老师还可以承担函授、夜大、出外讲学和MBA课程,这些课程是一些所谓的"创收"项目,课时费略高于普通课程,相对来说更受老师们欢迎。如B校管理系的一位副教授所言:

> 研究者:那函授的课程请学院的老师来讲,给老师的课时费比学校的高一些吗?老师:那当然高了,因为这一块儿我们是创收的。(B-MAN-B2M-17)

最后,老师们不愿意承担过多的教学的最重要的原因在于:教学占用大量的固定时间,但在评审中不受重视。访谈中B校数学系的副教授将这种评审要求称之为"种瓜得豆",平时的大量时间都被用来教学,但考核和评审中却重视科研产出:

  教学的难处,现在的体制要求"种瓜得豆",平时要求大量的教学任务,但评职称却要求要有科研产出。教学期间很难看论文。读博后回来的一年里,我一篇论文都没有看。只能修改以前的论文。教学期间有新的想法,就申请出去交流,访学,在外面做研究。(B-MAT-B2M-06)

  教学、我也挺喜欢教学的。只不过是现在这种体制他没法让你、他没有激励让你在教学方面投入很多的时间和精力。这原因你会知道吧,因为他考核的唯一的指标就是科研。(A-ECO-B1M-09)

最终,老师们想要通过各种方式如"合并班级"和"外出访学"来减少教学责任甚至逃离讲台。A校教育系一位热爱教学的副教授在访谈中说:

  (像我这样投入教学的老师)我觉得很少。大家也普遍认同现在大学老师对教学不重视。教育部甚至出台了要求教授必须给本科生上课的规定。很显然是问题已经严重到一定程度了。(A-EDU-B1M-10)

与不愿担任课堂教学这一倾向同时存在的,是受访者普遍对忽视教学危害的认识。老师们清楚地认识到这样一种倾向对于国家高等教育的发展甚至人才的培养会带来危害,这样一种深切的担忧与现实中投入课堂教学的困难交织在一起,构成了老师对教学的矛盾心理。以A校教育系的讲师的表述为例:

  教学也很重要啊,没有学生你怎么安身立命啊,特别像现在这种人才流失的情况,精英学生都跑到香港读书了,再过几年都跑到美国读书,咱们的大学都要关门了。(A-EDU-CM-05)

从上文的讨论中可知,大学管理中对教师们的课堂教学时间有最低的规定,教师们实际承担的课堂教学时间在学校间、学科间和职称间存在差异。非重点大学、低职称教师承担更多课堂教学工作,课堂教学的地位较低。同时,固定的、间隔的教学时间将工作时间分割开来并碎片化,需要相关的备课、答疑、批改作业等时间的投入,更需要对所教科目有专精的知识储备。加之教学课时费不高,考核和评审不重视教学。这些原因都导致了老师们不愿意承担过多的课堂教学任务,特别是过多"课头"。纷纷通过"推托教学任务"、"合并班级"、"出外访学"来减少课堂教学时间。但与此同时，老师们也担忧忽视教学带来的长期危害，这构成了学术工作中的一个主要矛盾。

二、备课、指导学生、编写教材的时间可以挤压

教学方面，如果想要保证有效的课堂教学，在课堂之外仍需花费较多的时间。例如，备课、批改作业、指导学生、编写教材，这些都是保障课堂教学质量的重要因素。A校信息系喜欢教学的一位副教授，认为要想有好的课堂教学效果，就必须在课堂之外花费很多时间：

> 对，（如果有空余的时间）我宁愿去多备点课，多看点比较新的教材，或者比较新的资料，我希望我讲课的时候方法更多一点，然后让学生可能更容易明白一点。（A-INF-B2F-13）

A校经济系的副教授也认为，"教学"是个良心活儿，他以"课程作业"为例，如果老师想要保证教学质量，课程作业无疑是非常重要的。但也可以为了节省老师的课下时间和精力，不为学生布置作业：

> 教书这个事情是个良心活，在现在的体制下，你愿意多教就多教，你愿意教好就教好，不愿意教好就不教好。比如说我上"×课"，我可以布置作业，布置作业对学员很有用，但布置作业很麻烦，还要改作业、讲作业。这不就事多了吗？我可以干脆就不布置。这个东西呢就太灵活了，没有一个激励机制让你认真地安心地去教书。（A-ECO-B1M-09）

指导学生也是如此，有一位A校信息系的副教授认为指导研究生的工作非常重要，也是非常花时间的，他这样描述自己指导研究生的过程：

> 你看我现在就得有一部分精力放在研究生身上，基本上每周要找他们来谈，谈之前还要看他们做的那些东西，你不看那不成了瞎说了么，那人家也不服你气啊，还要花时间看，还要指出来什么东西和你原来想的有偏差，还要和他们讨论他们是怎么想的。（A-INF-B1M-08）

但在大学运行和管理中,这两所个案大学对备课、指导研究生和编写教材之类的工作并没有明确要求,因此,大学教师有较大的自由自主决定花费在此类工作上的时间。以 A 校数学系的知名教授为例,他不太愿意花时间指导本科生,他告诉研究者:

指导本科生论文,虽然也算本科生工作量,但没有要求必须做。本科生毕业论文我指导的也比较少,一般要是有学生已经决定跟我念研究生,那可能我会指导,其他的我不指导。(A-MAT-AM-20)

同时,这一部分的工作成果在大学教师评价和考评中不被重视,老师们在衡量得失之后,受访的大学教师往往选择压缩这部分工作的时间。例如,A 校经济系的教授这样描述他关于编写教材的经验:

如果参评教授,文件上写的是"要选三本你认为最能代表你教学科研水平的著作"。如果我选了一个教材,起码代表了我的教学水平吧。但拿教材出来你肯定就评不上了。有过这样的经历你就知道了,什么东西是重要的。你费劲去写的教材没有用,你当然就没有动力去好好弄这个东西了。(A-ECO-B1M-09)

总体说来,在课堂之外,与课堂教学质量密切相关的辅助性工作时间弹性较大,包括备课、编写教材、批改作业、指导学生等等。管理和评价制度不关注这方面的工作,因此大部分受访者倾向于压缩这部分工作的时间。

三、服务工作的随机性和优先性

当前的管理制度重视"为机构(大学和院系)的服务"工作,"为学科和社会"的无偿服务就处于自发自觉的状态。为机构服务有三种类型,一种是担任"管理职务"(如校长、副校长、各处处长、院长、副院长、所长等)的老师,他们担任大学或院系的管理工作,管理工作会以减免教学工作量、折算工作量、岗位津贴等方式进行回报。担任管理职务的老师有分派工作、分配资源的一些权力。第二种是担任"行政职务"(如科研秘书、院长助理、继续教育中心助理、辅导员等)的老师,他们大多是为院系进行服务,也可以得到一些回报,但对其他老师没有管理权,是一种辅助性的工作。第三种是"没有担任职务"的老师,他们也要"为机构(主要是院系)服务",做一些"行政杂务",这些工作多以"好人缘"、"有奉献精神"、"在晋升中给予照顾"等隐性方式获得回报。

在访谈中,普通大学老师多用"杂事儿"、"领导让干的事儿"、"学校和学院的事儿"、"事务性的工作"等词汇来指代他们为院系做的"行政杂事儿",并且这些行政杂务占用很多时间,以 A 校经济系一位没有担任职务的副教授为例:

> 在我的时间里,工作的时间三分之一教学,三分之一研究,三分之一院里和学校的其他杂事儿。(A-ECO-B2M-05)

甚至,行政杂务占用过多时间,成为普通高校教师压力的一个重要来源。B 校化学系没有担任职务的一位副教授这样感叹道:

> 对,这些教学和杂事儿占用了很多时间,加上到了这个年龄,家里的负担也很重,老感觉力不从心。都说高校老师压力大,我觉得真是挺大的。(B-CHE-B2F-16)

那些没有担任职务的老师,在理想中希望工作时间都用来进行教学和科研。但实际上,领导会安排一些行政杂务给普通老师,A 校经济系的教授就在访谈中表示了这种无奈:

> 如果自己完全掌握自己的时间,我想以科研为主,有教学了就去教学。但实际上是,你的时间有很大一部分,是做一些行政任务了,比如说重点学科,评估了,你要填表啊,你要汇总材料啊,院里日常的事务要做的话,有的是行政人员做不了的,要你帮他们来做。(A-ECO-AM-10)

并且,B 校教育系的副教授认为,在中国的情境下,做"行政杂务"虽然无奈,却是必须要做的,它是一种义务,也是融入群体的一种方式:

> (行政杂务)占用了我大部分的时间和精力,能占到工作时间的五分之二吧。但是呢,在中国语境下,不干这种事情不行……有时候作为这种义务也好,有时候作为一种这个融入学科团队的途径也好,它都是很必要的。青年老师有的是像我

一样做这样的,有的人做辅导员。(B-EDU-B1M-03)

那些担任了"行政职务"的老师,为院系服务占用更多时间。以B校一位管理系的副教授为例,他担任学院继续教育中心的一个行政职务,他的五个工作日中,其中四个工作日都必须坐班:

> 我行政上负责继续教育中心,还有对外合作那一块儿,全院就我一个人来做。要求一周至少有四天坐班,行政班。(B-MAN-B2M-17)

B校化学系的一位教授,担任了化学系主任和实验室的副主任,在访谈中,她告诉研究者,为院系服务的事务,多是自上而下下达的命令,时间比较严格,任务也很紧急,必须以下达的命令为主,这种工作的优先性甚至高于科研:

> 平时呢,基本上就是分配什么任务干什么事儿……系里的一些工作,就是属于时间比较严格。以它们为主,做完了利用其他时间做科研。(B-CHE-AF-17)

在各种为院系服务的工作中,"参加行政会议"特别为老师们诟病。院系的会议种类繁多,占用机构内每位老师的时间,效率却不高。B校甚至在每周四下午都不安排教学,是大学老师集中参加各类会议的专用时间。除此之外,还有许多临时的、随机的会议。大多数老师在会议中都是扮演一个倾听者的角色,而不是参与者。即使是这样,会议中的有效信息也不多,B校数学系的一位教授,对当前大学管理最重要的提议便是:"少开会,要开效率高的会。"(B-MAT-AM-19)

对比两所大学可以发现,B校教师普遍花费更多的时间参与"行政杂务"。究其原因,A校对于教学辅助人员采用了较为灵活的"合同管理"的方式聘任,可以灵活地根据学术工作的需要增减教辅岗位。但B校却继续对教学辅助人员进行"编制内聘任"。这种聘任方式一旦设岗,受聘人员很难被辞退,同时,编制的管理也更为严格。不能根据工作需要及时增减岗位。这样一来,在B校,就有一部分本该教辅人员承担的行政工作,要由大学教师,特别是刚入职的大学老师来做。在受访的青年大学教师中,这种现象较为普遍,他们或担任"学生辅导员"、或担任"学院科研秘书"等行政职务。以B

校教育系的一位讲师为例,在行政命令要求下,不得不担任"本科生辅导员"的工作,对他来说,为学院做的行政杂务占时过多,甚至没有时间进行学术性的工作,这是他工作不满意的重要源头:

> (辅导员)牵涉了我很多的精力,而我本职的工作(教学和科研)做的很少很少。作为一个引进过来的博士毕业生,一位教师,不应该让过多的事务性的工作缠住。即使做了这么多事务性的工作,也应该有一个认可和奖励的机制。但是目前的这个状态,我自己很不满。我希望未来的时间,把自己的工作重心转移到我的本职工作上去。(B-EDU-CM-01)

此外,在不同的职称群体中,高职称群体花费的"管理"时间比例更高。"管理职务"多由教授和副教授来担任,而一些委员会、教授会的组织,也多要求高级职称的人员参入。这些高级职称的管理者,花费了大量的时间参与院系事务,以 B 校管理系担任了副院长职务的一位副教授为例,他认为,自己的工作时间中,服务工作所占比例过大,甚至导致自己的一些研究设想无法实施,这也导致了"学而优则仕"的学者管理层,面临"学"与"仕"的矛盾,即"学术工作"与"管理工作"的矛盾:

> 很多,很多很多,量化下来,比 50%、60% 都多。我有很多好的研究设想啊,但后来都停滞下来了,精力是有限的。(B-MAN-B1M-17)

综合言之,"为机构(特别是院系)服务"的工作侵蚀学术工作时间。这类工作多是自上而下以命令、通知和交付的形式下达,服务的时间具有紧迫性、刚性、随机性和优先性。大部分老师在面对"行政杂务"工作要求时,会将研究计划、研究性工作搁置或延后。B 校由于行政人员管理方式僵硬,教学人员普遍花费更多的时间参与"行政杂务"。高职称者更多地参与到"管理事务"中去,特别是担任"管理职务"的学者管理人员,面临学术工作与管理工作竞争工作时间的矛盾。

四、科研的重要性和机动性,挤占生活时间

与其他工作相比,科研工作的重要性表现在:首先,它带来较多的物质回报,科研工作可以获得一定的项目经费、大学又都对优秀科研成果给以较高的科研奖励。用 B

校教育系一名副教授的话来讲"现在科研奖励这么重,重赏之下必有勇夫。"(B-EDU-B2F-14)。其次,科研成果最终决定了晋升和考评的结果。科研论文、申请项目、获得奖项、发表专著等考评标准,都与科研工作相关。因此,受访的大学老师都强调科研工作的重要性。特别是与教学工作相比,A校经济系的讲师就进行了这样的分析:

> 你不做科研的话,你就不可能在学校立足,你就在学校呆不了……现在我们经管院是全校课酬给的最高的,但即便是这样,相对于科研的奖励,这个课酬并不高。我们科研如果真发一篇很好的文章,奖励非常高。大家更愿意做科研,不愿意带课。而且做科研的话,对于你评职称有直接的利益关系。(A-ECO-CF-05)

学校层面给予科研以较多的奖励,也是出于学校声誉和与其他大学竞争的考虑,科研成果影响着大学的排名,能够为大学争取到更多的经费,在与其他大学竞争博士点的过程中也有很大的助益,因此,大学老师们普遍将能够自己分配的工作时间更多地投向科研。例如,B校数学系的教授说:

> 学校说是教学为中心,但对外来讲,科研更重要,因为起到宣传的作用,能够申请博士点和基金。(B-MAT-AM-19)

科研工作时间的第二个特性是机动性。科研工作都需要持续的投入,并且充满了未知的不确定因素。一项科研项目所需的时间从三五个月到三五年不等。一项研究成果从最初设计到获得成功也无确定的时间可言。相对于课堂教学占用确定的时间,科研工作相对机动。如B校化学系的教授所言:

> 科研的时间实事求是讲是比较机动、灵活,可以随机调整。有其他任务的时候肯定是去做其他的事儿,没有其他任务的时候就做自己的科研。(B-CHE-AF-17)

课堂教学的时间固定不能更改,大学老师还要优先处理各种临时出现的行政杂务。这两类工作几乎占据了所有的工作时间。科研工作虽然异常重要,大部分受访的

老师也只能牺牲生活时间来完成,例如,B校教育系的副教授就有深切的体会:

> 就是两天上课再加上琐碎的行政(杂务)工作,就没了。所以说科研还得靠假期,就是暑假还有寒假,来整理点儿东西,发表发表。我觉得有时候写文章就像箭在弦上一样,不得不发,但是呢,确实是没有时间去整理,只能等到假期了。(B-EDU-B1M-03)

随着科研经费管理由"国家划拨"向"项目申请"的倾斜,学术工作时间出现了新的发展趋势:"科研申请"所占的时间比例越来越重。有几位受访者强调了他们在这方面的困扰,以A校教育系的一位教授为例:

> 一个学期有好多邮件或者短信,通知你这个项目要开始申请了,那个项目要开始了。如果都要申请的话,就要查很多资料、写很多项目申请书,我觉得这个还是挺占时间和精力的。(A-EDU-AF-20)

科研项目申请竞争非常激烈,科研基金由不同的部门分别管理,在不同的时间段进行,各个基金也有自己关于科研问题和领域的侧重。这就牵制了每位大学老师很多精力,A校经济系的副教授告诉研究者:

> 申请项目非常占时间,因为申请每个项目都需要查很多资料去写,有时候可能几个月都在写一个项目申请。那么写完之后这个项目申请不一定能拿下来,有可能就白写了。(A-INF-B2F-13)

在科研时间的群体差异方面,不同群体都有相同的增加科研时间的趋势。B校的教师并没有因为是"教学研究型"大学的教师而减少科研投入。B校的科研奖励甚至比A校更高。低职称的教师也没有比高职称的教师花费更少的个人时间投入科研。由于青年教师比例较高,甚至低职称教师的晋升竞争更为激烈。一些基础学科也在争取更多的课题。因此,在学校和教师之间形成的"仿市场竞争"中,"科研"成为所有竞争成败的关键。这样的竞争使得不同的学校、不同的学科和不同职称的教师,出现了相同增加科研时间的趋势。

但结合不同群体在教学、服务和管理上的任务要求来分析,首先,相对于A校,B校教师教学与科研之间的矛盾更为突出。一方面是大量的教学任务,一方面是非常高的科研奖励。其次,相对于其他职称的教师,低职称的青年教师"教学、服务与科研"的时间冲突最强,教学任务重、"行政杂务"多、通过科研谋求晋升的压力大。对于担任了管理职位的"学者管理人员",它的主要矛盾存在于"管理工作和科研工作"之间。

综合以上对于大学教师工作时间的讨论,每一类工作自身的特性、在回报和晋升体系中的地位决定了其占用的时间比例和优先性。首先,课堂教学时间固定,有最低的管理要求。大学教师在完成管理规定的教学任务之外,不愿意承担更多的教学任务。其次,与教学和教育质量息息相关的其他工作,如备课、指导学生和编写教材。既无明确的管理规定,又对晋升和回报无益,最容易受到挤压。再者,以"为机构服务"为名的行政杂务,有一定的显性或隐性回报,且由行政力量自上而下推动,虽与学术无关,但有在各类工作中获得优先性的可能。最后,在管理、奖励和评价体系中都受到重视的科研工作,其重要性获得大学老师的普遍认可,但受到教学时间的固定性和行政杂务优先性的挤压,不得不侵占老师们的生活时间。特别是随着科研经费管理的变化,项目申请的工作所占的份量也日益加重。在两所大学、不同学科、不同职称的教师群体中,出现了相似的增加科研工作时间的趋势。

第二节 学术工作的发展机会:收入、晋升与专业发展

一、工作收入

在问及对于学术工作管理的建议时,较多的老师都谈及收入分配的问题。老师们普遍认为,收入的问题在于:首先,与其他职业群体相比、与其他国家相同的职业群体相比,基本待遇低。虽然在选择职业之初,老师们就了解到这一职业并不会带来较高的经济收入,但需要能够保障基本的生活需要,使大家能够专心于学术工作。A校经济系的副教授如是说:

> 我们这些高校教师,生活确实很匮乏。要买房子或者什么。他想办法要挣钱,如果能够保证在这些方面有一个相对宽松的物质基础,尽量少受到物质匮乏的干扰,才能够静下心来去做基础工作。(A-ECO-B1M-09)

A校数学系的一位副教授,有国外留学的经历,对比国内外高校教师的收入,这位副教授认为,过低的收入不利于吸引人才和留住人才:

我在国外拿的学位,他们的教授的工资啊,不会像中国这个样子,现在中国高校的老师的工资相对来说太低了。这样的话,你整个行业作为国家创新发展最重要的一块儿,想这样来吸引人才,远远不够。第二,你要想把这些人留住,也不够……你让他的经济上的压力太大的话,他也不可能安心地在这里工作。(A-MAT-B1M-06)

B校化学系的一位讲师甚至把自己的收入同打工者相比较,认为相差无几:

我现在的工资加到一块儿每个月3 300,这个工资说实在话,不高,确实不高。因为现在打工的,一天100多块钱工资很正常。(B-CHE-CM-06)

其次,收入的另一个问题是群体内部差距过大。"不患寡而患不均",但基于绩效表现进行奖励的制度,以及基于能力原则通过课题经费进行支持的机制,都加大了收入差距。问题在于:收入差距控制在什么样的范围内比较合理?完全基于绩效和能力原则进行分配是否有利于大学发展?从访谈中受访者谈及的收入差距主要有三个来源,大学、学科和职称。从以下这三个方面进行分析:

(一) 大学之间的收入差距

大学教师的基本工资有统一的国家标准,大学之间的差距主要体现在"岗位津贴"方面,"岗位津贴"主要由学校根据自己筹集的经费来发放,不一定与学校的声誉和学术地位相关,甚至跟学校的学科结构、地理位置、多渠道筹集经费的管理效率相关。A校信息系的一名副教授就认为,A校在这方面"很亏":

你像A校就属于那种岗位津贴非常低的学校,甚至跟很差的高校,很不好的高校去比,都没有办法比过人家。比方说我们的津贴能拿到一千多,人家的津贴就能到三、五千。所以从工资水平上来说,A校老师是比较亏的,钱是比较少的。(A-INF-B2F-13)

在B校，因为是地方性高校，获得的经费支持更少。重要的是，因为学校"层级"不高，申请项目难度更大，科研所需的基本材料、书籍、设备难以为继。直接影响了学术工作的发展。B校化学系的一名副教授认为，国家应该更多地支持地方高校：

> 实际上应该更多地从国家的层面上来支持地方性的高校。因为现在地方性的高校这些人才也越来越多，像博士啊、博士后啊、海外归国的，如果没有很好的支持的话，一方面这些人才留不住，另一方面，没有这些平台（实验室和设备）的话，浪费了这些人才和大量的资源。（B-CHE-B2F-16）

但地方性高校的优势在于，所在地区的生活成本低，与一线城市的高校教师相比，相同的工资收入，购买力更强。B校教育系的一名讲师，认为同一线城市重点高校的同类教师相比，自己的境遇还稍好一些：

> 地方的这个工资水平，和同时毕业的其他同学相比，尤其是一些一线城市985啊，或者211的，我的境遇还是稍微好一点的。比如说，他们的工资可能是5000多6000多，但是他们的消费水平很高，实际上他们还不如这边3000多的工资。（B-EDU-CM-01）

两所高校的教师相比较而言，A校身处一线城市，老师们的生活成本高，压力大。同时，外出讲学、申请课题的机会更多。B校所在地区生活成本低，但学术工作需要的经费支持亟待加强。

（二）学科之间的收入差距

具体到学校内部，学科之间的差距十分明显。这是由不同学科开展培训项目、获得横向课题、纵向课题的能力不同造成的，同时，不同学科自身的科研性质决定了他们对科研设备的依赖程度、仪器的更新速度等等。

本研究中，A校的经济学院、B校的商学院都是收入相对较高的学院。他们提高收入的主要途径是开展MBA一类的项目培训。A校经济学院的讲师告诉研究者：

> 我们现在有MBA了，工资提高幅度会很大，工资翻翻儿都不止了……MBA学费非常的高，这是经管院和商学院比其他院的老师更有钱的一个很重要的原

因。(A-ECO-CF-05)

工科教师有相对较多的机会获得横向课题,但工科对于实验仪器和设备的依赖程度很高,再加上知识更新速度快,设备也必须及时更新。大部分的科研经费都投入到这些硬件设施上面。以 A 校信息专业为例,这个系的一名讲师告诉研究者:

> 就现在情况来看,我感觉差不多有三分之二左右(的经费用于购买设备),另外三分之一还包括比如开会,出去的交通费,住宿,还有购买纸张之类的。(A-INF-CM-03)

两所个案大学的数学学院,则对课题经费的依赖性不高。它不需要任何的实验设备和仪器,是一种纯粹的"智力游戏"。A 校数学系的教授这样分析自己的学科特点:

> 数学可能和别的学科不太一样,实际上没有经费照样可以做,它是一种智力游戏。对物质条件依赖比较少,这是它的学科性质。项目支持的部分主要是出去交流,或者请同行专家来访问。(A-MAT-AM-20)

数学学院基础学科的特点也决定了它很难和市场结合,发展出一些应用性课题。与校内其他学科相比,数学学院老师获得的项目支持也不多。甚至很多老师没有项目。这也制约了学科内教师之间的交流和专业发展。

学科之间的收入差距主要是由于学科自身与市场和政府的结合程度、学科研究自身的规律和特性来决定的。在这样的学科收入差距面前,大学的经费分配可以适当考虑学科发展对经费的依赖程度、适度激励多渠道筹集资金,同时对基础学科进行适当的补助。

(三) 职称和职位之间的收入差距

中国大学教师管理采用教授、副教授、讲师和助教在内的四级职称体系,每个职称内部又细分出几个级别。随着级别的晋升,基本工资会逐渐提高。受访者普遍认为,这样的工资差异是合理的、可接受的。近些年来,为了更好地激励学术产出,国家政策和大学内部都设置了一些特别的津贴,用以支持优秀的学术人才。例如:长江学者、省特聘教授、校特聘教授等等。但这些津贴的惠及面非常窄,人数有限。我们的 32 位受访者中仅有一位"长江学者"和一位"校特聘教授"。B校信息系讲师这样评价这种差异：

> （校特聘教授）是很少很少一部分，全校就几十个人。当然你有了这个待遇，每年还要完成一定的工作量。所以说，不同待遇有不同的工作嘛。(B-CHE-CM-06)

职位方面，本研究的田野中凸显出"担任管理职位"对于收入的重要影响。前文的分析中也提到，两所个案大学都设置了很多奖励办法，对科研成果进行奖励。B校教育系的副教授告诉研究者，这种奖励大多被"担任管理职位"的领导拿去。他们利用职位之便更容易申请到课题、获得奖项，再将课题分派给其他老师和博士生去做，自己坐收"渔翁之利"。对这一现象，老师们普遍表示担忧：

> 内部的分化比较严重，贫富差距也越来越大，分为强势教师和弱势教师。强势教师尤其是领导和行政人员，他评奖，拿项目，让自己的博士做论文。拿高奖励的分两类，一类是领导，一类是实力派。我不知道现在学术这样的繁荣好不好。(B-EDU-B2F-14)

以上对于收入的分析表明，受访教师普遍认为，大学教师的基本收入过低，而绩效性的收入方面，应适当控制差距。因为高等教育内部的"仿市场竞争"不同于"真正的市场竞争"，其最终目的并不是淘汰那些绩效不好的个体和部门。所以对于那些基础薄弱的大学、"冷门学科"、低职称无管理职位的教师，应给予相应的资源倾斜，才能保障不同领域和种类的学术工作得以持续发展。

二、职称晋升

在研究中，当研究者问及老师们在学术工作中感觉到沮丧和痛苦的经历，很多老师都谈到了"职称晋升"。"职称"是一种等级化的体系结构。大学教师在职称体系中所处的位置，是一种制度化了的文化资本，是被公认的、合法化了资质与权威存在(Bourdieu, 1988)。它在一定程度上代表着大学教师在其职业群体中的"学术地位"，标志着他们已有的学术成就在多大程度上获得了学术共同体成员的认可。同时，职称的划分还在多种差异性对待的制度安排中得以强化,决定了大学教师可以获得多少资源和支持。比如申请课题支持、指导博士生、参与咨询和决策、收入和资源分配等等。例如,A校信息专业的副教授就用"噩梦"来描述职称晋升的过程:

> 这个压力很大,非常大。这个在我们这些教师当中,说难听点就像噩梦一样……是学校过分强化了这个职称的问题,什么都和职称挂钩,举个例子像吃饭,专家餐厅也只能是高级职称才能进去,比如招博士生,招研究生,比如学科建设的话语权,你做领导的机会,一切的一切都和职称挂钩。(A-INF-B1M-08)

在B校,不同职称教师之间的差异性制度更多,甚至在参加学术会议的交通方式上面,都有严格的差异性规定。在这样明确的等级关系中,无怪乎有老师认为"学术生涯中所有的压力其实都是来自于晋升。"(A-INF-CM-03)。B校数学系的一名副教授说:

> 出去参加学术会议,交流。教授开会才能坐飞机,副教授和讲师只能坐火车。(B-MAT-B2M-06)

两所大学相比而言,A校晋升之"难"更为突出。这与两所学校近年来的学生规模变化有关。职称名额是以学生规模为基础进行计算和分配,B校近年来学生规模大幅增加,相应的高级和中级职称名额也有较多的增加,教师晋升的机会更多。但A校近年来学生数没有较大增长,教师晋升的名额主要是"老教师退休"空出的指标。A校信息系的一名副教授说:

> 这样到咱们院里的话,可能每年是0到1个(指标)。0的情况可能是说我们和另外一个学院,两个学院只能上一个(教授)。那也没办法,就是表现再好,也没有办法。(A-INF-B2F-13)

同在A校信息系的另一名副教授,评价自己的工作"做得比较好",但由于教授名额太少,甚至感觉到"绝望",他在访谈中这样说:

你看现在,就没有(希望),一看前面排着二十多人,到我这可能退休了都不能晋升上去,那我可能永远就只能是副教授了,就绝望了。(A-INF-B1M-08)

相对于A校教师等待"退休空出来的指标"的焦虑,B校的"门槛比较低"。教师虽然也有晋升压力,但普遍认为只要认真工作,晋升是可以期待的。以受访的副教授为例,A校的副教授大部分需要五到六年的时间才能从讲师职位上得以晋升。而B校的副教授大部分只需要两到三年的时间。B校教育系的一位副教授在研究中说:

在我们学校,如果是博士毕业,两年就可以评副教授,B校的门槛比较低。符合条件的一般都能上。但是现在就是要限制这种高级职称的比例。这个过程像985院校和部分211院校已经开始做了,我们属于地方性院校的话,省属大学,可能就是现在才开始。(B-EDU-B1M-03)

在A校,晋升无望的压力是否会使得一部分教师通过流动到低层级的大学来获得晋升呢?这在美国和德国的教师流动中比较普遍,流动甚至成为大学教师获得晋升的一个策略和途径(Perrucci, et al., 2011)。学者与其所在机构之间共享"声誉"这一符号资本。大学想通过吸引优秀的学者来增强自己的声誉,学者也希望进入好的大学来提高自己的声誉。向下流动意味着"声誉"这一符号资本受损,而获得晋升意味着制度化的文化资本提高。在田野中,研究者发现,A校的教师普遍没有这样的考虑。这是由于,其一,两所案例大学当前执行的聘任制,没有"非升即走"的要求,晋升没有最长时间的限制。其二,大学教师流动成本非常高,户口、子女入学、房子等方面的制度安排提高了流动的成本。A校数学系的一位副教授这样分析:

国内流动性相对(国外)来说是差多了。困难是:限制太多,成本太大。(A-MAT-B1M-06)

大学内部的不同学科相比,优势学科教师的晋升相对难度更大。这里的优势学科,是指在其领域有较高声誉的学科。以A校数学系为例,这个系聚集了一批在国内外有影响力的学者,系内晋升的竞争更加激烈。一名工作了五年仍未获得晋升的讲师告诉研究者:

以前就觉得博士毕业三年就可能是副教授了,但现在博士毕业五年了,然后觉得自己做的也还行,但是这个职称的话就竞争非常的激烈。因为A校数学一直比较强嘛,所以年轻人竞争很激烈,我的压力很大。(A-MAT-CF-05)

不同年龄组的学者相比,普遍认为低年龄群体的晋升竞争更加激烈,A校信息系的一位副教授甚至悲观地认为,年轻教师工作的勇气不足了:

创新性往往在年轻人这,可是现在年轻人的压力已经高到了职称上不去,房子买不起,孩子不敢生,如果所有压力都堆积在那的时候,何谈创新啊,可能活着的勇气都不足了。(A-INF-B1M-08)

低年龄群体的大学教师晋升难,原因之一是职称评审中论资排辈的现象普遍存在,这是"单位"体制的遗留产物之一。两所高校都要求,在现有职位工作到一定年限,才能够参加高一级职称的评审,达不到这一年限而想要晋升的,对学术工作的各个方面都有更高的要求。资历体现了对于"单位"的忠诚程度。而以学术工作表现来决定晋升的制度安排,是希望遵循一种"普遍主义的原则",即学术地位的获得是基于你的学术而不是任何其他的原因(Cole & Cole, 1973)。所以这种"论资排辈"的现象一定程度上打击了年轻教师的积极性,A校教育系的一名讲师,还有信息系的一名副教授在访谈中分别这样说:

咱们不是升等嘛,前面还有一个老师还没评上,咱们就先等着。等到他评上了咱们再去报,那成果比咱们还多的人还没评上呢,咱们报什么呢?(A-EDU-CM-05)

现在也确实不好晋升,就算你达到了一定的条件,可能也升不上去,现在这么多人都在这排队,所以有些时候,迫不得已也得逼着你一直往后拖。(A-INF-B2F-13)

原因之二是"老人老办法、新人新办法"的管理方法,使低年龄群体中的晋升竞争更加激烈。国家管理要求对于教授和副教授比例有严格控制,多年前获得晋升的"一部分老教师"学术生产力并不高。但由于"老人老办法"的管理思路,他们也很少被降职,依旧占用教授和副教授的部分名额,这就加剧了年轻教师晋升的困难,他们想要获得晋升,必须在同辈群体中脱颖而出。一些学科自身存在"生命周期效应",30—40 岁是科研产出的高峰期,加之知识结构更新换代带来的"年龄组效应",即低年龄群体的学者普遍接受了最近的知识,科研产出普遍较高。A 校经济学系的一位副教授分析了这一现象:

> 可能年轻的时候做东西会快一点,做的多一点,一段时间之后就做不了了。年龄组效应可能对中国来说会比较明显,假如说稍微老一点的人,他们原来学的东西,过了若干年之后,大家不那么接受了。这个结构不是个人的努力程度能够决定的。经济学院蛮明显,在其他学科也会有出现。(A-ECO-B2M-05)

因此,想要在这个群体内部竞争成功,获得晋升,难度非常大,学术工作的表现指标"水涨船高"。A 校信息系的讲师用"PK"描述这个过程:

> 讲师晋升副教授的话,每个人的论文都非常多,每个人都拿到国家奖项,在这个基础上你们之间再做 PK,再做选择。(A-INF-CM-03)

职称晋升和重要性,再加之晋升难度,使得大部分大学教师的学术工作围绕与晋升有关的表现性指标来开展,B 校管理系的一位资深教授认为,这不利于长远的学术发展,会出现急功近利的趋势:

> 像现在这几年都是进的比较好的学校里面好的博士生,按说应该他们是很年轻,很有创造力的时候,但实际上很多人都不是关注研究的质量怎么样,而是以职称为导向的研究,纯粹为了去发文章,而不是切合实际,很多人是急功近利,不考虑长远规划去做的。(B-MAN-AM-35)

综合以上对于职称晋升的讨论,职称等级制度对于大学教师工作的方方面面都产生了深刻的影响。晋升是大学教师压力的主要来源。相对于 B 校,A 校的晋升名额少,难度大。同一所大学内部,优势学科的竞争更加激烈。低年龄组的大学教师,因为"论资排辈"现象的存在,加之同辈群体处于研究产出高峰期、掌握学科最近的知识,获得晋升所需的学术工作表现"水涨船高"。

三、专业发展

学术工作本身就"致力于发现、保存、修订、传播和应用知识"(Clark,1983),因此,不断地进行知识更新,持续探索教学和科研等方面的发展是学术工作的一项重要特征和基本要求。本研究中发现,两所大学的教学发展基本是大学教师个体自发进行的活动,任由其"自生自灭"。老师们急切想要探索科研发展的途径,资源和设备支持是其中一方面,深造和交流也是重要途径,另一种正在发展中的渠道是:科研团队与合作。

(一)"自发自觉"的教学发展

研究中,两所案例大学在教学发展方面进行的制度化的引导工作并不多,也没有给受访者留下深刻印象,产生重要影响。两所学校对大学教师教学发展上的引导多集中在入职之初,谈及这些经历,老师们大都印象模糊,记忆遥远。以A校数学系的一位讲师为例,她有五年的工作经历,对于本科教学督导还留有一些记忆:

> 刚来的时候第一年第二年,院里面那些比较老的教师,得过奖的,他们上课会让我们去听一听,反正也不是强制性的,自愿的,你想去听就去听一下,每年会有个教学督导团过来听一两次课,没什么问题他们就走了,也没什么反馈。(A-MAT-CF-05)

在B校,也存在类似的"教学督导团队",但是,这样的督导和评课制度不一定有助于教师的教学发展,B校数学系的一位副教授不认同本校的教学督导原则,认为:

> 学校听课,评课的方法非常老旧,只注重板书的字要写好,黑板设计也做好什么的。教学应该放开一些嘛,给老师一些自主空间,应该联系到最新最前沿的知识,这才是最主要的。(B-MAT-B2M-06)

受访者谈及自己在课堂教学方面的发展,大多是将个人的模仿和反思作为主要的发展途径。A校信息系这位讲师的经验在很多受访者中都普遍存在:

> 我感觉我的教学经验可能从两个方面得来,第一个方面就是当时在读博士的

时候,参加过很多学术会议,你在做学术报告的时候,这个过程其实和教学是相通的。这个对我的教学经验有一定的积累。后来来到学校以后,真正走入课堂,对教学有一个一线的更深的感触。比如说课堂气氛怎么样去搞得更活一些,哪些东西需要去设计一些教学方法,这两个方面提升我的教学水平。(A-INF-CM-03)

纵观本研究的受访者,关注和期待自己教学发展的学者寥寥无几。有两位在教学中屡屡受挫的学者,他们经常获得来自学生的负面评价。但并没有积极从自身的发展入手寻求解决之道,而是将原因归咎于学生,同时放弃自己教学能力方面的发展。以B校数学系的一名"老讲师"为例,这位讲师在教学评价中的成绩总是不高,他是这样解释原因的:

现在这个学生啊,不像十年前那时候的学生。扩招后生源质量就差了。教学本身,一方面是教,一方面在学,教学才能相长。你投入很多,但不能说就把教学搞好了,他们很多学生就不是来学习的,就是来混个文凭。(B-MAT-CM-11)

在研究生的教学和指导方面,教师的发展更是"摸着石头过河"。A校信息系的副教授在这个方面就有较多的困惑,他想要在"教师的科研发展"和"研究生的能力增长"之间找到结合点,通过自己在指导过程中不断的尝试和反思寻找出路:

因为你有指导研究生的责任。所以我现在就想怎么样把指导研究生的这个义务和他们的科研成果结合起来,而且能推着他们快跑,其实挺复杂的……以前是什么都自己做,但是现在呢,更多的是倾向于不是依赖他们做,而是引导他们。还有一方面你要做得更深的话,必须得有人来帮助你。(A-INF-B1M-08)

综合以上对教学发展的讨论,这两所案例大学少量关于新入职教师的"听课"和"评课"制度并没有获得受访大学教师的认可。大部分受访者没有教学发展的需求,少数老师主要通过自身的教学反思来改进课堂教学。还有极个别受访者将自己的"教学失败"归咎于"学生素质下降"。研究生教学层次,对课堂教学和学习指导的引导更少。

(二) 资源和设备

在 B 校,受访的大学老师普遍感受到"资源和设备缺乏"是制约自己专业发展的重要原因。这里的资源主要是指英文的图书和数据库资源。特别是在国际化的背景之下,中国政府提出"建设世界一流大学"的目标,通过科研评价制度鼓励大学教师在国际期刊上发表研究成果,与其他国家的学者对话,参与国际学术讨论。具体到大学教师的管理和评价中,两所案例大学都给 SCI、SSCI 和 EI 这些外文期刊论文设以高额的奖励,奖励金额高于中文期刊论文。A 校是"985"和"211"项目重点支持的高校,有相对充裕的经费用于购买中英文图书和数据库资源。但 B 校作为一所地方大学,这方面的经费相对较少。一方面,B 校以高额的奖励鼓励大学教师发英文文章,与此同时,英文图书和期刊资源却非常贫乏。结果使得 B 校较多受访者都认为外文资源的匮乏是制约自己专业发展的重要因素。例如,B 校教育系的一位讲师如是说:

> 我希望得到学校更多这种资源上的支持,比如说像一些外文的书籍,外文的数据库啊,希望学院里面可以多买一些外文的数据库啊,这样一种支持。(B-EDU-CM-01)

此外,B 校管理系的一位副教授也希望在教学中引进国际前沿的教学资料:

> 像我的教学,我需要什么图书和资料,在学校查不到。就是这个课,西方提供了很完整的一套东西,做的很好,国外有那个知识产权的要求。也没有那么多资金,实际上感觉咱们资源跟不上。(B-MAN-B2M-17)

再者,B 校的化学系的一位副教授在访谈中说,他需要通过"外校其他老师的帮忙"来收集所需文献,感觉"很吃力":

> 咱们 B 校各方面的平台也不是特别完善,文献资源甚至要到处去找师兄弟啊,从各个学校来找,所以科研上感觉很吃力,因为我做的也是工科的,投入也是比较大,我能争取到的相关的经费还是比较少。(B-CHE-B2F-16)

老师们谈及的"设备"则是指"实验仪器、测评设备和药品"等等。这主要集中在 B

校的化学系。化学这样的工科院系,对大型实验设备的依赖程度很高。购买大型设备被称为"搭平台",本身需要大量经费。如果没有"设备",现有的优秀老师会流失、也吸引不到人才,更无法谈及学科发展。B校化学系的这位副教授如是说:

> 我们学校(化学系),连"平台"都没搭起来……教授们都跳槽,往更好的地方走了。想进新人,但挑中的人都不愿意来。(B-CHE-B2F-16)

从以上的分析可知,受到资源和设备的限制,B校的受访者,特别是化学系这一工科院系的受访者,在专业发展方面困难重重。

(三) 深造与交流

与"资源和设备"的问题相似,迫切需要"深造和交流"机会的受访者也集中在B校。这与学校教师的学历水平有关,也与学校在大学等级中的位置有关。本研究中A校的16位受访者都有博士学位,其中三位是在海外名校获得的学位,副教授和教授都有半年以上的海外访学或交流经历。相比之下,B校受访者则有较大的差距。16位受访者中,有一位是本科学历,三位硕士学历,10位是在B校工作之后,通过在职读博获得的博士学位,仅有两位是博士毕业之后入职,16位受访者都没有海外获得学位的背景。只有四位老师有机会出国访学和交流。

基于这样的背景,B校多位受访者希望通过继续深造与外出交流来促进自己的专业发展。B校化学系一位具有硕士学历的讲师这样分析继续深造的原因:

> 我也工作四五年了,将来想尽快读个博士。有了博士学位,就可以申请项目,还可以带学生,有想法就可以做。现在没办法做,只能给别人当助手。(B-CHE-CM-06)

相似的,B校教育系的一名副教授,他是从国内一所211大学博士毕业,以"人才引进"的方式进入B校,工作两年就晋升为副教授。他在自己专业发展方面的规划是"去境外读个博后,或者在国外访学一年":

> 我现在就想可以先去港澳台做一个博士后,或者先去考PETS5,普通的外语出国考试,通过那个的话就可以申请国家的留学基金了,到国外去一年。因为国

际化的趋势不可逆转,所以不能逃脱这个趋势,都得适应,所以就有这两方面的短期的规划。(B-EDU-B1M-03)

与 B 校教师不同,A 校的教师有很多的机会出国交流和访学,与境外许多高校有长期的合作关系,也经常举办国际学术会议。以 A 校数学系为例,数学专业的研究并不需要特定的设备和仪器,A 校数学系"非常强",申请到很多项目和经费,这些经费就主要用于老师们的交流,这个系受访的一位教授说:

> 每年我们都要组织相当规模的学术活动,包括邀请国内的相关单位,国外的有名的学者,一块举行这样的活动,有八九次了……参加多少国际会议做报告,或者出访多少个国外的大学做合作研究,或者你邀请多少人来访问,每年都有一些计划的。(A-MAT-AM-20)

在国际化的背景之下,不断追求产生和传播新知识的学术工作对深造和交流有了非常迫切的需求。A 校这样的重点大学已经利用丰厚的资源为老师创造了大量机会,而相比较之下,B 校完全没有优势可言。

(四) 团队:合作与分工

团队并不是新生事物,在一些学科已经长期存在。原因之一是可以共享大型器械和设备。原因之二在于,专精于各自研究领域的学者之间可以相互交流和启发、发挥各自所长,分工与合作。原因之三在于不同年龄梯队的成员之间"以老带少",方便进行经验传递,以利于年轻学者的学术发展。

以 B 校化学系为例,这个系长期以来,以"实验室"和"平台"为单位,有很好的团队合作传统,团队的主要功能是共享仪器和设备。这个系的一位副教授将团队比喻为"科研的家",离开了"家",根本没有办法做研究:

> 就我们学院而言,我们学院就是讲进平台,找团队,我们每个人是不可能单打独斗的,每个团队都是有一个领路人的,所以年轻人都是找团队的,找到研究领域相近的团队。因为平台和团队的资源都是共享的,你刚来的时候什么资源都没有,资源主要是仪器和设备。你要是找不着"家"的话,怎么做科研啊。(B-CHE-B1F-08)

化学系等学科的"合作"比较普遍,这体现在他们成果的署名上,大部分的论文都需要有多位学者共同参与。B校化学系的一位讲师告诉研究者:

> 有一个团队的带头人,理科的话一般叫"老板",老板申请钱,想办法筹集科研经费,筹集过来之后,老师们有分工啊,带着学生一块儿做。理科不像文科,文科很多工作就是一个人的成果,但理科很多工作需要协作,甚至是课题组和课题组之间的协作。因为你不可能在一个领域都通,有很多表征,很多需要别人帮忙。理科的成果很多作者,一两个作者的都很少,一般三五个,六七个都正常,多了有几十个的。(B-CHE-B1F-08)

同样是理工科院系,相对于化学系对团队的依赖,信息系的团队更为松散。因为他们研究所需的主要设备"电脑",成本相对较低。更多的是共享一些数据资源。以A校信息系副教授的感受为例:

> 像我们这个团队吧,合作的相对来说就比较松散一些,我们更多是依赖于计算机,像我是做图像处理这块,我这块不需要太多的设备,可能有的时候会出现数据共享一下,做做实验,跑跑程序,这种倒是有。(A-INF-B1M-08)

本研究中的理工科院系里,数学系对团队的依赖最小,A校数学学院虽然也有所谓的"优秀科研团队",但他们的团队主要是以"讨论班"的形式进行交流。并没有事务上的分工。这个专业的一名教授这样告诉研究者:

> (团队合作)主要(形式)是讨论班,每周有一个下午,谁有什么研究上的问题,就给大家讲讲,是比较宽松的一个气氛。但我们不是刻意去合作,也没有要求,如果有必须协作能完成的更好的话就协作。(A-MAT-AM-20)

同样是数学专业,B校不仅没有团队,连"讨论班"这样的科研交流途径也没有。B校数学系的一位教授说:"数学方面的研究,主要是以个人为单位,很少有团队。"(B-MAT-AM-19)他们少有的一些合作也只限于导师和自己的学生之间,如这个系的一位副教授所言:

> 一般的合作只有两类,和自己导师的合作,以及和自己学生的合作,这样是比较稳固的。(B-MAT-B2M-06)

不同于理工学科,在文科和社会学科,"科研团队"则是随着"竞争性项目拨款"出现而逐渐萌生的"新的"专业发展途径。在不同的专业和学院,依据学科性质和院系内部的群体氛围,"科研团队"的成熟程度不同。对分工与合作的倾向性也并不相同。

A校的经济学科有相对成熟的科研团队,这两个团队也多次被评为"优秀团队",获得一些基金专用于团队建设的项目和资金支持。A校经济系的一名副教授告诉研究者,随着课题申请成为主要的科研经费来源,加入团队是"形势所需",科研工作越来越多地被附加了课题申请、经费管理等事务性的工作,通过团队里面的分工,大学老师可以专注于课题的某一部分或环节,减轻个人的负担:

> 现在没有团队才没有办法。因为你个人所做的东西毕竟是很窄的,人多的时候相互交流相互的碰撞。我有参加一个团队,团队里分老、中、青三代,老的负责申请课题,中年的负责设计课题,青年的负责干课题。我是负责干课题的。(A-ECO-B1M-09)

管理学科虽与经济学科的学科性质相近,但在B校的管理系,并没有形成有影响力的团队,管理系的一位讲师说:

> 这种团队合作在理工科还是比较常见的。但在商科这块儿,实际上主导的还是项目的发起人,其他人的工作还不是很关键。(B-MAN-CM-18)

两所案例大学的教育学科,科研团队的状态比较相似。团队多是在申请项目时候的临时组合,团队组合比较随意,实质性的合作并不多,A校教育系的一位讲师说:

> 教育学科你看申报课题一般都是以团队的形式,但实际上他们还是不会参与你的研究的,实际研究还是你本人,顶多带上你的学生,这就是"中国的特色"。(A-EDU-CM-05)

这些为了申请课题而临时组合起来的小型团队,B校教育系的一位副教授有两个形象的比喻,他将有师徒关系的组合称之为"父子兵",能力相近的组合称为"互助组":

> 一般我们的学科团队有两种形式,一种就是"父子兵",就是师父带着徒弟。另外一种就是"互助组",这个课题以我为主,那个课题以他为主,因为我们年轻人,还不像一些学科带头人一样,有一些学生啊,有一些学术资源的,我们没有。只有这种双赢的互助一下。(B-EDU-B1M-03)

对于团队中的分工和合作,个别学者提出了这样的质疑:在学术工作中,真正的合作是否可能?一方面,学术探究本身是非常个体化的体验和过程。另一方面,知识产权的排它性使得学者出于保护自己,防止剽窃的考虑,不愿意过多跟其他学者分享自己未经发表或认定的学术思想。再者,考评和晋升中对"作者排序"的要求也不鼓励合作,在高级职称的评审,特别是人文社会学科,只计算第一作者或者独著的成果。最后,团队成员一般来自相同的院系,但这些成员在晋升职称关键事件中,是一种竞争关系,这同团队中的合作关系又发生了矛盾。以A校信息系一位副教授的观点为例:

> 科学研究这种东西更多的是靠个人的智慧。当然还有一方面也牵扯到互相之间还是有一些顾忌的,因为毕竟这里面有一些知识产权在里面,都告诉你了,你拿去发了文章,那我就没的可做了。(A-INF-B1M-08)

在科研团队中,"带头人"或"引路人"是核心,起着重要的凝聚、管理和引领作用。团队对于其成员的吸引力,很大程度上都来自这个关键人物。他对团队中的年轻学者起到培养和引领的作用,B校化学系的一位副教授就把"引路人"比喻为"一棵大树":

> 想要有引路人,因为自己很年轻,没有站的那么高,就看不到那么远,我也搞不清楚我到底朝哪个方向去发展会更好,这就是平常我们所说的带头人,一个带头人很关键。就像一棵大树一样,会让你找到方向。(B-CHE-B1F-08)

A校经济系的一名讲师认为,好的团队"带头人"需要具备高学术水平、强管理能力、强人脉关系等关键因素：

> 因为A大学这个学科本来就很强嘛,我们有一个研究员,在这方面是权威,陆续引进一些青年老师形成一个团队。那肯定要有一个带头人,这个人呢学术水平要高,又要有行政能力,要有积极的热情,很愿意干这个事情。还得有人脉资源。具体来讲的话就是你能拉得到钱,你得有钱把这些人给拢起来,人家不是白给你干的。(A-ECO-B1M-09)

大学老师选择加入某个团队,更多的是看这个团队的"领头人"是否具备这些关键的素质,以A校信息系一名讲师的观点为例：

> 选团队要看科研团队的领头人啊,比如说他为人怎么样啊,他科研的这种生命力怎么样啊,他的科研能力怎么样。(A-INF-CM-03)

一些团队发展还不完善的学科学院也意识到年轻教师需要这样的引领,B校教育系也在尝试为年轻老师配备"导师",但据这个系的一位讲师讲的感受,缺乏课题这种实质事务的联系,这一制度还只停留在形式上：

> 学院从今年还是去年刚刚开始,每一个新教师配一个职业发展方面的资深老师做导师。我的指导教师目前的话,是完全没有(帮助)。只是有这样一个名义而已,形式意义大于实际意义。(B-EDU-CM-01)

综合本节对大学教师发展机会的讨论,大学教师的基本收入过低,而绩效性的收入方面,应适当控制差距。对于那些基础薄弱的大学、基础学科、低职称无管理职位的教师,应给予相应的资源倾斜,才能保障不同领域和种类的学术工作得以持续发展。晋升是大学教师压力的主要来源。相对于B校,A校的晋升名额少,难度大。同一所大学内部,优势学科的竞争更加激烈。低年龄组的大学教师,获得晋升所需的学术工作表现"水涨船高"。教学方面的专业发展处于自发自觉的状态,在学术工作国际化的背景下,受访大学教师特别是B校教师对于外文资料、出国访学和深造有非常迫切的要求。团队分工与合作在不同学科和学院发展的程度和方式不尽相同,在强调"知识产权"、"竞争"、"文章作者排序"的管理体制下,"合作"的可行性面临质疑。

第三节 个体的能动作用:三个典型案例的分析

本节选取三位典型教师,深入分析学术工作感知如何调节理想与执行的关系,工作优先次序、发展机会和参与管理之间又有什么样的互动。每位教师的能动性和面临的工作环境都有其独特性。

一、从沮丧到满意:附应管理要求的"海归女"

A校经济系的一位女讲师,五年前从英国名校获得博士学位,来A校经济系担任讲师至今,这位"海归女"没有在A校就读的经历,入职之初经历了许多的"沮丧"和"不适应",没有"人脉关系"、发表文章受挫、新课耗费时间、工资待遇低,她在访谈中告诉研究者:

> 说实话,我刚回国的时候我觉得挺沮丧的,就觉得很不适应。就觉得本土的老师至少师兄师弟都在这儿,或者其他高校的老师也认识几个,或者在杂志部做编辑的,他们投文章相对好投一些。而且他们的导师肯定都是知名的老师,就会有人帮。我记得我刚回来的时候没有任何的人脉关系……发表文章总是遇到挫折,然后再加上教学,因为前一两年全都是新课,我耗的时间也比较多,再加上工资待遇都比较低,所以前几年就感觉到很难受。(A-ECO-CF-05)

"海归女"理想中的学术工作可以让她尽情施展自己在教学中的新想法,将她在国外学习到的教学方法、思路和理念引入自己的课堂,她这样描述她刚工作时的想法:

> 所以一开头可能觉得我刚来学校的时候,因为在国外有一些经验,我的教学风格可能会比较活跃一些,就是相对灵活一些,随意性大一些,会穿插很多不同类型的授课方式。比如说,我会通过游戏来让大家理解我们教的国际贸易当中的概念或者是通过案例让大家讨论。(A-ECO-CF-05)

但是,现实的工作要求是,作为一名讲师,她必须承担较多的教学工作量,加之一

些双语课程和全英文课程没有留学背景的老师上不了,她必须承担更多的课程,同时准备多门新课使她"心力交瘁":

> 目前课比较多,我在我们学院算中等偏上,我们学院年轻老师都会相对多一些。因为我们好多教学要求就是双语啊,或者全英文,其他老师可能英语能力……所以给我压的课,就是比较多……第一二年重新备课的时候,就会压力比较大。(A-ECO-CF-05)

同时,在教学方面的付出,得不到应有的回报。只有学生给她的一些鼓励,使她还能从教学中找到一些满足感和价值感,让她"比较高兴":

> 我们不可能评教学名师奖,呵呵……(得教学名师奖的)基本上都是正教授,而且还是比较知名的教授才能拿。年轻的讲师、副教授想都不用想。我觉得有一次比较兴奋就是上完课以后,我的学生中间会给我鼓掌,我觉得这个会让我比较高兴。作为老师得到的就是这些。(A-ECO-CF-05)

再与科研方面的回报相对比,"海归女"得出结论——大家更愿意做科研,不愿意带课:

> 现在我们经管院是全校课酬给的最高的,但即便是这样的话,相对于我们科研的奖励,还是不高,大家更愿意做科研,不愿意带课。而且做科研的话,对于评职称有直接的利益关系。(A-ECO-CF-05)

所以,"海归女"也通过"合并班级"、增加科研时间来调整自己的工作重心:

> 本科生一门,应该是辅修一个班,必修一个班,后来我嫌课时太多了,把两个班合一块儿。合一块儿之后人很多,有70多个,好像是79个。呵呵……当然班级大效果肯定不如小班好,但是对于老师来说,两个班上课工作量会小一些吧。不用上两次。(A-ECO-CF-05)

除了调整工作重心，"海归女"还积极通过各种途径来附应大学的管理要求，弥补自己在"人脉关系"和工作收入上的不足。总结"海归女"的适应方法，可以归纳为以下几个方面。首先，她通过做院长助理来加强与学院其他老师的联系，获得学院老师的认可：

> 我做院长助理一年，就是主管外事。比如说，美国一个大学的商学院来访问，你就得接待。当时海归很少，会外语的人很少。然后我们院长希望我帮他一个忙吧，所以我就为学院无偿做了一年，对我的耽误还是挺大的，所以学院当时对我这个工作挺感激的。（A-ECO-CF-05）

其次，加入著名学者的科研团队，减少申请课题的负担，同时认识国内同研究领域的一批学者，与他们共享数据、资源，进行交流和合作，促进自己的专业发展，同时拓展在学科的"人脉关系"，最终还通过较多的课题经费提高自己的工作收入，这都让她感觉"挺好的"、"很幸运"：

> 我们有一个很好的研究团队，L老师非常出名，他最初有很多课题，不可能一个人完成，所以经常组织大家在一起讨论，慢慢我们就形成了一个团队。L老师自己首先在学术上肯定是非常过硬，是大家都很信服的一个人。再加上他舍得奉献，他花了很多时间去跑数据，然后申请钱、申请项目，我们只需要安心写文章就行了。所以还是感觉比较幸运……这两年，L老师的项目很多，所以给我们的课题劳务费是非常多的。基本上收入一半儿是学校发的，一半儿是L老师的项目劳务费。L老师呢，引来了好多那种国际国内的知名专家和我们合作。所以我觉得我在这几年的过程中学到了很多，所以我自己感觉我的发展空间还是挺好的。（A-ECO-CF-05）

在科研团队的作用方面，同属一个科研团队的A校经济学院的另外两位老师也是我们的受访者，他们对于这个科研团队就没有这么高的评价。由于他们两位本身就是从A校经济系毕业留校，他们在博士阶段就依靠自己的导师、同学、所在院校，在学术群体内部积累了一定的社会资本，因此，科研团队对他们的助益并不明显。

再者，为了增加收入，"海归女"发挥自己的语言优势，承担一些"国际班"和

"MBA"课程的教学任务,这些都是学院创收的来源,课酬远远高于普通本科生和研究生教学的课酬:

> 我们现在有MBA了,我们现在工资提高幅度会很大,工资翻翻儿都不止了。(A-ECO-CF-05)

通过以上的策略,"海归女"能够比较轻松地应对学术管理要求。她这样描述调整后的工作感受:

> 所以我这两年感觉到还是挺顺利的。不像我刚来的时候那么难受了,这两年我觉得心情啊,各方面都很好,而且,就觉得自己家庭也稳定了,孩子也生了。走了比较平稳的路了。(A-ECO-CF-05)

当然,如果谋求更长远的发展,她表示还是有"很大压力",虽然已经有五年工作经历,但她还是一名讲师,晋升名额少,难度大。特别是作为一名女性,家庭占据了一部分的精力,让她感觉"没法儿跟男的比":

> 最郁闷的莫过于评职称了,压力很大。因为就是竞争非常激烈啊,学校人事处规定的副教授的这个条件,我们基本上早都满足了。但是,现在比如说,今年有9个可以晋升副教授的讲师,但只有两个名额,所以是这9个人比,谁的文章最多,谁的课题最多。尤其是对女的来说,男的可以不顾家,把所有的时间和精力都投入到工作中,可能文章出的就比较多,女的毕竟两头儿都要顾及一些。但评职称不会考虑到男女啊,人家只看"硬件儿"。(A-ECO-CF-05)

以上便是这名"海归女"的经历,她最初对学术工作有自己的理解和计划,想要在教学方面做一番努力,帮助学生成长。但大学管理中要求她承担大量教学工作,并且对她的教学付出没有太多制度性的回报。仅靠"学生的掌声"带来的满足感并没有支持她坚持下去。在衡量了教学和科研可以从制度安排中得到的回报和机会,她选择"合并班级"、"加入团队"把工作重心调整到科研上。并通过"为学院服务"、"团队合作"拓展自己的人脉关系,采用承担多项课题、教MBA课程等方式增加收入。最终附应了管理要求,"走上了平稳发展的道路",虽然仍有晋升的压力,但总体来讲,比起刚入职时的"沮丧",附应制度要求之后的她对现在的工作"挺满意的"。

二、痛并快乐着:追求理想的"非主流名师"

这一个典型个案来自 A 校的教育系,她是一位有 13 年工作经历的副教授。这位老师在 A 校获得了博士学位,作为优秀毕业生留校。在学生和同事群体中,这位教师有非常好的口碑,学生们愿意上她的课,愿意报考她的研究生。同事们愿意跟她交流学术观点。在 A 校的教育系,她可谓是一位受人称道的"好老师、好学者"。

首先,这位老师对教学非常有热情,她认为学生是与自己平等的思想探讨者,教学能够让她获得"喜悦":

> 跟学生在一起交往,对我来说,一直也是极大的乐趣的来源。因为我把这些大学的学生,都作为一个思想上共同探讨的共同体的成员,我认为学生和授课老师之间的这种充分的、自由的讨论,对于我们彼此都是非常受益的,而我作为大学老师嘛,我也觉得这很大方面也是我工作上喜悦的来源。(A-EDU-B2F-13)

在教学中,这位老师尝试多种形式的教学方法,如:研究性的教学、讨论教学等,也将博客引入教学过程,促进教学互动,唤醒学生对课程知识的兴趣。谈起课堂教学,这位老师有非常多的心得体会:

> 我就很兴奋,主动去申报来上这个课。自己也感觉非常有热情,然后我也希望做一些比较有创造性的工作……我们不是把大脑当成填充知识的容器,而是用研究的视角来看。而且呢,我们也开博客,我们在课堂上讨论不完的内容呢,我们在博客上去讨论……我想把我的课堂当作一个唤醒学生的课堂,甚至是在这个课结束以后,让学生还有去探索这门课程知识的热情……我也很愿意做教学的工作。这也是我们跟学生进行互动的,产生新知识的一个非常重要的一个平台,一个空间。(A-EDU-B2F-13)

其次,这位大学教师也热衷于研究和写作,更希望通过自己的研究,能够对实践中的教育问题有所帮助。她这样描述自己理想的科研工作:

我也是一个很喜欢写作的研究者,我很愿意写作……我希望我写那种论文,就是自己写完以后还想经常来读……我们本身就需要和实践对话,在实践中我们也想去发现新知,把我们的理论用来改进教育。我当时学教育的初衷就是认为我们教育中有很多的问题,我希望通过学习教育来做一点什么样的改进。(A-EDU-B2F-13)

但是在实际的学术管理之中,这位"名师"认为有许多不合理的管理方式。例如,第一,她认为每年进行评价的方式,周期太短。现在的大学老师像"计件工人",这样就出现了大量"粗制滥造"的论文:

大学不断逼迫年轻人过早过快不断地发表作品,这对学术研究来说,是一个很大的祸害,因为很难有经过长时间的思考凝练得来的创造性的知识。的确要给研究者以时间,不能把我们当作计件工人。所以现在我们看到大量的论文,的确都是粗制滥造的,非常多的都没有什么思想的光辉,我们曾经问过一个研究者,您写完论文之后,您还愿意看自己的论文吗?他的回答是,多半他都不愿意再看了。(A-EDU-B2F-13)

第二,学术论文的评价只关注"学术圈内部"的影响,而不关注学术的社会影响力。特别是教育专业,教育理论对于一线工作的校长、教师、家长应该有重要的指导性和启发性。以他们为受众的期刊却并不计入大学教师的工作成果,影响教育研究发挥其社会价值:

你像中小学的老师、校长,他们很需要跟理论界对话,他们很少订《教育研究》这种杂志,但他们最用的上的杂志呢,比如说像《中小学管理》吧,在我们大学根本就不算分的。我们在外面的报纸和期刊上发表的文章,在公共媒体上的文章,也只有几个特别的报纸才算。我们学校对我们的评价比较鼓励我们在一个学者的小圈子里说话,我们叫作自说自话,这就抑制了教育研究者在公共生活里边就教育问题发表自己意见。我觉得这个不合适,有问题的,也是要改进的。(A-EDU-B2F-13)

第三,科研项目方面,课题进程中,老师们之间只有分工,缺乏交流。只有课题主持人的工作在评价中能得到肯定,其他参与者都是"无名英雄"。横向课题"唯经费是重",一些有价值却无经费的课题在评价中得不到认可:

说实话呢,我最早都是跟着我们学院做(课题),通常是领导申报了一个特别大的课题,会招募一批老师,特别是年轻老师来做(课题)。但是多项目没有设计,同事之间在讨论项目的时候,我只听见工作的程序的讨论,没有听见思想。我们没有多少就这个问题进行更深的学术对话,我没有得到一个思想上的领悟,方法上的一种学习,这个很缺乏。也不算我的工作量,只能得到一些劳务费,仅此而已。而且我们有时候也接一些比较有意义的项目,但是如果这个钱不打到大学来,就不算工作量的,所以我觉得这个不好。(A-EDU-B2F-13)

这位老师执着于追求自己理想的学术工作,并在追求的过程中获得各种"喜悦"和"快乐"。面对当前的学术管理中的重重问题。她的能动性表现在,脱离那些符应管理要求的群体,寻找自己认为合适的发展道路。例如,当她意识到学院领导组织的一些课题不能使她在学术上得到发展,她就不再参加这样的项目。转而寻找自己感兴趣的、能够在思想上给自己启发的研究,即使项目经费很少,她也"不在乎":

从去年开始,这些学院的项目我就都不参加了。例如,我做过一个课题,就1万块钱。它开放了它的图书馆资源,我能去看很多民国教科书,这不就是巨大的喜悦嘛。我珍视的是,我能通过这个项目,我感兴趣的一个研究得到支持。我也经常参加Y老师那边的会议,我也觉得挺有意思的,我就参加他们的讨论。所以这个是我喜欢的,它在我们学校算不算分我一点都不在乎。(A-EDU-B2F-13)

追求自己理想的学术工作,这位老师放弃了高额的项目经费,她说她"不在乎"。但访谈中,她提到的"年度述职"和"科研成果公布",却让研究者真切感受到她的"痛苦"。在这位老师学院的网页上,研究者发现,她很少在CSSCI的期刊上发表文章,在访谈中,她这样描述她对年度述职会议和公布科研成果的感受:

> 读小学的时候,那时候我们的成绩都是要公布的,但是后来很多人反对这一点,说这个不顾孩子的隐私啊。但是我告诉你,现在我们老师每年就要经历这么一天,那个压力是很大的,因为在这个(年底总结)会上,很多老师都会因为自己发表量少而道歉。每年都有好多老师要在同事们面前,在巨大的压力下,说这样的话,每年都有。我觉得很不好。(A-EDU-B2F-13)

这位已经有13年工龄的副教授,大部分和她同时参加工作的老师都已经是教授职称。她付出了经费的代价,经历了"被公布和道歉"的痛苦。坚持着自己对于学术工作的理想,她坚持着自己的独立和勇敢,话语间也透露出孤独:

> 就是那种启示,真的对我的人生就是最好的。就是一定要建立在自己个人的人格独立的基础上。我的人格越独立,我越能独自面对未来的不确定,我越能勇敢地探索未知的领域……现在呢,我认为我们很多老师都是生活在一个非常孤独的境界里。(A-EDU-B2F-13)

当大部分的老师都选择附应管理要求,这样一位有着自己坚持和理想的"名师"无疑是大学教师中的"非主流"。她虽然享受着人格独立,获得学生和同事认可的快乐。但付出的物质和心理代价也使她经历着"痛苦"。她说自己"不在乎"这些代价和痛苦,仍能享受学术工作"孤独的喜悦"。

三、逃避和无奈:被边缘化的"老讲师"

第三个典型案例是B校数学系的一位"老讲师",这位讲师在本科毕业的时候恰逢高校扩招,B校在那一年招聘了大量新教师,他作为本校的优秀毕业生获得了留校任教的资格。他对于大学教师这份工作没有太大的兴趣,只是因为它稳定,是国家事业单位因此留校任教:

> 也没啥吸引的,我自己对这个工作没啥兴趣,因为我上学的时候就不想当老师,感觉老师的工作太乏味,太枯燥。但是毕业之后,家人感觉教师比较稳定。大学还是个事业单位,然后我就是跟着他们的想法做了。(B-MAT-CM-11)

"老讲师"本科毕业留校之后，职称是助教，后来评上了讲师。现在只做一些教学和行政方面的工作。教学工作只承担一门课，但是分别给五个班的学生上这门课，课时量较多。行政方面，"老讲师"负责学院继续教育中心的工作，包括培训、函授、在职研究生的事务性支持。

"老讲师"在工作之后，没有继续攻读硕士和博士学位。作为学校里为数不多的低学历教师，他必须很"无奈"地接受管理安排，担任大量的教学工作，与有博士学位的老师相比，他说道：

你像博士这一块儿（指有博士学位的大学老师），他们的课时量不超过12节，它属于层次学历比较高了，然后可以搞一些研究。那像其他人（指像自己一样学历低的老师），该承担你就要承担，就教学，教学是学院分配，说实在的，现在很多老师都不想上太多课，但是你既然数学学院承担了学校的公共数学课，那你就要把这个事情做好。(B-MAT-CM-11)

在教学方面，他对自己的期待是"尽力"，把自己会的东西交给学生。但自己也很少对教学内容进行更新，他在访谈中说：

我觉得对得起学生就可以了，我尽力而为了，我把我自己有的东西我给都掏给你了……要说上课，上了十来年课了，这门课随便一周多上几节课，很容易。(B-MAT-CM-11)

这样长期没有更新教学内容的课堂，在学生中并不受欢迎。他谈及"学生评教"，语气非常激动，甚至有些生气。他在"学生评教"中的得分不高，并且学生们因为他在课堂中反复使用"包子"举例分析，而戏称他为"包子哥"。对于这样的"学生评教"结果，"老讲师"也是持一种逃避的态度：

我从来都不关注学生怎么评我的，我经常拿包子来举例子，因为这个东西简单易懂，是不是？你从价格、利润、成本，从最简单的这个来举例子，（但是）网上（评教）就有学生说我是"包子哥"，然后是"包子托生的老师"……但是我从来不看，我不管你怎么说，我把我本职工作干好就行了。我为什么没事儿给自己增添

一些烦恼？我开开心心生活就行了。(B-MAT-CM-11)

不仅在学生群体中如此，"老讲师"对于同事的议论也是敬而远之，同事们偶尔对他的议论让他印象深刻，甚至难堪，他这样描述同事评价他的画面：

> 所以说他们（学院其他老师）一边哈哈大笑跟我说，说学生怎么说你。我就说，随他们说去，我不管他们对我怎么评价。(B-MAT-CM-11)

在这样的互动中，在学生和同事的群体中，这位"老讲师"都被边缘化了。他把自己教学失败的原因归咎于学生，认为现在的学生"不爱学习"，"混文凭"：

> 现在的大学生说实在的，他们不知道自己该干什么，上大三了，大四了，该毕业了，找工作发现找工作难，想考研，前面的东西都丢掉了，发现这几年没怎么努力，前面的大学时光为什么不用……像现在我教的学生，他们很多学生就不是来学习的，他就是来混个文凭。(B-MAT-CM-11)

"老讲师"也很少做研究，晋升讲师考评前，他也努力参与过其他老师的项目，做一些基础和简单的工作。他认为自己的"地位"决定了自己的研究很难被认可，以此为由，对自己没有研究成果，他很无奈：

> 大部分都是别人的研究，有时候他们需要整理一些数据了，需要一些简单的东西，我可以给他们整一些东西。你要说理论方面比较高深的东西，我还真给他们整不来……如果你要有一些想法，想发表出来，得到大家的认可，需要你有一定的地位，有一定的名声。有名声的人，有地位的人，他们写一些东西，很简单的一些东西就可以在很高的层次上发表出来让大家认可。(B-MAT-CM-11)

面对这样"被边缘化"的困境，加之国内高校聘任制改革的力度有加大的趋势，"老讲师"说自己"顺其自然"，甚至做好了被"解聘"的心理准备：

> 我可以说是我们院里很典型的一个顺其自然的人，我在这方面追求不多。我

就想我这个讲师,到退休,混到个副教授也好,混不到个副教授也好……我 45 岁以前,随时都可以解雇我,我可以做其他事情。因为我 45 岁之前,我还算年轻吧,我现在才 35 岁,还有十年的时间,还可以干一些事情,至少养个家是没啥问题的。(B-MAT-CM-11)

综合以上对"老讲师"的讨论,他在快速扩招,急需教师的情况下,以本科学历进入大学教师群体。他对于学术工作没有明确的构想,在工作过程中,也没有积极寻求自身专业发展和深造的机会,学术工作需要知识的更新和不断的探索。这样的情况下,他难以应对大学对学术工作的管理要求,面临被"解聘"的危险。"无奈"是他对学术工作的主要感知,他通过各种方法、寻找各种借口来"逃避"工作失败的挫折感。在大学教师群体中,他被日渐边缘化,成为异类。

第四节　本章结语

首先,在学术工作的时间和优先次序上。本研究同其他国家的研究有一些相似的发现:随着学术工作责任的增多和学术管理方式的变革,本研究中的大学教师与其他国家的学者(Light,1974)同样感受到学术工作不同方面竞争工作时间的冲突和压力。同 Boyer(1990)的结论一致,学术优先次序从根本上取决于不同学术工作在回报体系中的份量。本研究中的两所大学、不同学科、不同职称的教师群体,出现了相似的增加科研工作时间的趋势。国际上关于学校(Hermanowicz,2009)、学科类别(Campbell et al., 2004)、职称(Bentley,KYvik,2012)因素影响工作时间分配的现象,也在受访的大学教师中出现,低层级大学、基础学科、低职称教师承担更多教学工作。

但同时,中国大学教师在学术工作优先次序也有其独特之处,具体表现在以下几个方面:1."服务"方面,与一些国家依靠回报和激励刺激学者投入服务的方式(Anderson et al., 2007)不同,本研究的高校以"机构服务"为名,让大学教师为院系承担大量的行政杂务,这种行政杂务主要依靠行政力量自上而下分派,虽与学术无关,但在各类工作中获得优先性。特别是在家长式管治下,新入职的教师群体被分派大量行政杂务。对担任了管理职务的高校教师,他们则面临科研与管理时间的矛盾。2.科研方面,随着科研经费引入竞争机制,课题申请越来越多的占用教师时间。项目申请竞争激烈,科研基金由不同的部门分别管理,大学教师必须在各项目规定的时间,根据不同部门对研究问题的倾向性,撰写和提交项目申请。3. 教学方面,与教学质量密切相关的教学准备时间被压缩,包括备课、指导学生、批改作业和编写教材。这些工作直接关系课堂教学质量,但因为教学质量在教师评价中的份量不重,在薪酬体系中的回报较少,加之管理上对这些工作没有明确要求,因此被大量挤压。

其次,在学术工作的发展机会上。1. 在工作收入方面,工作收入总体水平低,绩效收入拉大收入差距。不同于一些国家在大学管理中减少终身职位数量、增加兼职人员的做法(Musselin, 2011; Kevin & Jaeger, 2009)。本研究中的两所中国大学教师工作相对稳定。但他们的基本收入过低,而绩效性的收入差距在加大。那些基础薄弱的大学、"基础学科"、低职称无管理职位的教师,工资待遇堪忧。2. 在晋升机会方面,与其他国家一样,晋升是大学教师压力的主要来源(Enders & Teichler, 1997)。但不同于一些大学教师通过流动获得晋升的方式(Perrucci, et, al., 2011),本研究中的中国大学教师流动性较低,大都在现有大学或重点大学寻求晋升机会。晋升机会在学校、学科和职称之间存在差异。相对于B校这样的地方普通高校,A校这样的重点研究型大学的晋升名额少,难度大。同一所大学内部,优势学科的竞争更加激烈。低年龄组的大学教师,在论资排辈的文化下,在"老人老办法,新人新办法"的管理方式下,获得晋升所需的学术工作表现更是"水涨船高"。反映了旧制度的遗留及传统文化对年青大学教师晋升机会形成的障碍。3. 个人专业发展方面,A校的教师比较关注"团队合作"为个人发展带来的机会,它利于设备和数据共享,发挥每位成员在其领域中的知识优势,对年轻学者形成引导。但"知识产权"(Slaughter & Rhoades, 2004)、文章作者排序、晋升中"仿市场竞争"(Olssen, 2002)等机制却对"团队合作"造成了威胁。在B校,大学教师学历平均水平较A校稍低,他们的专业发展需求集中在获得更多的资源支持以及专业学习和交流的机会。特别是部分低学历老师,缺乏专业发展支援,会使他们失去学术工作的动力和方向,成为制度的牺牲品。

最后,感知的调节作用体现在,它是学术工作外在要求和内在追求之间的调节器。本章第三节通过三个典型个案的分析说明了具有不同能动性的个体,感知如何调节工作优先次序,影响工作发展机会,从而协调理想与现实的矛盾。个案一,"海归女"屈服于管理制度给她带来的不适和压力,巧妙管理制度空间,从以"课堂教学为重"逐步调整为:"做课题、发文章最优",适当承担学院的"行政杂务",减少教学投入,从而获得大量发展机会。个案二,"非主流名师",坚持将"教学"作为首要责任,做自己认为有价值的研究,不发"粗制滥造"的论文,极少承担行政杂务,结果迟迟得不到晋升。个案三,"老讲师",以"行政杂务"和"课堂教学"为主,很少参与研究工作,面临被"解聘"的危机。

面对理想与现实的矛盾,受访的大学教师普遍会感受到压力,大部分受访者屈服于管理制度的"压力",附应于管理要求。"海归女"便是他们的典型代表,她最初对学术工作有自己的理解和计划,但在得不到应有的回报时,她感觉到"沮丧和难受",仅靠"学生的掌声"带来的满足感并没有使她坚持下去。衡量了教学和科研可以从制度安排中得到的回报和机会,她选择"合并班级"、"加入团队",把工作重心调整到科研上。并通过"为学院服务"、"团队合作"拓展自己的人脉关系,承担多项课题、教MBA课程等方式增加收入。最终附应管理要求,"走上了平稳发展的道路",附应制度要求之后的她对现在的工作"挺满意的"。放弃了理想的学术工作,甚至在明知道"合并班级"会影响教学质量的情况下,仍选择牺牲教学,问题在于:这样的行动策略是否有利于学术工作的健康发展。

当大部分的老师都选择附应管理要求,也有着自己坚持和理想的一位"名师",她无疑是大学教师中的"非主流"。她充分发挥自己的能动作用,通过实践自己的教学和科研信念获得了学生和同事认可的快乐。勇于指出和批判管理制度中的问题。更重要的是,在意识到这些问题之后,她选择退出没有思想碰撞的课题、不靠课题经费赚钱、不发没有思想光辉的文章、同教育实践中的教师交流,与此同时,付出的物质和心理代价也使她经历着"痛苦"。她必须在年度的述职会议上向其他老师道歉、当同年龄甚至更年轻的学者都成为教授时,她仍是副教授。她说自己"不在乎"这些代价。这位有能动性的"非主流名师"痛并快乐着。问题在于:这样一种"非主流名师"在学校管理中,是否有发声权,能否形成一种改革的动力,影响学术管理制度的发展。

第三位"老讲师",在急需教师的情况下,以本科学历进入了大学教师群体。他对于学术工作没有强烈的兴趣,在工作过程中,也没有积极寻求自身专业发展和深造的机会,学术工作需要知识的更新和不断的探索。这样的情况下,他难以应对大学对学术工作的管理要求,面临被"解聘"的危险。他通过各种方法、寻找各种借口来"逃避"工作失败的挫折感。在大学教师群体中,他被日渐边缘化,成为异类。他没有很强的关于学术工作理想的信念,也没有积极去附应大学管理的要求,在各种"挫败和无奈"的感受中,只能被"边缘化"。问题在于:对于这样的"老讲师",大学如何在制度上为其提供专业发展的引导或者合理的退出机制,以保障学术工作的良性发展。

第四章 学术工作管理

本章继续对于学术工作感知的讨论,继第三章对学术工作优先次序和发展机会的讨论之后,本章关注学术工作感知的第三个方面——管理的感知。学术工作的管理可分为教学管理、科研管理和人事管理。本章第一节将分别讨论大学教师在这些方面的参与权与发声权。第二节关注不同类型的大学教师对学术工作管理的感受,他们分别是:"学者管理层"、不担任管理职务的"杰出学者"、以及"普通教师"。第三节关注大学、市场和政府三者的关系,从大学内部的权力分配、政府和市场对大学的影响力以及大学的独立性三个方面进行分析。

第一节 大学教师参与学术工作管理的事务差异

学术性的工作以相应领域的专业知识为基础,因此学术工作的管理也不同于大学其他行政事务的管理。本节分析两所高校的受访者在学术工作各个方面如何参与和发声,以及如何看待和理解这样的管理方式。

两所大学的受访者都谈到学术工作管理中"委员会"的作用。委员会是一种讨论学术工作管理事务的制度,又细分为:负责教学的"教学委员会"、负责科研的"学术委员会"、负责学位授予的"学位委员会"等。大部分受访者都知道有这样的制度存在。但具体每种委员会的成员的产生机制、表决和讨论机制却鲜有人清楚。如A校教育系的副教授所言:

> (学术委员会的成员)这个不是老师选的,我也不知道,应该是领导他们自己定的。这个怎么定出来的,对普通老师是不公开的。(A‑EDU‑B1M‑10)

另外还有教代会和座谈会等机制,可以为大学老师提供发声的机会,但受访的大学老师对于这样的机制普遍持比较消极的态度。例如,B校教育系的教授认为座谈会的作用非常有限:

学校有一些事情它有一些座谈会,但是座谈会没有什么决定权,大不了听听老师们的异议大不大,大的话它就先搁浅,异议不大,这个事儿我就能推行下去,顶多是这样。(B-EDU-AF-23)

A校教育系的一位副教授是工会委员,有参与教代会的经验,他也在教代会上提出过提案,

效果肯定有,但就是大或小的问题,大部分人觉得它形同虚设,但是这个东西一次不行两次,两次不行多次,这样希望会有一些效果。我曾经提过的提案有:让行政人员轮岗,这是一个。另外一个就是提高提案的解决率。(A-EDU-B1M-10)

A校数学系的讲师也不愿参与"教代会",认为这些都只是一种形式:

教代会。可能我比较悲观,我觉得这都是形式主义的,反正我没有参与这些。当然他们也会每年有一两次这样的事情,我没去过我不太清楚,是不是真的每个人都有一些提案什么的。(A-MAT-CF-05)

具体到学术工作的不同方面,受访者认为他们的参与权和发声权也有所差别。A校经济系的教授认为老师们在招生、设计课程方面有较多的参与机会,其他事务上面,参与较少:

参与决策,这看哪个方面了,我只能在我学科点研究生招生上,课程设计上,一些个别学术上的事情我可以参与决策,但是管理上的,毕竟院里面有学术委员会,有行政干部,有教学指导委员会,你是这里面的成员的话,你可以参与,你要不是的话,你就只能表达一下意见。(A-ECO-A-10)

下文将从教学管理、科研管理和人事管理三个方面具体进行分析。

一、教学管理

相对于学术管理的其他方面,受访者普遍认为自己在教学管理上有较多的参与权。具体表现在能够参与教学大纲的修订、在选修课和研究生课程方面有一些按照自己兴趣开设课程的空间、在研究生招生决策中有一定的发声权和参与权。教学管理方面的决策权集中在系一级机构。

(一)参与教学大纲的修订

教学大纲具体包括每个系的课程种类、顺序、必修和选修等内容。教学大纲和培养方案的设计必须以相应的专业知识为基础,因此多由系所一级来组织,大部分老师参与其中。此外,教学大纲有相对的稳定性,两所大学的教学大纲都是三到五年修订一次,不会占用大学教师太多的精力,大学教师也普遍比较关注这项工作,广泛参与其中。有较强的发声权。例如,B校化学系的教授认为,系里的老师在培养方案的设计方面,普遍能够参与其中,并且他们最后形成的决策能够得到学院的尊重:

> 有(课程设置的管理权),作为系主任,不是教学委员会。比如,像培养方案,都是系里面来做。是5年都不会变的,我们会很慎重的,像课程设置,学分管理,前后的衔接,都是需要讨论的。我觉得在教学这方面,学院很支持各个系,通常我们的想法和做法,学院都很认可。(B-CHE-AF-17)

A校信息系的一位副教授比较了大学教师在各个方面的参与权,认为在教学计划和大纲的制订方面,老师的参与权最大。但这也仅限于"参与权",并没有"决策权"。

> 决策权是肯定没有,参与权的话也要看情况,如果说只是课程这方面的话,一般来说是所有老师都有参与权的。一般是以系为单位来做课程方面的设计,要出新的教学计划的时候,系主任就会组织所有的老师开会,大家一起来讨论,这方面肯定是可以参与的。(A-INF-B2F-13)

虽然老师们普遍在课程计划制订时有"参与权",但最终的"决策权"则是属于"教学委员会"。据B校数学系的教授所言,他们学院的教学委员会主要是由学术管理人员和一些教授组成：

> 教学有一个教学指导委员会，成员是院长、副院长、系主任、教研室主任和一些教授。进行教学决策，制订教学方案，征集意见，为每门课程制订教学大纲，统一大纲，统一要求，统一进度，统一考试。(B-MAT-AM-19)

教学计划的决策权集中于少数学术管理者和资深教授，也有可能带来专业偏见。A校教育系的一位讲师就认为，他们现行的教学大纲不符合教育需求，就是由于少数"元老和学霸"的专业偏见造成的：

> 当时制订这个课的人都是所谓的什么元老啊，学霸在制订的，他觉得他那个专业的课是最重要的，所以必须要学……他完全忽视了学科的差异。(A-EDU-CM-05)

老师们如果对现有的教学大纲有重要的建议和想法，也有一些渠道进行发声。例如，同在A校教育系的一位教授同样对学院设计的课程计划不赞同。在跟本所的其他老师讨论之后，综合成为课程改革方案提交上级部门：

> 所以上学期我们就给上级部门提了一个我们方法论课程改革的方案，就是说我们所的学生的定量的方法课都由我们所的老师来上。(A-EDU-AF-20)

大学教师拥有在自己领域的专业权威，在设计课程计划的过程中，这一权威得到了一定的承认和尊重，虽然少数人掌握了"决策权"，大部分老师都有"参与权"并通过多种渠道进行发声。

（二）选择自己感兴趣的课程

首先在不同类型的课程中，大学教师的个人权力不同。相对于必修课和专业基础课，老师在选修课的开设上更有自主权。A校教育系的一位讲师告诉研究者，他有根据自己兴趣开设公共选修课的权力：

> 这个（学校公共选修课）教师是可以选的，这个选择权是有的。(A-EDU-

CM-05）

其次，本科生的课程与研究生课程也稍有所不同。A校教育系的一位讲师讲述了他根据自己的研究兴趣调整开设课程的相关经历：

> 对，把我不感兴趣的（研究生课程）"R课程"换掉了，我又不研究那个，我又得花点儿精力去备课。不花精力备课就觉得对不起学生……所以讲了两年就停掉了。从今年开始我就上了"J课程"。主要讲一些我感兴趣的研究方向，有的时候讲一些自己的研究结果。这个就可以互相促进嘛。（A-EDU-CM-05）

最后，不同职称的老师在开设课程方面的自主权也有一些差异。A校教育系的副教授认为，相对于讲师，他作为副教授的自主权更大：

> 像我也有副教授的职称了嘛，所以比较简单，讲师的话，可能新老师没开过课，刚来，没有什么经验的可能会需要试讲一下，程序上他们可能要交开课计划，中英文的课程大纲，然后呢，再有，一般会有一堂课的试讲，一般会有这种要求。（A-EDU-B1M-10）

每位老师都有自己开课的意愿和倾向，但最终决定老师去上什么课，什么时间上课的人，大多是系（所）的主任（所长）。以B校管理系的一位系主任为例，他的主要任务是给老师们"排课"：

> 现在一个系主任唯一的功能就是排排课，谁上什么课，订什么教材跟我说，我跟院里面说。（B-MAN-B2M-17）

每位老师具体担任哪门课程，是系主任（所长）与老师们协商的结果。A校信息系的一位讲师这样描述他如何参与开课决策：

> 这个当然最开始是我先说出我自己的意愿，我和领导协商，我们两个共同讨论，两个人共同去协商。（A-INF-CM-03）

当然，比较理想的状态是在同"领导"协商的过程中，意见达成了一致。但如果意见不一致，会怎么样？B校教育系的一位副教授这样描述她的开课决策：

> 现在是什么专业需要人，找不到这种人，老师就要服从安排。大家都想教"某原理"，那就不行，要服从（系主任或所长的）安排。(B-EDU-B2F-14)

同样，B校教育系的一位讲师也认为，自己在开课的决策中没有任何发言权，完全服从命令：

> 在这种等级森严的，自上而下的（制度下），作为一个新老师，你没有任何发言权，比如说，下学期要给我安排课，安排课的话，你没有任何选择。就是说院里领导给你安排上哪个课，上哪个专业的课，什么时间。这完全都在你的掌控之外，你只要听从上面的安排就好了。(B-EDU-CM-01)

综上所述，教师在选择自己感兴趣的课程方面，高职称教师对选修课、研究生课的发声权更大。但最后的决策还需要与所长（系主任）进行商议，在无法达成一致的情况下，所长（系主任）有决策权。

（三）研究生招生

研究生招生的决策权也都在系（所、教研室）一级。通过初试的学生会参加由系（所、教研室）举行的面试。所有招收研究生的老师都可以参与到面试中去，并且根据初试和面试成绩，决定招收哪些研究生，以及每位研究生的导师。例如，A校数学系的一位讲师是这样描述她所在的系招收研究生的过程：

> （收研究生的参与权）一般是有的，有个面试，你可以去挑一下，如果说这学生确实不想要的话，也会协调一下。或者这个学生你想要，大家协商一下也可以给你。这个就是报考我们方向的，来了以后我们去面试一下，大概分一下就行了。这个决定权就在各个教研室自己了。(A-MAT-CF-05)

老师们在商议招收哪些研究生，每位研究生的导师时，不可避免地存在不同意见。A校信息系的一位副教授认为，这是一个商议的过程，这个过程相对民主。在他们系，

学生也有一定的选择权:

> 比如说研究生的招生……决策往往是在商量中决定的,也就意味着在学校里头更民主一些,我自己要是有想法就一定会提出来的,但同时也要考虑到别的同事的一些感受。因为我们现在是双向选择,就是说老师可以选学生,学生也可以选老师。(A-INF-B1M-08)

总体来讲,在教学管理方面,受访的大学老师普遍有较多的参与权和发声权。虽然不同职称和职位的老师在发言权的力度上存在差异。具体表现在老师普遍能够参与教学大纲的修订,有一定的渠道表达对教学的意见;有一定的空间按照自己的兴趣开设选修课和研究生课,在本科生课和必修课方面,需要服从所长(系主任)的决策;能够参与研究生招生面试和商讨,协商进行招生决策。

二、科研管理

较之教学管理,大学教师参与科研管理的机会更少。科研管理的原则、标准和机制更多由院、校,甚至是在国家部委制订。普通大学老师很少参与到科研标准、原则和机制的制订决策中。下文将从科研考评和奖励、期刊评审、课题评审三个方面分别讨论。

(一)科研考评和奖励

大学对科研的管理,采用了新公共管理中"表现性评估"的理念。在聘期考评、晋升考评和年终奖励时,用一套表现性指标来衡量每位大学老师的科研产出。每所大学都建立了自己的表现性指标体系,包括每一类科研产出(包括纵向与横向课题、各级奖励、各类期刊文章、各种著作)的权重和作者署名要求。但是这样的指标体系如何产生?大学教师能否普遍参与到指标体系的制订过程当中去?对指标体系的意见和建议有什么样的渠道表达?则是重要的科研管理问题。

受访大学老师普遍没有参与过大学考评和奖励体系的制订,如B校管理系的副教授所言:

> (CSSCI期刊内部又划分等级)是学校自己分的。(B-MAN-B1M-17)。

B校化学系的一位副教授说：

（科研基本工作量）是学校定的，学校有一个人事处。（B-CHE-B1F-08）。

对于大学现在采用的考评和奖励体系，受访的一些大学老师认为存在问题，但他们的意见和建议无法被及时采纳。例如，B校管理系的一位教授认为，B校的科研奖励体系会使得一部分人"一稿多拆"，赚取奖金。但只能是"提意见"，这些意见对于实施中的科研管理体系并没有产生影响：

一篇核心文章奖励五万，其实也乱七八糟。前几年的奖励中，就有不少人提意见。刚出台措施的时候，大概有两三个年轻教师，一年奖励二十多万。把他的几篇文章集中到一块儿看一看，可能也就是一篇文章（拆开了发）。（B-MAN-AM-35）

此外，每个学术领域内期刊的分级需要相应的专业知识，大学层面的期刊分级决策没有听取各专业领域教师的意见，一些老师对这样的期刊分级并不认同。加之，学术期刊的质量处在不断变化之中，而学校的期刊分级体系很少改变，甚至远远滞后，也影响了它的公信力。如A校教育系的一位副教授所言：

在我们A大，（SSCI内部）每个期刊都是有等级的，分A、B、C三等，你比如说"J期刊"就是教育里面唯一的B等，说实话，"J期刊"的质量已经一落千丈，它根本就不关注各种各样的研究方法的运用。它有时候就发一些特别空洞的、没有思想光辉，又没有研究方法的文章，这种文章我们现在都看不上了，它还要发。而且算作我们教育界最好的文章，最好的期刊。相反，像C期刊和X期刊啊，我们觉得很不错，但都不算那个级别。（A-EDU-B2F-13）

最后，学校统一的"表现性指标体系"很难兼顾每个学科自身的发展特点。以B校的管理系为例，由于管理学属于较为新兴的学科，B校奖励的期刊列表中，管理类的期刊非常少。B校管理系的一位教授认为，这种现象导致学者们都集中往个别的期刊投稿，不利于学科的长远发展：

但这里面也带来了一些负面的问题，有研究成果以后，大家都集中往一些学校规定的杂志上投，一个专业也就一两种杂志，一个学科也就三四个，两三个。你说这种状况，全国这么多所学校，这么多研究者，专门针对一个杂志去投稿，这其实有问题。(B-MAN-AM-35)

总而言之，两所大学的科研考评和评价体系，在其制订过程中，缺少大学教师的参与。带来了指标体系滞后、不关注学科差异、公信力差等问题。

（二）课题评审

课题是晋升体系中的重要标准，同时还为科研活动的进行提供资金支持。在中国大陆的语境中，还存在一个非常独特的现象，那就是：课题经费是教师收入的来源之一。课题评审多由独立于大学之外的相应的课题管理机构主持，普通大学教师很少有机会参与其中。虽然没有参与权，但大学教师非常迫切地想要获得知情权，以了解课题评审的程序和信息。对课题评审的公正性、透明性、合理性进行监督。

以A校教育系的一位教授为例，她对项目评审的环节和标准都不清楚。但是评审结果中，"官员拿到的项目挺多"使她对评审的公正性产生了质疑：

这个不好说，因为我自己也没有亲自去当过评委啊，没有那个经历，不太知道是怎么评出来的，有什么标准，都不清楚。但我觉得像这种官员拿到项目的还是挺多的。(A-EDU-AF-20)

A校教育系的一位副教授也有相似的观察，他认为，科研课题申请是否成功，职称和行政职务是最重要的决定因素，甚至可以称之为一种"文化"：

项目分三六九等，重大的项目，经费非常多，职称有要求。不是教授，没有高级职称，这些项目是不能申报的。像一些重大的项目，你没有一定的行政职务，认为你没有组织能力，也是不可能申报到的，你即使申报也申不到。这都不是明文规定啊，这个是我们的科研体制衍生的文化。(A-EDU-B1M-10)

科研课题的申请中，哪些因素决定着申请是否成功？每一位受访的大学老师有自己的观察。B校教育系的一位副教授认为，前期成果的积累很重要，也需要运气：

有时候(申请课题)也需要一点运气,和那个研究前期成果的积累。前期成果好的话,就会稍微好一点,我觉得,还是可以期待的。一般还是主要是看前期成果的,你以前发表的论文,做了哪些资料收集之类的。(B-EDU-B1M-03)

此外,社会科学领域,申请的课题是否符合"项目指南"的要求,也是一个重要的因素。A校教育系的一位教授认为,社会科学类的基金通过"项目指南"限制申报者的研究问题和领域,这不利于大学教师的学术自由:

一些基金都会有发布项目指南的,基本上来说是不能够逾越它的项目指南来报项目的,如果说今年没有你感兴趣的,那今年就挺难的。或者说你为了报一个项目,你就按照它的项目指南上搞一个题目,也许自己也没有太好的基础,但为了想要项目,也得写啊。(A-EDU-AF-20)

再者,不同等级的大学,其教师成功申请到项目的机会也存在差异。A校数学系的一位教授比较了自己和地方大学的同行,认为重点大学的教师获得项目的机会更多,甚至担心太多的项目会对自己的学术工作造成负担:

项目这个东西只要够用就行,并不是多多益善,多了可能还是负担。但是像A大学这种单位,总体来说都不是太难。但我那些同行,在地方院校的想要申请一个面上的项目都很困难,拿到都觉得是件大事情,所以这个不同的单位难易程度也不一样。(A-MAT-AM-20)

而对B校这样的地方性大学来讲,申请高级别的课题则相对困难,B校教育系的一位讲师认为,国内课题申请的结果受到教师所在大学的声誉,以及教师个人的学缘和师缘等因素的影响:

国内申请项目的话,和你所处的学校,以及你的学缘、师缘都是有很大的关系。这个不可避免,每一个学术圈,都会有不同的学术声望,包括学校整体的声望,在申请项目方面都有这种情况。比如说教育学方面,X校和Y校,那里的老师申请项目会比地方高校容易的多。比较容易得到认可,容易审批下来。(B-EDU-

CM-01

最后,项目和评奖中"关系"和"金钱"影响评定过程,出现了一些学术不端行为。这在大学老师群体,以及社会公众中都产生了不良的影响。例如,B校教育系的一位副教授谈到这些学术不端行为,深感痛心疾首,同时也极端灰心失望,说"不想趟那个浑水":

> 省级的项目里,省社科(项目)还好一些,其他的(项目申请)人为因素比较大,需要人脉。著作、论文和项目还要评奖,这些奖对评职称影响很大。我自己有出书,但道听途说,说评一个奖要花"两万五"去操作,我就不想趟那个浑水。(B-EDU-B2F-14)

课题申请是大学教师和课题管理部门都非常重视的环节,但后期对于课题成果的审核管理如何?A校数学系的一位资深教授认为,存在一种"严进宽出"的现象,成果审核"流于形式":

> 中国的情况我感觉申请经费难,但结题都是容易的。这个也是叫什么严进宽出,后期的研究怎么样,这种检查,我自己感觉基本上流于形式。(A-MAT-AM-20)

以上对于课题评审的分析表明,我国当前的课题管理,缺乏信息公开,大学教师迫切需要知情权。无法参与课题管理,对其评审程序和原则也缺乏了解的普通大学老师,认为申请者的职称和管理职务、前期成果、研究问题是否投"项目"之好、所在大学声誉、"关系"都会影响课题申请的结果。课题管理重前期评审,轻后期审核。

(三) 期刊评审

期刊评审中,"同行评议"和"双盲评议"被认为能够在一定程度上排除学术标准以外的其他因素对评审结果产生的影响,并且在评审过程中,学者广泛参与其中,促进学术思想和方法的交流与讨论。这种"双向匿名专家评审"管理方式的实施,在我国不同学科领域的期刊中存在差异。

在个别新兴学科的少数期刊,评审过程存在一些"不端行为",即依靠"关系"和"金钱"决定录用文章的现象,即使是少量的不端行为,也会对学界风气带来非常恶劣的影响。B校管理系的教授跟研究者分享了他的观察和感受,个别期刊以"理事费"为名变相收费,最终导致期刊水平下降,评价标准失效:

> 审查评价工作方面,个别杂志做的不好……这些期刊其实基本上有一些理事单位,如果你支付了理事费,每年就给你分几篇文章。如果你不是他的理事单位,你要在这上面发文章很困难。有一些杂志近年来水平下降很多,跟这个有很大关系。这样评价标准就有问题了。(B-MAN-AM-35)

一些评审机制发展相对完善的学科,国内大部分核心期刊都采用了"双向匿名评审"的制度。例如,在本研究中的经济系和数学系。A校教育学院的一位讲师就比较教育和经济两个学科的期刊评审方式,认为经济学能够严格执行"双向匿名评审",这非常有利于学科发展,而教育学的国内期刊大部分还做不到:

> 咱们中国搞了这么多年与国际接轨,你就所有文章"双向匿名评审"就可以了。这就是说为什么国内教育学科发展总是没有经济学科发展快啊,我说就唯一的一个指标,最显见的就是国内的学术期刊。经济学大部分是严格的"双向匿名评审"。教育学就不是。(A-EDU-CM-05)

当然,即便是完全采用"双向匿名评审"制度,也不能极尽合理。A校数学系的副教授认为,虽然是匿名评审,但是因为每位教师的研究方向不同,在一个小的学科圈子里,评审人很容易推测出文章的作者:

> 对(期刊是盲审),我们不知道他们是谁。但我觉得他们知道我们是谁。这个很容易知道,只是我不知道谁审我,但评审人一定知道他在评审谁。(A-MAT-B2M-07)

除了匿名评审制度,期刊管理中的其他制度也受到老师们的关注。例如审稿周期和拒稿标准,A校教育系的讲师跟研究者分享了他的一次投稿经历,国内的一个CSSCI期刊,在经过四个月审稿之后,以收到同一作者的两篇稿件为由拒稿。这让他非常不能理解：

> 投到 X 期刊，到了第四个月，人家说不能发。因为同一期的这两篇文章里，有个作者是相同的，都是用的你们 A 项目的数据，都是量化的。过了四个月给这么一个结论把稿子拒掉。让人哭笑不得吧，早拒你早说呗，按照国外你应该以质量原因才能拒稿，你不能以这个原因拒稿啊。（A－EDU－CM－05）

计算期刊和论文的影响因子，也是国际期刊管理中广泛采用的一种方法。它的公正性、可靠性、适用的学科领域也是受访老师普遍关心的一个问题。老师们也在思考，它在国内期刊管理中的可行性问题。B校管理系的一位教授分析：

> 主要是这个评价机制的问题。现在的论文评价要注意影响因子，现在多数学校慢慢开始关注这类问题，假如说按影响因子，那相对会比较合适一些。那影响因子主要是对自然科学方面的，那像社会科学这一方面的，国内做不成。（B－MAN－AM－35）

综上所述，首先，科研评价和奖励方法的决策权集中在大学层面，普通教师很难参与其中。两所大学的受访者普遍认为，科研指标体系滞后、不关注学科差异、公信力差。其次，纵向科研项目管理权属于政府机构。大学老师希望获得的是相关的知情权，包括科研项目评审的程序和标准。受访大学老师普遍认为，申请者的职称和管理职务、前期成果、研究问题是否投"项目"之好、所在大学声誉、"关系"都会影响课题申请的结果。课题管理重前期评审，轻后期审核。最后，期刊评审的权力在各期刊编辑部门，部分学科的期刊采用"双向匿名评审"制度使大学教师参与其中，促进学术的交流和讨论。但仍有一些学科的部分期刊，评审过程混乱，"关系"和"金钱"取代"学术标准"，决定论文发表，严重影响学术发展。

三、人事管理

大学教师的招聘和晋升，是人事管理的重要内容。本研究中的两所大学，招聘新教师的名额和晋升名额（所谓"编制"）都是由政府机关规定，并通过大学、院、系逐级下拨。下级机构根据学科发展的需要向上级申请人事编制，上级管理机构分配编制名额。之后,院系发出通知,收集应聘者(申请者)材料,并组织第一轮的审核。在院系审核之后,竞聘者的材料以及学院评审的意见会送交学校人事部门进行进一步评审。学校人事部门会对学历、教学成果、科研成果等指标有最低要求,不符合指标的予以驳回。这在一定程度上限制了院系根据自己需要招聘和晋升的空间。这样一种"编制"下拨和审核的机制,仍是计划经济的遗留,同聘任制改革中"按需设岗"、"灵活机变"的原则相冲突。这一定程度上限制了各院系根据学科发展需要调整教师队伍的能动空间。

以B校管理系一位副教授的观察为例,会计系学生多,需要新教师,也在应聘者中找到了会计系认为能胜任工作的人,但由于应聘者达不到学校的表现性指标要求(如重点大学博士;本科、研究生和博士都是"985"大学学历;核心期刊论文数量等),会计系长期无法聘用新教师:

> 会计系,那里学生多,需要新老师。但是这么多年,会计系都没有进人。因为咱们国家进人还是计划的那种,体制内的东西,这个是通病。它现在不是需要什么人,而是根据各种因素决定进什么人。从学院、学校的发展,长期下去的话,会直接影响。(B-MAN-B2M-17)

在限定编制人数的情况下,本节欲关注:人事管理是否基于普遍的学术原则?哪些教师能够参与其中?什么样的机制保证大学教师的发声权?大学教师在人事管理中如何参与决策?

(一)招聘新教师

两所大学不同院系在招聘新教师时,都有相应的"教师评议"制度。参加评议的老师通过评议会获得发声权和投票权。但是,这个评议会的成员存在机构差异。在A校,据教育系的一位副教授所言,他所在的系所,原则上"所有的老师"都要参与新教师招聘,并且有投票权。投票结果送交到学院,学院再组织第二轮的招聘和评审。系里老师的投票对最后的招聘决策有很大的影响:

> 我们老师都要参与,应聘者会现场陈述。原则上(所里的教师)是都要参与,一人一票投票决定,投票结果拿到上一级(学院),学院层面还要再组织一轮儿,再排序。投票结果不能说决定,但肯定有很大影响。得票高的有机会有资格参加下

一轮的面试。（A-EDU-B1M-10）

同在 A 校，信息系的一位教授却有不同的观察。据这位教授所言，信息系并不是所有老师都能参与新教师的审核，领导有权决定哪些人成为评委组的成员，他作为一名教授，即便偶尔能够参与到新教师招聘的评委组中，获得发言权，有一票的表决权，但这个表决无法左右最后的决策，仍是"院领导"做最后决定：

> （进新老师）这个有表决权，但只代表你自己的一票。但这里面就有个问题，哪些人能进入到这个（评委组）里面，就跟领导有关了。领导都有倾向性，找几个和跟他（领导）关系比较好的进到那个评委组织里面……开始会让你开会，但最后一轮是院长副院长他们开会，他们决定。所以发言权什么的肯定没什么影响嘛。（A-INF-AM-14）

B 校管理系的副教授认为，B 校在招聘新教师方面，决策权从系一级上升到院一级。"系"已经成为一个"空壳"，院长和书记有绝对的决策权：

> （进新老师的决定权）在院长书记那里，因为学校就是两实一虚嘛，学院有一半以上的决策权，最起码。学校、学院都是实的，系现在是个虚的，过去系是一个实体，现在它没有财政啊、人事的决策权。现在这个决策权已经上升了。（B-MAN-B2M-17）

对招聘新教师的管理过程进行分析可以发现，虽然两所大学各个院系都存在类似"评议会"的方式对应聘者进行投票或打分。但不同的机构，"评议会成员"的覆盖范围和确定方式并不相同。全员参与、党政班子决定、党政班子和系主任等方式都存在。最后，据 B 校老师的观察，招聘新教师的决策权近年来逐渐从"学系"上升到"学院"。

（二）晋升管理

前文讨论过，晋升是大学教师非常关注的个人发展机会。晋升管理采取什么样的程序和方式，也是大学教师关注的焦点。两所大学的受访者表示。大学层面统一制订全校的晋升基本标准。只有达到最低要求的教师，能够提出晋升申请。院系层面会对申请材料进行初步审查，确认申请者的材料无误，并达到学校的最低规定。A 校数学系的一位教授是数学系学术委员会的成员之一，他告诉研究者，学院的学术委员会对教师晋升有推荐权：

> 评职称……那就只能学术委员会投票了。学术委员会有推荐权，院里不推荐，你晋升不了啊，比如你想副教授升到教授，首先得过了院里这一关，然后教授想从四级教授升到三级教授，一样的。（A‐MAT‐AM‐20）

又有哪些老师能够参与到晋升的评审中呢？A校信息系的一位副教授说，是一部分选出来的代表和有"管理职位"的老师，大部分普通老师无法参与：

> 比方说你需要考核考评的话，那可能就是一部分选出来的代表，或者一部分有职位的老师，他们可能会参与这个过程。普通的老师，大部分可能是参与不到这个过程里面的。（A‐INF‐B2F‐13）

B校管理系一位资深教授，是管理系的系主任，他经常参与学院的晋升评审，评审小组的固定成员是院长、书记和副院长。另外领导会临时找来一些"教师代表"，像他这样的"老同志"，在竞争激烈的时候会出来"坐阵"：

> 学校是有一个评审领导小组，学院里面也有一个，我经常参与学院的，如果竞争激烈的话，就要让老同志坐阵，不让评审过程中有不合理的事情发生。所以凡是竞争激烈的时候，我都要参与。院里评审小组的成员通常是院长作为组长，书记作为副组长，其他的成员有一些副院长。副院长基本上都参加，除非个人申报的时候不允许，他要回避。还有一些就是教师代表，根据专业的情况。（B‐MAN‐AM‐35）

学院的学术委员会或职称评审小组会对符合要求的申请者进行排序，然后将排序结果和申请者的资料递交到大学一级的人事管理部门。排序的标准和依据是什么？B校教育系的一位副教授认为，人脉、实力、工作年限、学科发展需要共同影响着排序的结果：

明年要评教授,首先是院里面做一个排名,这个排名要靠人脉和实力,由领导班子决定,看每一个老师对学院的贡献,工作年限,再平衡一下学科发展。有一个职称评定委员会。这个人脉就是经常帮领导干一些无偿的活儿,领导就会在评职称时做一些平衡。在决策方面,很多时候只是临时叫老师去,发表一下意见,但很少参与决定。(B-EDU-B2F-14)

在 B 校,申请教授职位的教师还要参加大学级别的答辩,副教授及以下职位的申请者只对申请材料进行审核,B 校管理系的一位教授告诉研究者:

申报教授,一般是要去答辩,申报副教授只用看材料,不用答辩。我们学校从 1999 年开始可以自己评审,大体上,在学校这个层面上,最近一两年好一点。(B-MAN-AM-35)

学院和学校组织晋升评议的问题在于,评审成员对其他专业领域的申请者进行评价时,不具备其所需的专业知识。由此影响了评价的可靠性。B 校管理系的一位教授在访谈中表达了这方面的担忧:

如果你让一个艺术类的院长,去评我们经济学院的论文,他其实什么也看不出来,不过他(她)就可以投票。投票这一点最不公平,你像专业跨度这么大,你根本不了解这个专业,你怎么知道这个专业能评教授还是不能评教授?(B-MAN-AM-35)

本节对大学教师在学术管理中的发声权和参与权进行了讨论。总体说来,大学教师在教学、人事和科研方面的发声权依次减弱。教学和人事方面,通过各种院系的"委员会"制度,大部分老师,尤其是高职称、有管理职位的老师能够广泛参与讨论。在教学大纲的制订、研究生招生和新教师招聘中,大学教师的参与度最高,一些机构有全员参与的制度。但相对的,教师晋升的决策只有"学术委员会"成员才能够参与。而科研方面,科研评价标准的制订权在学校人事部门,项目审批权在基金管理部门,期刊审核权在期刊管理部门。只有极少数学科的期刊和基金能够通过"双向匿名评审制度"为学者创造参与和交流的空间。

第二节 大学教师参与学术工作管理的群体差异

大学教师个体对于学术工作的感知很大程度上受到自身职称和职位的影响。从上一节的分析中可以发现,高职称的老师有更多的机会参与到学术管理的咨询和决策中去。担任管理职位的老师拥有更多的决策权。那么,不同职称和职位的老师是如何去诠释自己和他人参与的学术管理呢?本节根据学术管理中决策权和参与权的不同,将受访教师分为三种类型,分别是:担任行政职务的学术管理人员;不担任行政职务的杰出学者;普通大学教师。

一、学术管理人员

本节讨论的"学术管理人员"是指同时有学者和管理人员两个身份的大学教师。一般意义上大学老师认为的管理职位包括"校长、副校长、各处处长、院长、副院长、所长和党委书记等"实体机构有资源分配和管理实权的管理岗位。一方面,作为一名学者,学术管理人员的工作要接受年度考评和晋升考评。另一方面,作为管理人员,它的工作要接受上级领导和人事部门的监督。大部分"学术管理人员"都由高职称的教师担任。本研究中访谈到的四位学术管理人员,其中三位是教授,B校管理学院的一位副院长例外,他还是副教授,但教授审批已经通过,马上会晋升为教授。

(一)管理职位对学术发展的利弊

管理岗位对这些大学教师的学术发展有什么样的影响,存在不同的感知。一种持"管理工作阻碍学术发展"观点的人主要来自学术管理人员群体,例如,B校管理系担任副院长的这位副教授认为,自己的管理岗位对学院有贡献,但对自己的研究有影响。他认为自己拿到"省创新人才"、"省学科带头人"是自己学术能力的表现,是很自然的事情,并且,作为主管教学的副院长,他也没有利用自己排课之便为自己减免教学工作:

> 这两年很茫然,这个岗位是组织上给的,有时候不是自己能做主的。做这个工作,对学院确实有贡献,对我自己的研究,也确实有影响。当时,我上岗的时候,有一个研究机构想让我过去,带一个研究团队,进行研究,但人只能做一件事,就放弃了。(B-MAN-B1M-17)

既然这位副院长喜欢科研,管理岗位又影响科研工作,那他担任这个岗位的动力是什么呢？他认为,当前社会的评价标准,认为"管理者"地位和声誉高于"普通工作者"。这是他接任这个工作的主要原因：

(做管理影响学术发展)这是肯定的。但是这个问题从社会上看,一种原因是现在社会的评价标准。(B-MAN-B1M-17)

另一种相反的观点认为"管理工作促进学术工作的发展",持这一观点的受访者多是普通的大学教师。以 A 校信息系没有担任管理职位的一位教授为例,他认为有管理岗位的老师掌握很多资源,晋升较快：

好像这个问题还比较严重,他们(领导)能拿到很多的资源嘛,包括我观察很多人的话(科研)基本上不太好,但是做一些工作(担任管理职位),后面的话都晋升比较快,握住了很多的资源。(A-INF-AM-14)

B 校管理系一位工作了 35 年的资深教授,是 B 校工作时间最久的老师之一。他担任过管理学院的院长,现在是一个研究所的所长。他作为一名"学术管理人员",认为当前存在"管理集团互相让利"的行为,各种学术评审大都由"学术管理人员"担任,他们在相互评审的过程中,互相让利,形成集团,瓜分资源：

(学术管理人员)掌握很多资源,他来分配资源的过程当中,不光是他自己争取要,往往互相之间形成了一个利益集团互相让利。各种评审都是各个院的院长,学校的校长,都是这些人参加评审。评审人之间,他们掌握了这么多的资源,互相之间又比较熟悉。所以这形成了一个利益集团,这些公共资源基本上被这些人垄断了。(B-MAN-AM-35)

B 校管理系的资深教授认为,这样的现象最终导致,大学教师不安心做科研,争相去做管理：

所以很多人在做科研做的很不错的情况下,结果他没有机会,所以只有去争,

争着去当"官"。这样就浪费了很多的科研人才。为什么很多人好好的科研工作不做了都去做管理工作？(B-MAN-AM-35)

在这一方面，B校教育系一位讲师的观点有普遍性，他对自己的职业规划中，重要的一条是"担任行政管理职务"。认为在国内高校，担任管理职务是获取资源的有效途径：

> 我给自己的设计是这样的，由于国内的这种情况，就是纯粹做学术的话你会有很多的资源找不到。我希望自己能把学术做好的同时，做一些行政方面的工作，不影响学术的话，可以兼职，希望学术和行政能够相得益彰，能够互相促进。(B-EDU-CM-01)

结合以上的讨论，对"学术管理人员"个人来讲，管理职务和学术研究，在时间和精力上会存在冲突。但在当前中国大学的管理体制下，管理职务也可以为自己的学术研究提供更多的资源。因此，"管理工作"阻碍的是个人在"学术工作"上花费的时间和精力，也可以有利于自己"学术工作"获得更多的资金支持。

（二）执行上级要求

此外，"学术管理者"能否成为"学者群体"的代表，为学者的学术发展创造空间，争取自由？这几位学术管理者的回答是消极的。B校管理系的一位副教授，担任学院的副院长。他认为，自己能做的，只是执行上级的要求，想去修正或调整政策是不容易的事情。最终原因在于，他的管理职位是"上级任命"，接受"组织部门的考核"：

> 老师们没有选择权的，这是制度，以文件的方式来下发的，你想去修正或者调整这些文件是不容易的事情……副院长也好，正院长也好，这是一个岗位，这个岗位是组织部门去考核你。(B-MAN-B1M-17)

B校化学系担任系主任的一位教授也表示，她的工作主要是由"上级"分配，她来执行，她的管理工作也是对"上级领导负责"，由"上级领导来考核"：

> 基本上就是（上级）分配什么任务干什么事儿……行政工作主要由上一级的

领导来考核这方面的工作。(B-CHE-AF-17)

这位化学系的系主任表示,除了执行上级的政策。她的能动性主要是通过"提建议"的方式来表现。担任管理职位老师们的这些建议,"有时候是有用的"。如果没有被采纳,她也觉得很正常:

> 很重要的程度上我们要考虑学校的政策,根据学校政策的导向,会适时地调整自己的工作。当然也会在适当的时候给学校提建议,政策不合适的地方,我们也希望通过各种场合和渠道给学校建议,修订政策。事实上有时候提这些建议,也是有用的,他们也会听的。有时候不听我觉得也正常,比如说我们是从理科的角度来考虑,主管部门要考虑整个学校,还有其他的学科,文科的特点跟理科也是不一样的,所以有些具体的政策也要考虑到两边的平衡。(B-CHE-AF-17)

由此可知,管理职务由上级领导任命、管理工作接受上级领导考评,这致使学术管理者更多地选择执行上级要求。当然,作为有管理职位的学者,他们在学术管理事务上的一些意见也有更多的渠道表达给上级决策人员。

(三) 管理内部事务

除了服从上级的管理要求,"学术管理者"又承担什么样的内部管理责任?B校化学系的系主任认为,自己的主要责任是协调各种关系,包括引进人才、人员激励、人员调整等等:

> 协调各方面的关系,内外都有,起到一个很重要的作用,当然也包括内部人员的激励。引进人才,当然哪些人才不合适的时候,也需要做一些局部的调整。(B-CHE-AF-17)

B校管理系的一位"老所长"非常重视学科发展规划。这也是很多担任管理职位的学者最关心的工作。他认为他至今最遗憾的事情是"学科一级博士点的申请"没有成功。这项工作从2004年就开始起步,每两年申请一次,至今还没有申到。这位"老系主任"工作中唯一的愿望就是在退休之前,为学系申请到一级博士点:

做一做学科发展的规划,然后积极地去申请我们的学位点,我做研究所的所长做了十六年多,遗憾的就是再过三年多,我就该退休了,这个博士点没有拿下来(B-MAN-AM-35)

"硕士点"和"博士点"申请之所以成为"学术管理者"们普遍关心的工作,是因为"学位点"关系到招收研究生的资格、系里大学老师成为"博士生导师"的资格、学术资源的可得性等与学科学术发展密切相关的问题。"学位点"需要向国家有关管理部门申请,达到一系列的指标,与其他机构的申请者竞争。"学术管理者"也把"拿下学位点"作为自己行政工作的重要政绩。

最后,"学术管理者"的责任还包括考虑学院(系)的发展。代表机构与外部人员联系和接洽,B校管理系的副院长在"学者"和"管理者"这两个身份之间徘徊,但当他考虑学院发展、与外部接洽时,就必须以"管理者"的身份承担相应责任:

自从上了这个岗之后,有些人会叫我老师,有些人会叫我的头衔。我不是太适应。但是你在考虑工作的时候,就要用这个院长的身份去考虑,这时候就是一个责任了。另外,当你参加一些活动的时候,你代表的是一个学院,你必须得去适应副院长这个身份。(B-MAN-B1M-17)

综上所述,"学术管理者"来自学者群体,担任"管理职位"在时间和精力上不利于自己"学术工作"的发展,但在中国的情境中,"管理职位"分配资源的权力可以为自己的"学术工作"带来资源上的助益;由于"管理职位"由上级领导任命,接受上级领导评价。因此,"学术管理者"大都有效执行上级命令,即便有不同意见,也只是通过各种渠道表达,并且不一定能够得到重视;此外,学术管理者还承担着协调内部人员关系、进行学科发展规划、代表机构与外部人员联系等责任。

二、无管理职务的"杰出学者"

这里的"杰出学者"是指在自身的学术领域获得了较高的声望,并得到了学科其他学者的普遍认可的资深教授。他们虽然在机构中没有担任管理职务(校长、处长、院长、书记等),但因为在学术上的影响力,在相关的学术管理中,他们的意见得到学院领导和其他教师的尊重,也会被邀请成为"学术委员会"、"学科委员会"、"教学委员会"等组织的成员。通过这样的尊重和参与,他们能够享受到较大程度的学术自由。

本研究中有八位大学教授,其中五位是获得了教授职称,但没有担任管理职位的学者。这里,将主要从这五位学者的感受出发进行讨论:

(一) 个人获得尊重

B校教育系受访的这位教授,有23年的工龄,在B校教育系有很高的学术声望。研究者在访谈期间,在B校教育学院的大厅,见到了两张大幅海报。海报宣传的是本院教师的优秀科研成果和课题。在这两幅海报上,这位教授的成果尤为瞩目。此外,她还是这个学院唯一的一位"校级特聘教授"。这位"特聘教授"对学术管理诸多事务的意见,都能受到行政领导的尊重。她认为是自己在学术上的影响力,能够推进或阻碍领导政策的实施。因此领导格外尊重她的意见:

> 我个人在学院来讲,我觉得行政对我个人是非常尊重的,不管是抱怨也好,建设性的意见也好,你真说了这个话,他们领导们也会重视……(领导)就觉得,哎,我尊重你了,你也会尊重我的工作,我们的决策什么的,也更便于推行下去。毕竟,你也是一个比较有影响力的学者。(B-EDU-AF-23)

B校设置的"特聘教授"岗位,在基本工资之外,每年有一定数额的岗位津贴。但这个岗位要求申请者完成更高的科研任务,并且只有不担任管理职位的教授才可以申请。"特聘教授"职位要求"不担任行政管理职务",这也是B校试图将"学术"与"行政"分离的一项制度尝试,B校的这位"特聘教授"也在担任管理职务的事情上有过犹豫,虽然她个人不喜欢做管理,但是"官文化"对她也形成了舆论压力。最终,她还是排除压力,潜心做一个学者:

> 特聘教授我们学校是要求不能担任行政职务的,它就是为了让教授能够更静心去做学问……包括我们的两任院长,他们原来都说过,要是我来做学院的院长,肯定比他们都做得好,但是我确定的是,我对(行政)这些东西不是很喜欢……在我们现在这个官文化的体制下,大家就觉得你当一个什么官儿,是对你的一种认可,你不当的话,就感觉你水平不到。(B-EDU-AF-23)

同样感受到尊重的,还有A校经济系的一位教授。他的工作时间并不长,只有10

年。但在学术上面成果很多,在相同资历的教师中间,率先晋升成为教授,是学院年轻教师中的领军人物。这位教授认为,他所在的经济学院有较好的管理文化和环境。有利于老师们通过会议发言、邮件、非正式交谈来表达他们的意见,老师对所有政策也有较多的知情权。同时,在学院里的身份(职称和职位),决定了参与决策的程度和获得尊重的程度:

> 我们学院相对来说,是比较透明,比较开放的,每一项重大的决策就会征求各个层次老师的意见,另外在年度学院的会议上,把每一项政策都给老师讲一下。反正你表达是能表达,我们也有老师是这样子的,对哪一方面有意见的话,就给所有老师写邮件。跟你在院里的身份有关系,你是什么样的身份(职称和职位),你可以到什么程度。(A-ECO-AM-10)

因此,学术工作上的表现和能力,影响着学者在学术管理中获得的尊重。在"官文化"的氛围中,学术上有成就的学者面临着"做管理"的诱惑。

(二) 参与委员会

这些"杰出学者"虽然不担任管理职务,但是大多都受邀成为各种"委员会"的成员。例如,A校数学系的这位教授获得了"长江学者"的称号,他们学院的学术委员只有五位成员:院长、书记和三位长江学者。他认为,参与委员会的管理也是为院系服务的一种方式。在学术委员会中,他和有管理职位的学者有相同的影响力:

> 我主要是在学术委员会里发挥作用,这个就是报项目报奖,评职称什么的都要投票,这个也算是服务嘛。影响力我觉得都是平等的,既然是委员会成员,就没有谁影响力大谁影响力小,这个委员会就是投票制,如果一件事需要这个委员会来做决定,那肯定是投票。你可以发表意见,但最后起作用的还是投票。(A-MAT-AM-20)

不同于A校数学系这位"长江学者"主动参与学术管理,B校教育系的这位"特聘教授"极不情愿地成为了学院"学位委员会"和"党委委员会"的成员。党委委员会除了领导之外,只有她一个普通老师。她参与的这些委员会只能讨论一些评选优秀学生论文、发展党员等她不感兴趣,或无关紧要的事情,甚至她个人并不愿意参与这些事务的

管理。而她真正关心的,觉得有分量的权力,不会交给她这样的"学者":

> 只是说我们现在有什么评个学生的优秀论文啊,拿学位委员会来讨论讨论,但是我觉得这些都是个不疼不痒的事儿,真正有分量的权力,它不会交给学者去说的。就说我参与的,没有什么太大的事儿,好像就是一年发展两次党员儿,只要让我开会,我都烦,下一届我坚决不干,不要让我开这些会了。(B-EDU-AF-23)

这位"特聘教授"告诉研究者,B校校级也有相应的委员会制度,但都是各院的院长成为委员会成员。学院的各种事务,大部分都是"党政班子"决策,不会拿到"委员会"来讨论,因此,她认为自己还是没有什么话语权:

> 现在就咱这一级的学校,我个人感觉学术几乎没有权力。学校有学术委员会,有学位委员会,基本上都是各院的院长,它等于说行政和学术它是合二为一的。院里面也有学术委员会,但是你看我们,几乎所有的事情都不是通过学术委员会出来的。它是通过党政班子,这样的一个联合来决定的。所以学术这个方面呢,我觉得是没有什么话语权的。(B-EDU-AF-23)

那普通老师眼中,这些"杰出学者"在委员会中扮演什么样的角色呢?A校教育系的一位副教授认为,委员会的投票制度为学术管理决策提供了一套"合法化的说辞",经过委员会投票的决策便在程序上具有了相对的合法性,决策结果可以避免一些质疑和非议:

> 最后(晋升决策)学院的解释就是说这是学术委员会投票的结果,不是某位老师个人的这个倾向。当然这个学术委员会的成员怎么选出来的,这个标准我们也不知道,但是它说投票的决定,这就没话说了……我们选不上的老师也没办法。(A-EDU-B1M-10)

通过这些"委员会"制度,这些"杰出学者"可以同"学术管理者"一起参与学术事务的决策。"杰出学者"被纳入"委员会",这使得学术管理的决策被披上了"学者治学"的外衣。但委员会的成员依然由"党政班子"决定,委员会能做哪些决策也由"党政班子"决定,"党政班子"又在委员会中占较大比例,这使得"学者治学"和"委员会制度"成为一种"修辞",其实质仍是"担任管理职位"的官员在很大程度上拥有学术事务的决策权。

(三) 享受自主空间

这些获得尊重,参与委员会管理,但没有担任管理职位的"杰出学者",他们认为学者最重要的是能够享受自主空间。A校经济系的年轻教授认为,大学教师的学术工作,应该以自己的研究为中心,而不是以组织为中心。组织需要做的,就是不妨碍他们的学术发展,学者同大学之间只有一种声誉上的联系,这也是他理想中的现代大学制度:

> 自由就在于你跟学校的联系实际上是靠一种声誉上的联系,而不是一种组织的联系。因为一个大学老师的学术工作生涯,就是以你的研究领域为中心的,不是以一个组织的结构和框架为核心的。什么叫现代大学制度呢?就是应该提供这样子的一个制度。(A‐ECO‐AM‐10)

B校教育系的这位"特聘教授",是在本研究中的A校获得的博士学位,她认为,两所大学相比,A校的学者自主性更大。这是因为研究性越强的学校,有很多有学术影响力的学者,使得行政人员和管理人员尊重其话语权:

> 研究性越强的学校,学术可能越有份量。因为啥呢?我觉得是因为他们的学者,更有力量,更有影响力,所以它是靠学者自身的这个力量,使做行政的人仰慕他,会自发的尊重他们的话语权。而像我们这种地方大学,我们学校没几个"大腕儿",所以我们的校领导完全可以不拿你这个教授当回事儿。(B‐EDU‐AF‐23)

因此,对于这些没有担任管理职务的"杰出学者"来讲,依靠自己的学术影响力,他们对于学术管理的意见能够得到管理者一定的尊重。他们中的极少数,也会被邀请到各种的"委员会"中,享有投票权。为"党政班子"的决策披上"学者治学"的外衣。"杰出学者"们理想的学术自由,是免受机构的行政干扰,以研究领域为中心开展学术工作。在A校这样的研究型大学,这种杰出学者的人数更多,影响力更大,学术自由的空间相对较大。

三、普通大学教师

这个小节讨论的普通大学教师是指没有管理职务、没有教授职称的大学教师。这部分教师的人数所占比例最大,在本研究中,有23位受访者都是"普通大学教师"。一些普通的大学教师认为"学术管理人员"和"杰出学者"群体中存在一些"学霸"与"学阀",他们在学术界拥有大量的学术资源、在项目和期刊的学术评审中有评议权,在大学和学院中也掌握决策权,还通过"师门"中导师、师兄弟、学生等"强关系",在自己的学术领域中有很强的社会资本。相比之下,普通大学教师则在学术管理中充当"被管理者",以A校教育系一位讲师的观点为例:

(学霸、学阀)是指那些功成名就的老学者,或者老督导,或者行政干部双肩挑的人。国内不经常讲,国内都是学霸学阀嘛。国外有什么学派,国内没有学派,只有门派。(A-EDU-CM-05)

本小节将从这23位"普通大学教师"的感受出发去分析:1.行政是否为学术服务?2.咨询和决策中的"形式参与"。3.学术自由。

(一)行政为学术服务

行政是否为学术服务讨论的是,大学里的行政机构,如"教务、财务、人事等"相关部门是否能为学术工作的开展和发展提供支持。普通大学教师感受到的行政机构是什么样的?普通大学老师的学术工作如何获得行政部门的支持?

B校教育系的一位副教授对行政人员的工作和大学教师的工作进行了对比,认为,大学里的行政工作很少有表现性问责的压力,而大学教师则有非常大的考评压力,这位老师甚至想要逃离大学教师的岗位,做一个行政岗——图书室管理员:

大学里做行政是轻闲的,没有压力。评价行政人员的比较少,评价老师的多。我有时候都在想,不做老师了,太累。就做一个图书室管理员多好,看看自己想看的书,每天的工作还轻闲,又没有人整天逼着你写文章。(B-EDU-B2F-14)

B校化学系的一位副教授以自己在学校财务处的经历和感受为例,说明学校的行政部门很少有为"学术工作"服务的意识,甚至大学教师认为,去和行政部门打交道,是让他们"非常难受"的事儿,这种感受在受访的大学教师群体中比较普遍:

最典型的就是我们的财务处,每次去都感觉到,哎呀,非常难受。有一次我去报账,他让我查一查有几张单据让我填上,就是一秒钟两秒钟的事儿,递给我之后他就出去了,一出去二十多分钟他才回来,他说他要课间操。你说这可笑不可笑? 你总是把我的事儿先处理完啊,你再去课间操,这就是我们的行政。(B-CHE-B2F-16)

总体来说,普通大学老师大都感受不到行政对于学术工作的支持,对行政工作的监督和评估远少于学术工作。通过官僚科层体系组织起来的行政权力有很强的执行力。而大学教师个体的学术权力则是分散、无体系,因此在管理实践中受行政权力主导。

(二)咨询和决策中的"形式参与"

普通大学教师一般没有机会参与学术事务的"委员会",如A校的数学系,学院的委员会只有院长、书记和长江学者才有资格参加。如这个系一位副教授所言,他们这样的普通老师不可能参与学术管理决策,认为至少要有教授职称,成为"带头人"或"杰青"(获得"国家杰出青年科学基金"资助的学者)才有资格。这个系的另一位副教授也有相似的观点,认为自己"还没到那个程度":

这(参与学术管理的决策)是不可能的。现在做决策的都是一些,像A大的这个层次上都是各个方向的带头人了。"杰青"啊什么的,最少都得教授了。当然你有提意见的权力。(A-MAT-B1M-06)

在"委员会"之外,还有一些广泛的咨询机制,像教职工代表大会、工会等等。这些咨询意见的机制都对普通老师开放,但老师们普遍对这些机制的认可度不高,认为只是一种"形式",不能解决问题:

有啊,有全校的职工代表大会,也有工会。学部的代表大会。这个形式全都

有,哪儿没有啊。问题是形式不解决问题,这个形式不就作废了嘛。行政职务肯定是影响最大的。(A-EDU-B1M-10)

在正式机制之外,普通老师也通过私人的"关系"渠道来表达学术管理意见。例如A校数学系的一位副教授,作为自本科阶段就在A校就读的老师,他与学院的"管理者"有比较亲密的"师生关系"。他对学院学术管理的意见可以通过这种"非正式"的交流来表达。但在学校一级,缺少了这种"关系",他也没有了表达的渠道:

> 这个(表达意见的)渠道还是很多的,因为这个院长啊,副院长啊,书记啊什么的都是我的老师。我是在A大本科毕业成长起来的嘛,你要有什么想法你就直接找他们说,当然了,至于学校的层面上,你是够不着的。(A-MAT-B1M-06)

B校化学系的一位副教授也是通过这种"非正式"的渠道来表达意见,但她认为,表达可以,改变很难:

> 在学校呢,你说要是找书记来聊这个问题,那可以,但是你想扭转这个局面,那不可能。(B-CHE-B2F-16)

没有此类"关系"的教师又会如何? B校教育系一位刚参加工作的讲师给我们提供了他的感受,他被学院要求担任本科生辅导员,这项工作他很不适应,也影响到他本职的学术工作。他想要向学院辞掉"辅导员"的工作,但他预计他的意见"基本上没有可能通过":

> 可能没有很好的途径,如果走正常的程序的话,可能就是向主管学生的副书记提交辞呈,然后院党委班子讨论。如果院里面没有找到合适的接替的人的话,基本上没有可能通过……这个在中国,我个人感觉(学术自治)就是一种理想,实际上真正达到这种程度要走的路还很远。尤其是这种地方性院校,可以说基本上没有可能达到学术自治。现在还是行政主导的制度。(B-EDU-CM-01)

从以上的讨论中可以发现,普通高校教师参与咨询和决策的机制非常有限,一些

"代表大会"和"工会"流于形式,无法吸引教师参与其中。通过个人"关系"这些"非正式"渠道进行意见表达也是一部分普通教师的方式。还有部分教师选择保留个人意见。

(三) 学术自由

普通大学教师能够享受到的学术自由是什么？他们认为自己是否在工作中享有学术自由呢？A校教育系一位副教授的观点比较普遍,他认为,当前的考核和评估,其出发点是基于对大学教师的不信任,造成管理者和被管理者的对立。特别是定期考评的制度,在时间上限制了大学教师自由探寻学术。大学教师应该被信任,信任他们比管理者更想从学术工作内部寻找成就:

> 大学老师这么多受教育程度这么高的人,你把他当作犯人来管理,像监狱一样,军事化管理。这个出发点是完全不同的。民主化参与式的管理你首先得相信老师,老师是自主的一个个体,他非常积极地愿意干自己感兴趣的事儿,既然他吃了老师这碗饭,肯定是愿意在教育科研活动当中获得他存在的意义。他对工作价值感的追求可能比管理者还要深入,对吧？你在这个角度和情况下,是应该放手让他自己去做,这是一个出发点。(A-EDU-B1M-10)

总结普通大学教师对学术管理的感知。普通大学教师普遍认为,在学术管理方面,通过官僚科层体系组织起来的行政权力有很强的影响力,分散的、无体系的学术权力难与其抗衡,也感受不到行政对学术工作的支持。普通高校教师参与咨询和决策的机制非常有限且流于形式。通过个人"关系"这些"非正式"渠道进行意见表达也是一部分普通教师的方式。强调绩效的表现性评估建基于"不信任"的基础之上,在时间上对学术的自由发展形成阻碍。而项目评审制度中的"项目指南",在研究问题和领域上对学术的自由发展带来限制。

比较三类大学教师对于学术管理的感受,"学术管理者"、"杰出学者"和"普通大学教师"在学术管理中的参与权和决策权依次减弱。首先,"学术管理者"的工作是对上级管理者负责,必须执行自上而下的管理要求,同时,他们掌握一些分配学术资源的权力,也承担机构发展规划和内部协调等责任。其次,"杰出学者"因为在学术上的影响力,他们的意见在决策中受到一定的尊重并被邀请加入"委员会",为"党政班子"的决策披上"学者治学"的外衣。A校这样的重点大学中,杰出学者的人数多,影响力大。

相对于B校这样的地方性大学,学术权力能够争取到更大的自由空间。最后,"普通大学教师"感受不到行政工作对学术工作的支持,参与学术管理的机会有限且流于形式。强调绩效的表现性问责通过约束时间,政府的项目管理通过约束研究问题,都对学术的自由发展形成阻碍。

第三节 大学、市场和政府

前两节对大学教师个人参与"学术管理"、感受"学术管理"进行了分析。前两节的分析重点关注大学内部的院系层面。那么在院系层面以上,大学内部的学术管理权力如何分配?大学如何受到政府和市场的影响?在政府和市场的影响之下,大学又如何保持自己的相对独立性?则是本节欲探讨的问题。

一、大学内部:权力下放还是权力集中?

本研究中的两所案例大学,在大学层面,大学对各级职称老师的最低课时量做出要求,建立了全校通用的科研量化评价指标体系(对国内外期刊、纵横向课题、各级奖励)的量化计算方法。并且,大学每年审核各院系引进新教师和晋升的申请,分配指标,并对聘任和晋升制订基本的表现性指标要求。通过这些表现性指标体系的制订,以及指标审核,大学对每位大学教师的学术管理实现了控制。

但具体来讲,两所大学内部哪些权力能够下放到院系?哪些权力集中在大学手中?两所大学存在差异,下文将分别进行分析。A校当前对教师的年度考核权力已经下放到院一级。年度考核的权力下放,要求也降低,正是基于学术自身发展规律的考虑。首先,院系制订的考核标准更能结合各个学科自身发展的特点。其次,降低年度考核标准,也给长周期、不确定性高的学术探究留出适当空间。A校的受访者普遍认可和赞同这样的制度安排,例如教育系的一位教授就持如下观点:

> 现在这个年度考核权已经由人事处下放到各个院所了,由于是各个院所自己制订这个标准,我觉得这个趋势是对的,因为你要把年度考核的标准定得很高的话,那教师的压力会很大,这样可能就不利于他们做一些他们想做的科研,他们就为了完成工作任务,凑一些文章什么的。(A-EDU-AF-20)

A校数学系的一位教授也有相似的观点,认为年度考核权力下放到学院"更可行",能够照顾到学科差异:

> 而且现在考核下放到各个院各个单位了,这个我觉得是比较可行的,学校掌握着就有点不科学,因为学科有差异,学校掌握肯定一刀切,不一刀切没法操作,一旦一刀切,这个学科差异就体现不出来了。(A-MAT-AM-20)

在A校,除了年度考核的权力,晋升评价的权力也主要集中在学院一级。虽然"编制"仍是经由大学分配到学院,但学院的"学术委员会"能够决定哪些申请者获得晋升资格。A校数学系的一位讲师和教育系的一位副教授都有相似的观察:

> 学校主要是把评判的权力交给了院里,所以我们在院里述职的时候就会有很多人,一轮一轮的下来,按照现在的政策,决定权更多在院里了。(A-MAT-CF-05)
>
> (晋升中)学校的学术委员会不会卡人?主要是学院这一级的学术委员会(决策),学校只会限制名额,比如说学校给了5个名额,学部会推举出来比如说7个,有1到2个是候补的,看看最后能不能再向学校多申请到两个。申请教授和副教授老师都需要去参加一个答辩,做个陈述。(A-EDU-B1M-10)

B校的情况则与A校有很大不同。在B校,年度考评的权力依然集中在学校的人事部门。聘任新教师的权力也从学系一层上升到学院,系里除了排课之外,没有实质性的权力。晋升方面,晋升副教授的权力一直在学校,1999年之后,评审教授的权力也从B校所在的省教育厅下放到了B校校一级部门。如B校化学系的一位教授所言,B校学院层面在晋升中主要做材料收集和审查的工作,并做初步的排序,主要评审决议是由学校学术委员会来做:

> 所以整个的职称评定,权利在学校,学院只起到一个辅助的材料收集和检查的作用。学术委员会一般来讲是各个学院的院长,还有各个行政主管部门的校领导。(B-CHE-AF-17)

B校学校一级的学术委员会由各院院长和各行政主管部门的校领导组成,委员会成员的学科差异很大,这也导致在晋升评审中,很难兼顾学科的差异,常常是"外行评内行"。B校管理系的老教授对此也忧心忡忡:

> 申报教授,一般是要去学校的学术委员会答辩,如果你让一个艺术类的院长,去评我们经济学院的论文,他其实什么也看不出来,不过学校就不管他,他就能投票。专业跨度这么大,你根本不了解这个专业,你怎么知道这个专业能评教授还是不能评教授?(B-MAN-AM-35)

以上对大学内部学术管理权的分析可见,两所大学都在大学层面确定了表现性评估指标体系。加之人事指标分配的权力,对大学教师的教学、科研和人事管理进行基本的控制。A校这一重点高校下放了部分年度考评和晋升决策到学院一层,能够更好地兼顾学术发展的顾虑和学科差异。而B校这一地方高校,从地方政府主管部门争取到教授的评审权,但在年度考评、晋升考评和聘任教师方面,更多将权力集中在学校层面。

二、政府和市场对大学的影响力:从横向课题和纵向课题分析

从大学内部转移到大学外部,在中国的情境中,政府和市场又如何对大学形成影响?本研究从横向课题和纵向课题在大学教师学术工作中的影响力入手对这一问题进行分析。原因在于,在中国的语境下,课题科研经费不仅是支持科学研究顺利进行的保障,还是大学教师收入的来源之一,同时也是一些硕士和博士劳务费的来源,更是大学教师考核和晋升的必要条件。因此,课题的重要性不言而喻。纵向课题主要是由政府财政开支支持的课题,横向课题则是由非政府财政之外的一些经费支持的课题。两者分别是政府和市场对大学施加影响力的重要途径。

在教师的考评和晋升体系中,对横向课题和纵向课题有不同的评价标准,纵向课题主要是根据课题管理部门的级别划分为国家级、省部级、市级等等。而横向课题则是按课题经费折算,达到一定的经费,可以与一定等级的纵向课题对等,经费少的横向课题不能算作教师工作量,也无法参与晋升评估。两所大学在这方面有相似的规定,A校教育系的一位讲师认为,这样的评价体系是"荒唐"的,会导致合同造假的不良风气,也使得政府的影响力高于一切:

评职称需要有课题,如果是纵向课题,不论金额多少,都可以。如果是横向课题,达到20万,或者多少万,才行。因为横向课题不是政府受益的,所以你要有足够的钱才行,那就会导致什么风气呢?很多横向课题老师就会跟人讨价还价,再给我多加五万,我最后再还给你五万,但是在合同上你给我写20万。另外一种就是认为政府的就是高于一切的。(A-EDU-CM-05)

此外,纵向课题还影响着大学教师带研究生的资格。在A校的化学系,研究生导师数量多于研究生数,学院规定,只有获得纵向课题的导师才能带研究生,化学系的一位副教授如是说:

研究生招生一年只有四十几个名额,这样的话,我们老师肯定就是比较多嘛,这样,学院里就出了一个政策,要求导师必须得有这种纵向课题,才允许你去带研究生。(A-INF-B2F-13)

一部分教师认为,纵向课题有相应的学术审核制度,更能代表大学教师的学术能力。相对的,横向课题应用性的偏多,学术性不足。因此,在评审和考核中没有受到重视,也有其合理性,以A校信息系一位副教授的观点为例,他认为:

可能一般情况下大家会觉得纵向课题更能表示你的学术能力,因为纵向课题一般要经历很多的手续去证明申请的方式,横向课题可能都是工程性的操作性的这类,这样从学术的性质来说,大家会觉得纵向课题的学术水平高一些。(A-INF-B2F-13)

虽然横向课题在教师晋升和考评中地位不高,但还是有一部分大学教师积极地承担横向课题。特别是与市场结合紧密的学科和一些年轻教师,在本研究中,主要集中在A校的信息学院和B校的化学院。教师们承担横向课题,原因之一是:横向课题的经费管理更加宽松和灵活。如A校信息系的一位副教授所言:

横向课题它的经费比纵向的课题限制少一点。纵向课题要求得很严格,百分之多少的这个相关的费用都是限定好的,就是你只能在这个数额范围里面,不能

超。所以很麻烦。(A-INF-B2F-13)

第二个原因在于：经费丰厚的横向课题，可以为学生带来劳务收入。在中国的情境下，研究生一般都要参与到"课题"中来，一方面，学生通过"做课题"在研究中接受老师的指导，进行学习。另一方面，学生承担一部分课题中的工作，为导师"干活"，导师也会将科研经费中的一部分以"劳务费"的形式发给学生。因此，导师有责任多申请经费丰厚的课题来给学生"发劳务"：

做那个东西(横向课题)的话可能经济上会得到一些好处，然后可能学生能得到一些好处，因为纵向的课题的经费太少了，因为刚刚说的那些经费支持他开会，做那些可以，但是资助学生的生活都有困难的。特别是几个学生来分享它的话，那你想想就很少了。(A-INF-AM-14)

大学教师愿意做横向课题的第三个原因是：横向课题的申请和考核管理也相对宽松。以A校教育系的一位副教授的感受为例，只要让"委托方"满意，横向课题便顺利结题：

委托项目就是说我们这个地方经费比较充裕，但需要做些事儿，所以，就横向项目来说，只要委托方满意了，就算可以了。(A-EDU-B1M-10)

最后，对于像B校这样的地方性大学，一些发展不好的弱势学科，在纵向课题的竞争上没有优势。横向课题可以为他们的科研提供重要的经费支持。B校化学系的一位副教授表示，虽然明白横向项目不能帮她评职称，但在申不到纵向课题的情况下，这也是无奈之举：

现在主要是周边的环境好一些，有一些企业来合作，做一些横向课题，我能持续地有一些经费，那我后续才能持续带研究生啊，才能做一些东西。我感觉是，有点无奈吧，你争取不到纵向的资源，你只能是做一点横向的，慢慢再说。(B-CHE-B2F-16)

从以上对于两种课题的讨论可以发现，政府通过纵向课题对大学的影响力，主要体现在晋升和评估体系中。将纵向课题作为获得"职称"这一重要文化资本的条件，政府保持了对大学、对学术工作强有力的控制。市场通过横向课题对大学的影响力，主要体现在课题经费上，横向课题为大学教师的学术工作提供经济资本，从而对大学中的部分学科和部分教师产生影响。

三、大学的独立性

在政府和市场这样的双重影响之下，大部分受访者认为，大学仍应该保持它相对的独立性，不能盲目顺从市场和政府的需求，应遵循自身学术发展的逻辑。A校经济系的一位副教授的观点比较普遍，他认为研究应该靠内在兴趣去推动，外部环境的变化不应该对其产生根本性的影响：

> 大家总认为"关起门来做学问"是一件不好的事情，这个想法是有问题的。首先呢，就做研究来说，研究的推动力量，在更多的时候，靠的是学术或者理论内在的逻辑。而一个人选择做研究，更多的是出自他本身的兴趣和知识结构。外部环境的变化，可能会形成决定性的影响，但那些通常是在极少数的情况下发生的。（A‐ECO‐B2M‐05）

具体来讲，大学盲目适应市场需求，并不可取。以A校教育系的讲师为例，他认为"毕业生满足市场需求"的逻辑是荒谬的，大学应该教的是基本的价值观和判断力：

> 现在就是给大学加的任务太多了，总觉得大学要满足各种任务，又要迎合社会的需求，又要迎合政府的需求，你又不能忘了本身象牙塔的需求。我觉得大学只能做好它象牙塔的功能，其他有各种社会分工的机构去做。对吧？以前都说什么大学培养的毕业生不能适应市场需求，市场肯定比你大学变化快，怎么能够市场要什么大学就教什么呢？大学就应该教那些永久不变的那些基本的价值观，基本的判断能力，这就可以了。那些什么市场需求，毕业了培训三个月都会。（A‐EDU‐CM‐05）

在中国的情境下，大学盲目迎合政府需要的弊端更加明显。具体表现为，其一，大学直接接受政府部门领导,"官员"领导"学者"。A校教育系的这位讲师以A校近来成立的一些研究院为例,这些研究院都聘请国家部委的退休官员担任院长,置大学的学术性于不顾:

> 现在就在迎合政府需求,A大这两年成立了很多所谓以中国开头的研究院,然后请了一大堆国家部委的退休官员、过气官员当院长,这就形成了一个很不好的风气。到底是个学校呢?还是个官员养老院?(A-EDU-CM-05)

其次,"被政府部门采纳"和"被领导批示"成为科学研究成果的一类指标。以A校经济系的一位教授为例,受访的部分老师对这一趋势表示不赞同:

> 给政府部分提供的对策不应该作为一个很重要的考核标准,毕竟大学是一个学术机构。但是目前有一个不好的趋向,就是慢慢加大这方面的份量,比如,一个什么样的建议被哪个政府部门采纳了,然后被哪个领导人给批示了,这也给你算一个科研成果,而且还把它算的份量很重,我是不赞同这一点的。(A-ECO-AM-10)

他认为学术研究应该是一种"价值无涉"的研究,而政府部门有其自身的利益,如果将"政策影响力"作为学术工作的一种标准,则会误导学术工作的方向,使学者被政府"当枪使",更无法自由探究学术:

> 为什么不赞同呢?因为做为一个政府部门,有自己的利益,你的意见被采纳了,肯定是符合他的利益,但是政府重要的功能应该是让整个社会的利益最大化,如果从一个部门利益的角度来看的话,可能它对整个社会的利益是不利的,所以说不应该这样。(A-ECO-AM-10)

再者,通过纵向项目评审,政府的政策和意图成为学术研究的风向标,这使得学术研究,特别是社会学科的学术研究失去了独立性和批判性。以B校教育系的一位副教授为例,他认为申请课题成功的关键是能打动政府里"行政官员的心",能够领会政府的文件精神和"热点",把研究往上"靠",就是他所谓的"学术敏感",并称之为自己的

"优势":

> 行政上的一些资源啊,一些信息啊,肯定会对你的"学术敏感"有一些帮助的。比如说,现在什么是热点,我正在做这个行政的时候看到这个文件了,它有这个精神,那我的这个研究的触角呢,就可以往那上面靠一靠,往上面一靠吧,就容易打动这个行政官员的心,他觉得,哎哟,这个也恰恰是我想进一步做的东西,你看这个学者他已经跟我想到一起了。可能有这种捷足先登的优势。(B-EDU-B1M-03)

大部分学者认为大学必须在政府和市场的影响中保持相对的独立,遵循学术自身的发展规律,自由的探究根本的价值和规律。一味顺应市场的需求或政府的意愿都会使学术发展停滞不前,甚至沦为经济和政治的工具。

总而言之,中国情境中的大学,在大学内部,学术管理的评价指标体系集中在学校一级。A校这样的重点大学,尝试下放一部分决策权到学院层面。在大学外部,以课题支持为例,政府主要通过课题评价和晋升机制,同时通过纵向课题和晋升评估,操控"职称"这一文化资本,保持对大学的控制。市场通过横向课题提供经济资本,对大学产生影响。政府对大学的影响力更大,覆盖面更广。但在两者的影响下,受访大学教师认为应保持大学的相对独立,遵循学术自身的价值和规律,以免沦为政治和经济的工具。

第四节 本章结语

中国情境下的大学教师,在教学、人事和科研方面的发声权依次减弱。首先,教学和人事方面,借鉴西方"共同治理"(Nybom,2002)理念建立起来的"委员会"制度,一部分高职称、有管理职位的老师能够广泛参与院系的讨论。在教学大纲的制订、研究生招生和新教师招聘中,大学教师的参与度最高,甚至在一些机构能够全员参与其中。但教师晋升的决策只有"学术委员会"成员才能够参与。其次,在科研方面,科研评价标准的制订权在学校人事部门,项目审批权在基金管理部门,期刊审核权在期刊管理部门。不同于西方科研评价中"双向匿名评审制度"(Berkenkotter,1995)的广泛使用,中国只有极少数学科的期刊和基金采用这一制度,为学者参与科研评价创造空间。

在中国的情境中,职位和职称决定了学术管理的参与度。比较三类大学教师对于学术管理的感受,"学术管理者"、"杰出学者"和"普通大学教师"在学术管理中的参与权和决策权依次减弱。首先,"学术管理者"的工作向上级管理者负责,必须执行自上而下的管理要求,同时,他们掌握一些分配学术资源的权力,也承担机构发展规划和内部协调等责任。其次,"杰出学者"因为在学术上的影响力,他们的意见在决策中受到一定的尊重并被邀请加入"委员会",为"党政班子"的决策披上"学者治学"的外衣。A校这样的重点大学中,"杰出学者"的人数多,影响力大。相对于B校这样的地方性大学,学术权力能够争取到更大的自由空间。最后,"普通大学教师"感受不到行政工作对其学术工作的支持,参与学术管理的机会有限且流于形式。强调绩效的表现性问责通过约束时间,政府的项目管理通过约束研究问题,都对学术的自由发展形成阻碍。

本研究在文献综述中,关注了大学教师是否需要参与咨询和决策的讨论。在中国的情境下,学者普遍有参与咨询和决策的愿望,并希望在这个过程中感受到公平和重视。这同一部分西方学者的观点相同(Linda & Vicki, 2002)。但问题在于,我国大学教师最为关心的晋升决策,参与范围小。在他们认为不用广泛参与的决策上,例如,"优秀学生论文、讨论党员入党"等问题上,学者认为效率低下,浪费时间。"委员会"制度被"躯壳化"并不是中国大陆独有的现象,澳大利亚的学者也遇到相似的情况(Anderson, et al., 2002)。因此,问题的关键在于使管理者退出委员会,委员会的成员由大学教师选出,大学教师关心的学术事务交由委员会来决策。

回应文献中对于"是否应该强调表现性问责"的讨论。受访的大学教师认为过于细致和严苛的表现性问责,指标的滞后性(Elliott, 2011)、不兼顾学科差异、评价周期过短等问题突出,会束缚学术发展,甚至滋生学术不端。在这一方面,A校下放教师年度考评权力的尝试有很好的借鉴意义,将指标体系的制订权和评价权下放到院系,各院系结合自身学科特点和发展需要,广泛征集大学教师意见,及时调整评价指标,放宽评价周期。能较好的弥补问责之不足,在问责与自治之间获得平衡(Nettles & Cole, 2011; Halstead, 1994)。而在B校,学术管理的评价指标体系集中在学校一级,大部分学术事务的决策权也在学校一级。

关于"学术自由"的讨论,个别"杰出学者"能够在达到学术管理的外在要求之后,主动实现自由(Bauer, 1999),大部分受访大学教师认为学术自由受到严重威胁。这同Henkel(2005)等学者的研究结论相似。纵向项目管理限制了学者按自己兴趣选择研究问题的自由;考核和评估制度从时间上限制了探究有风险、长周期的学术问题的自由;"党政领导决策"限制了学者按照学术发展需要管理学术事务的自由。

在大学、政府与市场的关系上,以课题支持为例,政府主要通过课题评价和晋升机制,同时通过纵向课题和晋升评估,操控"职称"这一文化资本,保持对大学的控制。市场通过横向课题提供经济资本,对大学产生影响。政府对大学的影响力更大,覆盖面更广。但在两者的影响下,受访大学教师认为应保持大学的相对独立,遵循学术自身的价值和规律,以免沦为经济和政治的工具。

第五章 成为学者：变革、坚守与不确定的未来

与其他职业相比，大学教师从事学术工作需要较长期的知识储备和专业训练，但同时也享有较高的社会声望和文化资本。这个职业的从业者们或是出于学术工作外在物质环境的考量，或是对内在职业特征的考虑，从而选择从事学术工作。他们对学术工作有着自己的理解和设想，希望享受学术工作带来的乐趣和满足感。同时，管理制度和一系列改革对学术工作提出了一系列要求，例如，聘任变革使得学术工作的稳定性减弱，工资报酬中绩效比例增加，考核和晋升评价关注表现性评价指标。大学之间和教师之间既要求合作又强调仿市场竞争。在这样的个人理想与制度要求之间，矛盾和张力普遍存在。

大学教师是以知识的探究、传递和创新为己任的群体。每一位大学教师个体的境遇和理解都有其独特性，他们或者调整自己的期待和应对策略来附应（附和与顺从的意思）管理要求，或者坚持理想，付出代价被孤立于主流群体，或者无法适应管理要求面临离职。这些应对策略型构了学术工作的日常实践。大学教师对学术工作的感知受到大学、学科、职称、职位等因素的影响，对学术工作管理制度的阐释形成了相关的议论和批判，一些"教授会"和"委员会"制度给一部分人提供了正式的发声渠道，不同的亚群体在学术管理事务中的声音强弱有差异。

第一节 中国情境中的学术观

Boyer(1990)曾提出"拓展的学术观"，即包括发现、教学、应用和整合的四种学术的观点。两所大学的受访教师对"发现的学术"及其成就感有很强的认可。这种发现的学术在不同的学科领域，根据其研究对象的不同，又由多种旨趣所驱动，以自然世界

为认知对象的理工学科,多由技术认知旨趣驱动,而以社会世界为认知对象的文科和商科,多出于实践认知旨趣进行研究。"作为经验性活动的教学"给受访者带来很多积极的工作体验,包括以"教"为中心的乐趣和以"学"为中心的乐趣。但将教学的知识作为一种可交流、可研究、可共享的"教学学术"进行探索(Shulman,2000),还处于萌芽状态,并没有得到老师们的普遍认可。正如国内一批学者(张应强,2010;昌晓莉,2011等)所主张的观点,中国大学教师的"教学学术"观以及探究教学学术的能力亟需加强,并应在职前和职后两个阶段加强教学学术能力的培养。"应用的学术"在不同的学科和研究方向,重视程度不尽相同。在中国的语境下,工科(如信息和化学)的"应用学术"得到市场资金以横向课题的形式获得支持。而在一些社会学科,如教育和经济,老师们对"应用学术"的认可程度存在差异。"整合的学术"在中国大学中最不受重视,本研究中的大学教师甚至没有人提及。

涉及不同学术工作之间的关系,中国大学教师普遍接受和认可 Humboldt(1809)和 Boyer(1990)等人关于教学和科研相互促进的观点。并在个人的工作实践中能体会到两者的相互促进作用。但由于时间和精力的限制,特别是在学术工作的回报和评价机制中,相对于其他工作,科研工作所得到的回报和激励明显较高,因此,大学教师群体中出现了增加科研工作时间的趋势。教学工作虽然让教师们体验到极大的成就和满足感,但老师们在管理要求之外也不愿意承担更多的教学任务,在课堂教学时间之外选择大量挤压教学准备时间。这对传统的教学与科研的联结带来危害(Marginson,1995)。正如 Glassick 等人(1997;2000)的观点,在操作上对所有的学术工作给予同等的回报和激励,是学术工作均衡发展的关键。

其中对于"服务"的理解,中西方的情境存在明显差异。根据 Neumann 和 Terosky(2008)的划分,服务工作可以划分成为"机构、学科和社会的服务"三类。而在本研究中的两所中国大学,重视和强调"为机构的服务"。"为学科的服务"不被纳入管理要求,虽然没有物质上的回报和认可,但因为可以建立学者的学术声望,大学老师也愿意参与其中。"对社会的服务"在西方的讨论中是一种无偿性、公益性的活动(Antonio et al.,2000)。而在当下的中国高校,老师们将"横向研究"和"政策咨询"归为社会服务,这同徐岚和卢乃桂(2012)的研究发现相似,无偿的服务工作只停留在理念当中,本研究中的大学老师很少有无偿服务社会的行动,处于自发自觉的状态。

再具体分析"为机构的服务"的工作。西方大学"为机构服务"的理念强调大学教师并不仅仅是被聘用的人员,同时也是大学事务的决策者和管理者(Thompson et al.,

2005；Tight，2002）。但在中国大学的情境中，根据主体以及为机构服务的具体内容，为机构服务也有三种类型，一种是担任"管理职务"（如校长、处长、院长等）的老师，他们的"服务"是指参与学术事务的管理和决策，并且通过减免教学工作量、折算工作量、岗位津贴等方式，他们的这种"管理服务"得到回报。第二种是担任"行政职务"（如科研秘书、院长助理、辅导员等）的老师，他们没有管理权，做一些非学术性、非管理性的辅助工作，也以津贴等形式得到回报。第三种是普通大学教师，他们承担自上而下分派的非学术性的"行政杂务"，这些工作没有显性回报，多以"好人缘"、"有奉献精神"、"在晋升中给予照顾"等隐性方式获得回报。对这三种类型的"机构服务"分析后可以发现，担任管理职务的老师，他们的服务可以体现出参与学术事务决策和管理的理念。但另外两类教师，他们承担的非学术性"行政杂务"既无助于他们融入学术工作的管理，还侵蚀学术工作时间，完全可以另外聘请"教辅人员"承担。

结合以上对服务工作的分析，西方的服务理念同中国大学教师的"服务"实践出现了明显的错位。中国大学的管理要求以"服务"为名，实际上要求有管理职位者进行"学术管理"工作，无管理职位者则承担"行政杂务"。"横向研究"的归类存在分歧，部分大学老师认为它属于"科研"，部分将其归为"社会服务"。从中国大学管理的现实情境中来分析，叶赋桂（2005）将"管理"和"社会服务"区分开来的观点能够有助于厘清中国学术工作的现状。理论分类应同大学教师的理解、大学管理要求进行统合，形成一致的理念和分类。不同于西方服务工作中学者有相对的自主空间（Demb & Wade，2012），中国大学教师进行学术管理或承担行政杂务的工作，则是自上而下的行政命令，在所有工作中占据优先性。甚至个人的科研计划也要让位于学术管理和行政杂务，这也是由中国独特的行政管理文化所决定的。

第二节　新公共管理对大学教师工作的影响

中国学术工作的管理中体现了一些新公共管理的理念，主要反映在聘任制改革、绩效评估、本科教学评估等管理体系中，强调经济、效能和效率的一些话语成为大学管理的主流论述，但受访的大学教师并不完全认同这些管理理念，认为结合学术工作自身的特点，这些管理理念在运用中应加以调整和限制。

其一，大学教师之间、大学之间的"仿市场的竞争"（Grand & Bartlett，1993；Olssen，2002）的确激发了学术工作的积极性，从一些量化指标看来，也提高了学术工作的效率,但必须与"对弱势大学和教师的支持"相互协调和补足。通过聘任和晋升的竞争,本研究中 A、B 两所大学在聘任制改革的力度上存在差异,A 校的聘任形式更加灵活,对聘期考核不合格的老师进行降格或转岗。B 校在竞争中人事改革缓慢,面临人才流失、不合格人员滞留等问题。在这样的人才竞争中,B 校处于劣势。教师之间的"仿市场竞争"主要体现在晋升机会、绩效工资和学生评教等方面,特别是机构内部的大学教师,既要顺应课题管理的要求寻求合作,又面临合作者之间必然存在的竞争,从而影响知识的传播和共享(Shibayama et al.,2012;Festre,2010)。而将学生视为"消费者",通过学生评教来实现的教师之间的仿市场竞争,忽视了教师的知识优势,造成了教师降低学术要求,迎合学生需要的不良现象,如 Marginson(1995)等学者所言,忽视了教学关系的独特性。

但"仿市场竞争"理念在运用时,同真正的"市场竞争"存在区别,市场竞争的目的是淘汰不适合市场需求的竞争者,但大学之间的竞争并不以"让弱势大学倒闭或消失"作为最终目的,大学教师之间的竞争也不是以"辞退不能满足产出指标的教师"为目标。而是在通过这样的"仿市场竞争"适当激励大学和教师学术工作的发展。因此,本研究认为"仿市场的竞争"必须与"对弱势大学及教师的支持"相互协调和补充,竞争结果不应该直接决定大学资金的拨付。Waitere(2011)等一批学者提出的"建立在成果基础上的资助"在学术工作的管理中并不可行。

其二,基于表现指标的量化评估加强了政府以及大学管理人员对学术工作的远程监管。但并不利于学术多元价值以及创新性的实现。通过聘期考评、晋升、本科教学评估等评估体系,表现性指标向大学教师施加多种学术责任。教学方面包括课堂教学、指导研究生。科研方面包括论文发表、承担课题、获得奖项等。服务方面又有庞杂的、与学术工作无关的、对于机构的服务要求。但三个方面相比较而言,对于科研方面的要求最为明确,在考核和晋升中的难度最大。通过这个体系,多元价值的学术工作被数学化、标准化、等级化成为一个可比较的体系,这的确实现了对大学教师学术工作的远程监管(Neave & van Vught,1991)。但受访者们指出,"表现性指标"无法兼顾学科、研究领域甚至单个研究的多元价值,不同学科、研究领域甚至研究,都有其独特的价值,相互之间无法比较和排序。指标分类体系不能反映最近的学科发展趋势(如期刊质量的变化),甚至成为制约学术工作发展的阻碍。频繁的表现性评价使得长周期、高风险的研究被边缘化,不利于学术创新的实现。同 Hou(2012)等学者的观点相同,研究者也认为,表现性量化评估制约了学术工作的多样性和创新性。

其三,多元化经费来源使部分大学和学科的发展获得了更多的支持,但同时也对大学教师的工作增添了筹集经费的负担,学术工作出于获得经费支持的目的,迎合政府和市场的需求,自主性受损。对于大学教师来讲,多元化经费来源迫使他们不仅要承担学术工作的责任,还需要自行筹集科研经费。从"国家拨付科研经费的状态"转变为,通过申请政府机构的"纵向课题"或获得由企业资助的"横向课题"来获取科研经费。筹集经费成为大学教师另一项重要的责任。申请各种科研项目甚至成为中国大学教师工作中的重要内容,这占用了他们大量的工作时间。在申请课题经费的过程中,正如Loyotard(1984)所言,学术的问题不再是"它是否是真的",而是"它是否可以卖?它是否有效?"的问题在中国纵向课题管理的情形下,还加入了"它是否是政府关注的热点?"这样的考虑。学术工作的自主性受到威胁。

最后,大学、政府与市场的关系方面,新公共管理理念的引入,对我国传统上政府对大学的直接控制产生了影响。政府转移了一部分为大学提供经费支持的责任,对大学的影响也从"直接控制"部分转为通过"表现性指标评估问责"、"竞争性经费分配"进行"远程调控",试图成为Williams(1995)提出的仲裁者(Referee)。同时,依然通过对"重要管理职位和职称"等资源的直接控制,对大学保持强有力的影响。市场中的企业和经费则通过"产、学、研"结合,以及"横向研究"资助等方式开始对大学中一些学科领域的学术工作产生作用。相较于市场的影响力,政府对大学的影响力依然根深蒂固。在Clark(1983)提出的三角中,中国大学依然最接近政府一角。以课题支持为例,政府主要通过纵向课题和晋升评估,操控"职称"这一文化资本,保持对大学的控制。市场通过横向课题提供经济资本,对大学产生影响。政府对大学的影响力更大,覆盖面更广。但在两者的共同影响下,受访大学教师普遍认为应保持大学的相对独立,遵循学术自身的价值和规律,而非政府和市场的规律。也就是Harbermars(1987)所提出的,以影响力和价值观来实现驱动,而非通过权力和金钱来进行驱动。

第三节 学术工作的感知、内涵与执行

本研究基于文献综述提出的概念框架,提出了学术工作的感知、内涵、执行可能包含的内容以及存在的关系。通过实证研究,研究者认为在中国两所个案大学学术工作的情境中,三者的内涵以及强调的重点都有其独特性,三者之间作用的方向和强弱关系也更加明确。基于本研究所见,得到修正后的概念框架(见图2)。

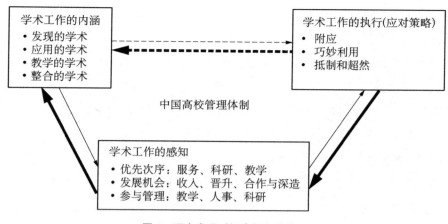

图 2　研究发现对概念框架的修正

本研究的受访者对学术工作内涵的理解表明：发现的学术地位最高，应用的学术次之，教学的学术只产生了萌芽，整合的学术很少被提及。发现的学术较多存在于理论研究、纵向研究之中。应用的学术较多存在于横向课题中，工科较为重视，社会学科对其形式和价值存在争议。教学活动作为一种经验性的活动，能为大学教师带来较多积极的工作体验，但很少作为一种学术活动，将教学知识进行积累、传播和批判。应用的学术可能只在一些跨学科研究机构内存在，本研究中受访的教师没有相关的探索。

两所案例大学的受访教师，在学术工作执行中衍生了三种应对策略，最为普遍的是"附应"和"巧妙利用"，少部分"抵制和超然"于制度要求。因为缺少学术管理的发声权和决策权，受访者们普遍认为变革的可能性很小。而抵制和超然也使老师们付出巨大的心理和发展代价，晋升无望、工资微薄、牺牲个人时间、被边缘化等等。

学术工作的感知调节内涵和执行。首先，受访者感受到学术工作的优先次序是：以"服务"为名的"行政杂务"和"行政管理"因为是自上而下以行政命令方式下达的，因此最为优先。"科研"工作对教师个人发展最为重要，大量挤占私人时间。"教学"工作中，课堂最低教学时间得到保证，但课堂以外的准备时间被大量挤压。其次，大学教师的发展机会中，待遇普遍偏低，且群体内部差距过大。晋升机会受到政府指标的严格控制，且在重点高校、优势学科、低年龄群体中，晋升竞争更加激烈。重点高校教师普遍通过团队合作的方式促进个人发展，另一所普通高校教师更需要资源支持、专业交流和深造来促进个人专业发展。最后，大学教师在学术管理中的发声权和参与权在教学、人事和科研三方面依次减弱。职位和职称决定了大学教师个人在学术管理中的参与度。

三者之间的关系中，首先，最普遍存在的是图2中的粗线箭头：学术工作的执行影响感知，再影响内涵。学术工作的执行过程中，大学教师对管理要求的解读形成"附应和巧妙利用"的应对策略，调整工作优先次序、寻找适合的发展机会和空间、参与管理时声称支持管理要求的理念和话语体系。这样的长期的感知调节，再作用于个人对学术工作内涵的理解，改变着大学教师对学术工作应然状态的理解。其次，较少存在的是上图中的细线箭头：对学术工作内涵的理解，影响感知，再影响执行。大学教师对学术工作应该是什么，应该怎样理解，影响着他们对学术工作的感知，教师依据自己的理解来决定工作优先次序，探求学术发展，参与学术管理时表达自己对学术工作应该怎么样的观点。这样的感知影响学术工作的执行，他们对管理要求有自己独特的解读，并不完全认可管理要求的理念。对那些他们不认可的管理要求，大学教师选择"抵制和超然"，同时付出了巨大的心理和物质代价。最后，内涵和执行之间，通过感知的直接调节，也存在间接的相互影响。同样的，执行的间接作用力也更强。总体来讲，相对于学者群体的能动性，以大学行政力量推行的管理要求有更强的作用力。在大多数大学教师的学术工作中，这些影响方式同时存在，感知努力维系着内涵与执行的动态平衡。

在学术工作感知的调节作用中，大学、学科、职称和管理职位对感知有重要的影响作用。前文中西方的研究关注了大学、学科和职称的作用（Hermanowicz, 2009; Washburn, 2005; Bentley & Kyvik, 2012）。同西方相似，大学类型的影响作用体现在聘任制改革的方式、工作时间的分配、学者群体的权力、获得科研资助的能力等方面。学科的影响作用体现在获得不同课题资助的可能性、教学与科研结合的可能性、学科发展的程度（期刊的规范化、发表成果的难易、晋升的难易）等方面。职称的影响作用体现在学术管理中的发声权、学术工作时间安排中的自主性、晋升的难度、获得资助的可能性等方面。同西方研究不同，本研究凸显出中国学术工作的独特之处在于"管理职位"对学术工作感知的影响。管理职位不仅能够减免学术工作量，还能够参与学术管理决策，在获得科研资助和科研奖励过程中，通过"关系"获得优先性。因此，一些大学教师将"获得管理职位"作为推进职业发展的途径。

第四节 学者的应对策略

受访者在面临理想和现实的差异时,采取多种策略进行应对管理要求。与西方研究中出现的"双账本"(Bennich-Bjorkman, 2007)、"多重语言体系"(Gewirtz, 1995)和"玩一场游戏"(Hoecht, 2006)不同。中国大学教师大部分"附应"和"巧妙利用"于制度规则,这样的附应和巧妙利用,其中一部分有利于学术工作的发展,大学教师充分发挥其能动性,获取各种专业发展的资源和机会,例如加入团队、对学术工作投入更多的时间和精力、争取深造和交流机会等等,这些策略有助于实现学术工作管理政策的一些目标,能够激发教师活力、提高学术工作效率。但同时也衍生出一部分不利于学术工作发展的行为,如一稿多投、拼凑文章、减少教学投入、合并班级等等。这些策略扭曲了政策设计的原初目标,甚至阻碍了学术工作的良性发展。需要通过更加完善的制度设计来防止这些消极策略。少部分坚持个人信念,"抵制"外在的制度要求,但必须牺牲晋升机会和经济收入。极个别"超然"于制度之外的学者,主动将自己隔离,付出巨大的心理代价。国外学术讨论中关于"变革"的应对策略(Berger, 2008),在中国的情境中难以存在,只有两位老师谈及了"变革",但因预计到成功的可能性,变革的计划还是被搁浅。

在内涵、执行和感知的平衡中,"管理"是关键。"感知"中有参与管理的方面。通过大学教师参与管理,获得发声权和决策权,将他们对学术工作的理解同管理要求之间、大学教师之间,形成充分的理解和沟通,达致 Habermas(1990)所言的"沟通理性",避免"工具理性"的操控。变革大学教师们不赞同、不认可的管理要求,形成有利于学术工作发展的管理制度。避免"附应"和"巧妙利用"的策略衍生出不良工作方式侵蚀学术文化。也避免"抵制和超然"让大学教师付出心理和物质代价,减弱学术工作的吸引力。

受访大学教师普遍认为"变革"这一策略实现的可能性很小。因为他们参与学术管理咨询和决策的机会不多。但大学教师普遍有这样的意愿,希望通过参与咨询和决策来获得公平和重视。这同一部分西方学者的观点相同(Linda & Vicki, 2002)。但问题在于,我国大学教师最为关心的晋升决策,参与范围小。在他们认为不用广泛参与的决策上,例如"优秀学生论文、讨论党员入党"等等,学者认为效率低下,浪费时间。"委员会"制度无法达致学者对学术事务的管理和决策,这并不是中国独有的现象,澳大利亚的学者也遇到相似的情况(Anderson et al.,2002)。问题的关键在于使管理者退出委员会,委员会的成员由大学教师选出,大学教师关心的学术事务交由委员会来处理。

本研究发现,两所案例大学中,只有个别"杰出学者"能够如 Bauer(1999)所言,能够在达到学术管理的外在要求之后,主动实现自由。大部分受访大学教师的观点同 Henkel(2005)等学者的研究结论相似,学术自由受到严重侵害。在中国的情境中,纵向项目管理限制了学者按自己兴趣选择研究问题的自由;考核和评估制度从时间上限制了探究有风险、长周期的学术问题的自由;"党政领导决策"限制了学者按照学术发展需要管理学术事务的自由。研究者也认为,中国大学教师争取学术自由的关键是凝聚"学术共同体"的力量(阎光才,2011;杨移贻,2010),通过建立强有力的专业组织、强化同行评议机制、建立起人才流动机制、完善教授会制度,从而脱离机构中行政权力的束缚,彰显"学术人"和"学术共同体"的力量。

第五节 学术工作的未来发展

本研究置于聘任制改革的背景之下,但在研究过程中,与学术工作相关的其他一些管理政策也从受访者的议论中浮现出来,凸显出它们对学术工作发展的重要影响。

一、聘任制改革

大学教师聘任制改革由来已久,但却一直进退维谷。本研究认为:首先,聘任制改革中,对一部分学术能力获得认可的大学教师,应该给以稳定的工作保障,减少评估的干预,实行长聘期或终身制。本研究在探究大学教师选择学术工作的初衷之时,很多受访者是受到学术工作稳定性的吸引而选择这一职业,因此,如果对所有的大学教师都实行短聘期制,会减少学术工作对优秀人才的吸引力,限制学术工作的自由发展,在执行中也会流于形式,困难重重。

其次,对于学术工作能力有待确定的青年教师,采用短聘期制度,适当采用"非升即走"策略刺激流动,减少晋升压力。同时,在工资报酬和工作发展机会上给予更多的支持,形成对学术工作有基本保障的报酬体系。本研究中的青年教师虽然有聘用合同,但一经聘任,很难被解聘或流动,同时基本工资待遇不高。这无法实现聘任制改革优化配置人力资源、解决机构臃肿弊病的初衷。"编制"、"户籍"等相关的制度都对解聘和流动形成阻碍。鼓励青年教师通过流动来获得晋升,减少重点大学的晋升压力,也使地方普通大学通过"给予更高的职位"来吸引一部分人才,增加自身竞争力。这样的学术流动,也能够减少学者对于机构(大学)的依赖,减少机构管理对学科发展的影响,增加学科对学者的影响力。促进大学教师从"单位人"到"学术人"的转变。

其三,对当前不能胜任学术工作要求的大学教师,应给予更多的工作发展支持,促使其通过继续深造等方式获得发展。无法继续发展的老师可以通过转岗等方式进行安置。"老讲师"和"老副教授"在中国的高校,特别是B校这样的地方高校中占据一定的比例,他们的知识更新和学历水平都无法适应和胜任学术工作的管理要求,学术工作效率不高,个人也无法从工作中获得成就和满足。如果不提供专业发展支持或合理的退出机制,会对大学带来巨大的人事负担,且阻碍学术工作的发展。

最后,对大学中的教学辅助人员严格实行编制外聘任,保证行政工作对学术工作的支持。本研究中,普通大学教师以"服务"工作为名,承担了大量的行政杂务。这些行政杂务一部分可以由教学辅助人员来承担。对教辅人员进行编制外聘任,有助于按照学术工作发展的需要灵活调整教辅人员的工作,一方面减轻大学的人事负担,另一方面把大学教师从大量的与学术无关的"行政杂务"中解脱出来,投身于学术性工作。

二、大学教师考评政策

无论是晋升考评、年度考评、学生评教还是本科教学评估,对大学教师的考评都广泛采用了"表现性评价的理念"。基于上文对"表现性评价"局限性的分析。研究者认为,相关的考评政策可以考虑从以下几个方面进行改善,第一,评价的主体应该从机构的行政管理者,逐渐转变为各自学科领域,跨机构甚至跨国界的学者。本研究发现,大学教师对评价指标的质疑集中在:它无法体现各个学科的发展特点和最近发现趋势。将指标交由学科内部的学者来制订,可以遵循各学科的差异和自身发展特点,评价的过程甚至成为促进学术交流的一种方式,评价指标也可以根据学科最新的发展趋势予以及时调整,减少指标"滞后"带来的阻碍。

第二,评价结果的使用应该弱化与"物质回报、面子、晋升机会"的联系,减少评价结果带来的风险。本研究发现,评价结果的高风险性,使部分大学教师衍生出一些不利于学术工作的行为,如一稿多投、侵占学生成果等等。评价结果应用于促进和帮助学术工作的发展,而不是资源分配的依据。因为学术工作中的"仿市场竞争"同真正的"市场竞争"有较大的区别。学术工作有其自身发展的年龄规律、学科差异以及大学特色。学术工作中的"仿市场竞争",其最终目的并不是淘汰当下没有竞争力的个人、学科和大学。因此,大量的资源如果都基于表现性评价结果而进行分配,会导致前文发现的"内部收入差距过大、弱势大学、学科、学者的发展得不到基本支持"等问题,不利于学术工作的长远发展。

第三,弱化"结果性评价",通过"同行评议",强调"发展性和诊断性评价"。单一的量化指标无法承载和体现学术工作的多元价值。不同学科、不同领域,甚至每一项学术工作的价值都具有其独特价值。如何针对每一项学术工作,提出发展性的建议,从而促进个体对学术工作过程的反思,协同个体推进学术工作的发展,应该是学术工作评价的目标之一。在学术评价管理中,更多地采用"同行评议"的方式,给予发展性和诊断性的评估,这不仅有利于个人的学术发展,也改善了本研究中发现的大学教师在科研管理中的参与权和发声权较弱的现象。增加学者参与学术工作管理的体验,增强其满意感。

三、教授会制度

本研究发现,大学教师参与学术工作管理,是调节学术工作理想和执行之间张力的关键。教授会管理制度为大学教师参与学术工作的管理提供了一个渠道,为大学教师在学术工作管理中的参与和发声提供了制度保障。但当前教授会管理制度在各个大学都处于探索阶段。本研究中的两所大学,教授会管理的效果很大程度上决定于机构主要管理者个人的管理风格,管理者个人是否广泛征集和倾听教授会成员的意见,以及在多大程度上根据教授会的决议进行管理,直接决定了教授会制度的实施效果。因此,应明确和厘定教授会权力同行政权力之间的关系,实现相互独立和监督。

此外,教授会在教学事务中有较大的决策权,而在科研和人事事务中,权力较弱。名目繁多的教授会在成员、职责、权限方面模糊不清。应明确教授会成员的产生机制、各种委员会的权力范围。保障大学教师的感知同学术管理要求之间有畅通的沟通渠道,达致沟通理性,实现内涵、执行和感知之间的顺利整合。

参考文献

Altbach, P. G. (1996). *The International Academic Profession: Portraits of Fourteen Countries. Special Report.* San Francisco: Jossey-Bass.

Altbach, P. G. (2000). *The changing academic workplace: Comparative perspectives:* Boston College Center for International Higher Education.

Amaral, A., Meek, V. L., & Larsen, I. M. (Eds.). (2003). *The higher education managerial revolution.* Dordrecht, The Netherlands: Kluwer Academic.

Anderson, D., Johnson, R., & Saha, L. (2002). *Changes in academic work: Implications for universities of the changing age, distributions and work roles of academic staff.* Canberra: Department of Education, Science and Training.

Anderson, G. (1998). *Fundamentals of educational research* (2nd.). London: Falmer Press.

Antonio, A. L., Astin, H., & Cress, C. M. (2000). Community service in higher education: A look at the nation's faculty. *Review of Higher Education*, 23(4), 373-397.

Australian Qualifications Framework implementation handbook. (2007). Australian Qualifications Framework Advisory Board.

Bank, W. (1994). *Higher Education: The Lessons of Experience.* Washington, DC: World Bank.

Barnett, B. (1992,). Teaching and research are inescapably incompatible. *Chronicle of Higher Education*(June 3), A40.

Bellas, M., & Toutkoushian, R. (1999). Faculty time allocations and research productivity: Gender, race, and family effects. *Review of Higher Education*, 22(4), 367-390.

Bentley, P. J., & Kyvik, S. (2012). Academic work from a comparative perspective: a survey of faculty working time across 13 countries. *Higher Education*(63), 529-547.

Berkenkotter, C. The power and the perils of peer review. *Rhetoric Review*, 1995, 13(2): 245-248.

Blackburn, R., & Lawrence, J. (1995). *Faculty at work.* Baltimore: Johns Hopkins University Press.

Bowen, H. R., & Schuster, J. H. (1986). *American professors: A national resource imperiled.* New York: Oxford University Press.

Boyer, E. L. (1990). *Scholarship reconsidered: Priorities for the Professoriate* Princeton, NJ: The Carnegie Foundation the Advancement of Teaching.

Boyer, E. L., Altbach, P. G., & Whitelaw, M. J. (1994). *The academic profession:* Carnegie Foundation for the Advancement of Teaching.

Braskamp, L., & Ory, J. (1994). *Assessing faculty work: Enhancing Individual and Institutional Performance.* San Francisco: Jossey-Bass.

Braxton, J., Luckey, W., & Holland, P. (2002). *Institutionalizing a broader view of scholarship through Boyer's four domanins,* ASHE-ERIC Higher Edcuation Report. San Francisco: Josser-Bass.

Brew, A., & Weir, J. (2004). *Teaching-research nexus benchmarking project: the university of Sydney and Monash University.* Sydney, NSW: Institute for Teaching and Learning, University of Sydney.

Brew, S. (2006). *Research and teaching: beyond the divide.* New York: Palgrave Macmillan.

Bruno, I. (2009). The "indefinite discipline" of competitiveness benchmarking as a neoliberal technology of government. *Minerva*(47), 261-280.

Burgan, M. (1998). Academic citizenship: A fading vision. *Liberal Education*, 84(4), 16-21.

Burke, J. (Ed.). (2005). *Achieving accountability in higher education: Balancing public, academic and market demands.* San Francisco: Jossey Bass.

Carlson, P., & Fleisher, M. (2002). Shifting realities in higher education: Today's business model threatens our academic excellence. *International Journal of Public Administration*, 25(9-10), 1097-1111.

Cavalli, A., & Moscati, R. (2010). Academic systems and professional conditions in five European countries. *European Review*, 18(suppl 1), S35-S53.

Cerych, L., & Sabatier, P. (Eds.). (1992). *Reforms and higher ecuation: Implementation.* Oxford: Pergamon press.

Chen, X. (2003). The academic profession in China. *The Decline of the Guru: The Academic Profession in Developing and Middle-Income Countries,* Palgrave-Macmillan, New York, 107-135.

Clark, B. R. (1983). *The higher education system: academic organization in cross-national perspective.* Berkeley, Calif.: University of California Press.

Clark, B. R. (1987). *The Academic Life: Small Worlds, Different Worlds.* Princeton: The Carnegier Foundation for the Advancement of Teaching.

Clarke, J., & Newman, J. (1997). *The managerial state: power politics and ideology in the remaining of social welfare.* London: Sage.

Clarke, J., Gewirtz, S., & McLaughlin, E. (2000). *New managerialism, new welfare.* London: Sage.

Coates, H., & Goedegebuure, L. (2012). Recasting the academic workforce: why the attractiveness of the academic profession needs to be increased and eight possible strategies for how to go about this from an Australian perspective. *Higher Education*, 64(6), 875-889.

Cole, S. (2001). Why sociology doesn't make progress like the natural sciences. In S. Cole (Ed.), *What's Wrong with sociology?* (pp. 7 - 37). New Brunswich, NJ: Transactio Publishers.

Collins, R. (2001). Why the social sciences won't become highe-consensus, rapid-discovery science. In S. Cole (Ed.), *What's Wrong with sociology?* (pp. 38 - 61). New Brunswich, NJ: Transactio Publishers.

Court, S. (1998). Academic tenure and employment in the UK. *Sociological Perspectives*, 41(4), 767 - 774.

Cranton, P. (2011). A transformative perspective on the Scholarship of Teaching and Learning. *Higher Education Research & Development*, 30(1), 75 - 86.

Davies, A., & Kirkpatrick, I. (1995). Performance indicators, bureaucratic control and the decline of professional autonomy: The cases of academic librarians. In I. Kirkpatrick & M. Martinez-Lucio (Eds.), *The Politics of Quality in the Public sector* (pp. 84 - 107). London: Routledge.

Dee, J., R., Henkin, A. B., & Chen, J. H. (2000). Faculty Autonomy: Perspectives from Taiwan. *Higher Educaiton*, 40(2), 203 - 216.

Deem, R. (2001). Managing UK universities — manager-academics and new managerialism [Electronic Version]. *Academic Leadership*, 1, 1 - 18, from www.academicleadership.org/volume1/issue3/index.html

Deem, R. (1998). New managerialism and higher education: the management of performances and cultures in universities in the United Kingdom. *International Studies in Sociology of Education*, 8(1), 47 - 70.

Demb, A., & Wade, A. (2012). Reality check: Faculty involvement in outreach & engagement. *The Journal of Higher Educaiton*, 83(3), 337 - 366.

Denzin, N. K., & Lincoln, Y. S. (Eds.). (1994). *Handbook of qualitative research.*. Thousnad Oaks: Sage.

Diamon, R. M. (2005). Scholarship Reconsidered: Barriers to Change. In K. O'Meara & R. E. Rice (Eds.), *Faculty Priorities Reconsidered: Rewarding multiple forms of scholarship* (pp. 56 - 59). San Francisco, CA: Jossey-Bass.

Diamond, R. M. (1993). *Aligning faculty rewards with institutional mission*. Bolton, MA: Anker.

Eble, K. (1976). *The craft of teaching*. New York: Jossey-Bass.

ECU. (2009). *Equality in higher education: Statistical report 2009*. London: Equality Challenge Unit.

Ehrenberg, R. G., McGraw, M., & Mrdjenoveic, J. (2005). *Why do field differentials in average faculty salaries vary across universities*. Ithaca: Cornell higher education research institute.

Enders, J., & Teichler, U. (1997). A victim of their own success? Employment and working conditions of academic staff in comparative perspective. *Higher Education*, 34(3), 347 - 372.

Enders, J., & Weert, E. D. (2004). Science, training and career: changing modes of knowledge production and labor markets. *Higher Education Policy*, 17(2),135-152.

Evans, G. (1999). *Calling academia to account.*. Buckingham UK: SRHE/Open University Press.

Fairweather, J. S. (1993). Academic values and faculty rewards. *Review of Higher Educaiton*, 17(1),43-68.

Fairweather, J. S. (1996). *Faculty work and public trust: Restoring the value of teaching and public service in American academic life*. Boston: Allyn and Bacon.

Fanghanel, J. (2012). *Being an academic: the realities of practice in a changing world*. London and New York: Routledge.

Festre, A. (2010). Incentives and Social Norms: A motivation-based economic analysis of social norms. *Journal of Economic Surveys*, 24(3),511-538.

Finkelstein, M. (2010). Diversification in the Academic workforce: the case of the US and implications for Europe. *European Review*, 18(1), s141-s156.

Flexner, A. (1930). *Universities: American, English, German*. New York: Oxford University Press.

Fox, M. F. (1992). Research, teaching, and publication productivity: Mutuality versus competition in academia. *Sociology of Education*, 65(4),293-305.

Fulton, O. (2002). Higher education governance in the UK: change and continuity. In A. Amaral, G. Jones & B. Karseth (Eds.), *Governing Higher Education: National Perspectives on Institutional Governance*(pp. 187-211). Kordrecht: Kluwer.

Geuna, A. , & Frederica, R. (2011). Changes to University IPR Regulations in Europe and the Impact on Academic Patenting. *Research Policy*, 40(8),1068-1076.

Glaser, B. , & Strauss, A. (1967). *The discovery of grouned theory: Strategies for qualitative research*. Chicago: Aldine.

Glassick, C. E. (2000). Reconsidering scholarship. *Journal of Public Health Management and Practice*, 6(1),4-9.

Glassick, C. E. , Huber, M. T. , & Maeroff, G. I. (1997). *Scholarship Assessed: Evaluation of the Professoriate*. San Francisco: Jossey Bass.

Glazer-Raymo, J. (2008). The feminist agenda. In J. Glazer-Raymo (Ed.), *Unfinished agendas: New and continuing gender challenges in higher education*. Baltimore: Johns Hopkins University Press.

Goedegebuure, L. a. v. V. , F. (1996). 'Comparative higher education studies: The, & perspective from the policy sciences', H. E. , 371-394.

Gornall, L. , & Salisbury, J. (2012). Compulsive working, "hyperprofessionality" and the unseen pleasures of academic work. *Higher education quarterly*, 66(2),135-154.

Griggs, L. (2005). Comment: the integration of teaching and research in higher education. *HERDSA News*, 25(3),1-3.

Habermas, J. (1972). *Knowledge and human interests*. London: Heinemann.

Habermas, J. (1972) *Knowledge and Human Interests*. Boston: Beacon Press.

Habermas, J. (1990) *Moral Consciousness and Communicative Action*. translated by Christian

Lenhardt and Shierry Weber Nicholsen. Cambridge, Mass.: MIT Press.

Hackett, E. J. (1990). Science as a vocation in the 1990s: The changing organizational culture of academic sicence. *Journal of Higher Educaiton*, 61(3), 241-279.

Hall, R. H. (1968). Professionalization and Bureaucratization. *American Sociological Review*, 33(1), 92-104.

Halstead, M. (1994). Accountability and values. In D. Scott (Ed.), *Accountability and control in educational settings* (pp. 146-165). London: Cassell.

Handy, C. (1998). *The age of Unreason*. Boston: Harvard Business School Press.

Harbermas, J. (1987). *The Theory of Communicative Action. Volume 2: Lifeworld and System: A Critique of Functionalist Reason*. Boston: Beacon Press.

Hardy, I. (2010). Academic architectures: Academic perceptions of teaching conditions in an Australian University. *Studies in Higher Educaiton*, 35(4), 391-404.

Hattie, J., & Marsh, J., H. (1996). The relationship between research and teaching : A meta-analysis. *Review of Education Research*, 66(4), 507-542.

Healey, M. (2005). Linking research and teaching: exploring disciplinary spaces and the role of inquiry-based learning. In R. Barnett (Ed.), *Reshaping the university: new relationships between research, scholarship and teaching* (pp. 67-78). Bershire: Open University press.

Hearn, J. C., & Anderson, M. S. (2002). Conflict in academic departments: an analysis of disputes over faculty promotion and tenure. *Research in higher education*, 43(5), 503-529.

Henkel, M. (1997). Academic values and the university as corporate enterprise. *Higher Education Quarterly*, 51(2), 134-143.

Hermanowicz, J. C. (2009). *Lives in Science: How Institutions affect academic careers*. Chicago: University of Chicago Press.

Holton, S. A. (1995). It's nothing new! A history of conflict in higher education. *New directions higher education*, 92, 11-18.

Hoogvelt, A. (1997). *Globalisation and the Postcolonial World: the new political economy of development*. Basingstoke: Macmillan.

Hou, A. (2012). Mutual recognition of quality assurance decisions on higher education institutions in three regions: a lesson for Asia. *Higher Education*, 64(6), 911-926.

Hugo, G. (2005). Academia's own demographic time-bomb. *Australian Universities Review*, 48(1), 16-23.

Hugo, G. (2005). Demographic trends in Australia's Academic workforce. *Journal of higher education policy and management*, 27(3), 327-343.

Jacobson, R. L. (1992). Public-college officials struggle to respond to growing concern over faculty productivity. *Chronicle of Higher Education*, 39(12), A17-18.

Jenkins, A. (2004). *A guide to the research evidence on teaching-research relation*. Heslington, UK: TheHigher Education Academy.

Kennedy, D. (1997). *Academic duty*. Harvard: Harvard University Press.

Kerr, C. (2001). *The uses of the university*. Cambridge: Harvard University Press.

Kim, J. M., Mencken, F. C., & Woolcodk, M. (1998). Trends and future directions in the academic job market for Ph. D. s in sociology: A research note. *The American Sociologist*, 29(4),78-89.

Kogan, M., Moses, I., & EI-Khawas, E. (1994). *Staffing Higher Education: Meeting New Challenges*. London and Bristol: Jessica Kingsley Publishers/OECD.

Kuhn, T. S. (1970). *The structure of scientific revolutions*. Chicago: University of Chicago Press.

Kuzel, A. J. (1992). Sampling in qualitative inquiry. In B. F. Crabtree & W. L. Miller (Eds.), *Doing qualitatiive research* (pp. 31-44). Newsbury Park, CA: Sage.

Kwiek, M. (2003). Academe in transition: Transformations in the Polish academic profession. *Higher Education*, 45(4),455-476.

Lai, M. (2010 a). Challenges faced by Chinese academics in the academic heartland. *Journal of further and higher education*, 34(2),271-290.

Lai, M. (2010 b). Challenges to the Work life of Academics : The Experience of a Renowned University in the Chinese Mainland. *Higher Education Quarterly*, 64(1),89-111.

Lai, M., & Lo, L. N. K. (2007). The changing work lives of academics: the experience of a regional university in the Chinese mainland. *Higher Education Policy*, 20(2),145-167.

Lai, M., & Lo, L. N. K. (2011). Struggling to balance various stakeholders' perceptions: the work life of ideo-political education teachers in China. *Higher Education*, 62(3),333-349.

Le Grand, J., & Bartlett, W. (Eds.). (1993). *Quasi-markets and social policy*. London: Macmillan.

Lee, R. A., & Piper, J. A. (1988). Organisational Control, Differing Perspectives: The Management of Universities. *Financial Accountability and Management*, 4(2),113-128.

Leslie, D. W. (2002). Resolving the dispute: Teaching is academe's core value. *Journal of higher education policy and management*, 73(1), 49-73.

Light, D. (1974). Introduction: The Structure of the Academic Professions. *Sociology of Education*, 47(1),2-28.

Lincoln, Y. S. (1990). Toward a categorical imperative for qualitative research. In E. W. Eisner & A. Peshkin (Eds.), *Qualitative inquiry in education: The continuing debate*. New York: Teachers College, Columbia University.

Lincoln, Y. S. (1995). Emerging criteria for quality in qualitative and interpretive research. *Qualitative Inquiry*, 1(3),275-289.

Lincoln, Y. S., & Guba, E. G. (1985). *Natualistic Inquiry*. Bevely Hills: Sage.

Lofland. (1971). *Analyzing social settings: A gude to qualitative observation and analysis*. Belmont, CA: Wadsworth.

Lucas, L. (2007). Research and teaching woke within university education departments: fragmentation or integration?. *Journal of Further and Higher Education*, 31(1),17-29.

Lynton, E. A. (1995). *Making the case for professional service*. Washington. Washington DC: American Association for Higher Education.

Lyotard, J. F. (1984). *The Post-modern Condition: A Report on Knowledge*. Translated by G. Bessington and B. Massumi. Manchester: Manchester University Press.

Macfarlane, B. (2005). The disengaged academic: The retreat from citizenship. *Higher Education Quarterly*, *59*(4), 296-312.

Malcolm, J., & Aukas, M. (2009). Making a mess of academic work: Experience, perpose and identity. *Teaching in higher education*, *14*(5), 495-506.

Marginson, S. (1995). Markets in higher education: Australia. In J. Smyth (Ed.), *Academic work: The changing labour process in higher education*. Bristol: Society for Research into Higher Education & Open University Press.

Martensson, K., Roxa, T., & Olsson, T. (2011). Developing a quality culture through the scholarship of teaching and learning. *Higher Education Research & Development*, *30*(1), 51-62.

Maxwell, J. (1996). *Qualitative Research Design: An interactive approach*. Thousand Oaks: Sage.

Mcalpine, L. (2012). Academic work and careers: Relocation, relocation, relocation. *Higher education quarterly*, *66*(2), 174-188.

Meek, V. L., Goedegebuure, L., Kivinen, O., & Rinne, R. (1996). *The Mockers and Mocked: Comparative Perspectives on Differentiation, Convergence, and Diversity in Higher Education*. Oxford: Pergamon.

Merton, R. K. (1968). Science and democratic social structure. In R. K. Merton (Ed.), *Social Theory and Social Structure*. New York: The Free Press.

Meyer, L., H. (2012). Negotiating academic values, professiorial responsibilities and expectations for accountability in today's university. *Higher education quarterly*, *66*(2), 207-217.

Milem, J. F., Berger, J. B., & Dey, E., L. (2000). Faculty time allocation: a study of change over twenty years. *The Journal of Higher Education*, *71*(4), 454-475.

Miles, M. B., & Huberman, A. M. (1994). *Qualitative data analysis: an expaned sourcebook* (2ed.). Newbury Park: Sage.

Minor, J. (2004). Understanding faculty senates: Moving from mystery to models. *The Review of Higher Education*, *27*(3), 343-363.

Mishler, E. G. (1986). *Research interviewing: Context and narrative*. Cambridge, MA: Harvard University Press.

Misra, J., Lundquist, J., Holmes, E., & Agiomavritis, J. (2011). The ivory ceiling of service work. *Academe*, *97*(1), 22-28.

Misra, J., Lundquist, J., Holmes, E., & Agiomavritis, J. (2011). The ivory ceiling of service work. *Academe*, *97*(1), 2-28.

Moore, S. (2006). Answering Kentucky's five questions: The public agenda and accountability system guiding post-secondary reform in the commonwealth. In N. Shulock (Ed.), *Practitioners on making accountability work for the public* (pp. 17-24). San Francisco: Jossey Bass.

Morley, L. (2002). A comedy of manners: Quality and power in higher education. In P. Trowler (Ed.), *Higher education policy and institutional change: Intentions and outcomes in turbulent policy environments* (pp. 126 – 141). Buckingham: The Society for Research into Higher Education & Open University Press.

Morrison, J. (2008). Faculty governance and nontenure-track appointments. *New Directions for Higher Education*, 143, 21 – 27.

Morrison, J. (2008). Faculty governance and nontenure-track appointments. *New Directions for Higher Education*, 143, 21 – 27.

Naidoo, R., & Jamieson, I. (2005). Empowering participants or corroding learning? Towards a research agenda on the impact of student consumerism in higher education. *Journal of Education Policy*, 20(3), 267 – 281.

Neave, G., & Rhoades, G. (1987). The academic estate in Western Europe. In B. R. Clark (Ed.), *The Academic Profession: National Disciplinary, and Institutional Settings* (pp. 221 – 270). Berkeley, California: University of California Press.

Nettles, M., & Cole, J. (2001). A study in tension: State assessment and public colleges and uinversities. In D. Heller (Ed.), *The states and public higher education policy: Affordability, access and accountability* (pp. 198 – 218). Baltimore, MD: Johns Hopkins University Press.

Neumann, A. (2009). *Professing to learn: Greating tenured lives and careers in the American research university*. Baltimore: The Johns Hopkins University.

Neumann, A., & Terosky, A. (2007). To give and to receive: Recently tenured professors' experiences of service in major research universities. *Journal of higher education policy and management*, 78(3), 282 – 310.

Newman, J. H., & Yardley, M. (1931). *Select discourses from the idea of a university*. Cambridge: The University Press.

Newman, J. H. (2012). *The Idea of a University*. Beijing: China Renmin University Press.

Nybom, T. (2002). The von Humboldt legacy and the contemporary European university. In E. Decorte (Ed.), *Excellence in Higher Education* (pp. 17 – 32). Glasgow: Portland Press.

O'Meara, K. A. (1997). *Rewarding faculty professional service*. Boston: New England Resource Center for Higher Education.

O'Meara, K. A. (2002). Uncovering the values in faculty evaluation of service as scholarship. *The Review of Higher Education*, 26(1), 57 – 80.

O'Meara, K. A. (Ed.). (2005). *Effects of Encouraging Multiple Forms of Scholarship nationwide and across institutional types*. San Francisco, CA: Jossey-Bass.

O'Meara, K. A., & Rice, R. E. (Eds.). (2005). *Faculty priorities reconsidered, Rewarding multiple forms of scholarship*. San Francisco: Jossey-Bass.

OECD. (1998). *Redefining Tertiary Education*. Paris: OECD.

Olssen, M. (2002). *The neo-liberal appropriation of tertiary education policy in New Zealand: Accountability, research and academic freedom*. Palmerston North: New Zealand Association for Research in Education.

Patton, M. Q. (1990). *Qualitative evaluation and research methods*. Newbury Park: Sage.

Perkin, H. (1969). *Key profession: A history of the Association of University Teachers*.

London, UK: Routledge and Palmer.

Pestre, D. (2009). Understanding the forms of government in today's liberal and democratic societies: An introduction. *Minerva*, *47*(3), 243-260.

Popper, K. R. (1963). *Conjectures and Refutations: The growth of scientific knowledge.*. London: Routledge and Kegan Paul.

Porter, R. S. , & Umbach, P. D. (2001). Analyzing faculty workload data using multilevel modeling. *Research in Higher Education*, *42*(2), 171-196.

Porter, S. (2007). A closer look at faculty service: What affects participation on committees? *Journal of higher education policy and management*, *78*(5), 523-541.

Probert, B. (2005). I just couldn't fit it in : Gender and unequal outcomes in academic careers. *Gender Work and Organization*, *12*(1), 50-72.

Redding, P. (2005). The evolving interpretations of customers in higher education: Empowering the elusive. *International Journal of Consumer Studies*, *29*(5), 409-417.

Rhoades, G. (1998). *Managed professionals: Unionized faculty and restructuring academic labor*. Albany: State University of New York Press.

Rice, R. E. (1992). Toward a broader conception of scholarship: The American context. In T. G. Whiston & R. L. Geiger (Eds.), *Research and higher education: the United Kingdom and the United States* (pp. 117-129). Buckingham: Society for Research into Higher Education and Open University Press.

Rice, R. E. , & Sorcinelli, M. (Eds.). (2002). *Can the tenure process be improved?* Cambridge, MA: Harvard University Press.

Robertson, J. (2007). Beyond the research/ teaching nexus: exploring the complixity of academic experience. *Studies in Higher Education*, *32*(5), 541-556.

Robinson, D. (2005). *The status of higher education teaching personal in Australia, Canada, New Zealand, The United Kingdom and the United States*. Paper presented at the the International Higher Education and Research Conference.

Rowland, S. (2006). *The enquiring university: Complicance and contestation in higher education*. Maidenhead: Open University Press.

Rugarcia, A. (1991). The link between teaching and research: Myth or possibililty? *Engineering Education*, *81*, 20-22.

Schuester, J. H. , & Finkelstein, M. J. (2006). *The American faculty: The restructuring of academic work and careers*. Baltimore: Johns Hopkins University Press.

Scott, S. (1999). The academic as service provider: Is the customer always right? *Journal of Higher Education Policy and Management*, *21*(2), 193-202.

Scott, W. R. (1995). *Institutions and organization*. Thousand Oaks, CA: Sage.

Shibayama, S. , Walsh, J. P. , & Baba, Y. (2012). Academic entrepreneurship and exchange of scientific resources: Material transfer in life and materials sciences in Japanese universities. *American Sociological Review*, *77*, 804-830.

Shils, E. (1997). *The calling of education: The academic ethic and other essays on higher education*. Chicago: University of Chicago Press.

Shreeve, A. (2011). Joining the dots: the scholarship of teaching as part of institutional research. *Higher Education Research & Development*, *30*(1), 63–74.

Shulman, L. S. (1999). Taking learning seriously. *Change*(July/August), 11–17.

Slaughter, S., & Cantwell, B. (2012). Transatlantic moves to the market: the United States and the European Union. *Higher Education*, *63*(5), 583–606.

Slaughter, S., & Rhoades, G. (2004). *Academic capitalism and the new economy: Markets, states, and higher education*. Baltimore, MD: Johns Hopkins University Press.

Smith, C. S. (2000). *Market values in American higher education-the pitfalls and promises*. Maryland: Roman & Littlefield.

Stake, R. (1995). *The art of case study research*. Thousand Oaks: Sage Publications.

Stake, R. (2005). Qualitative case study. In N. K. Denzin & Y. S. Lincoln (Eds.), *The sage handbook of qualitative research* (pp. 443–466). London: Thousand Oaks.

Steck, H. (2003). Corporatization of the university: Seeking conceptual clarity. *The Annals*, *585*(Special issue), 66–83.

Stokes, D. (1997). *Pasteur's quadrant: Basic science and technological innovation*. Washington, DC: Brookings Institution Press.

Strathearn, M. (Ed.). (2000). *Audit cultures: Anthropological studies in accountability, ethics and the academy*. Abingdon, UK: Routledge.

Sturman, A. (1999). Case study methods. In J. P. Keeves & G. Lakomski (Eds.), *Issues in educational research* (pp. 103–112). Oxford: Pergamon.

Suspitsyna, T. (2010). Accountability in American education as a rhetoric and a technology of governmentality. *Journal of Education Policy*, *25*(5), 567–586.

Szelenyi, K., & Goldberg, R. A. (2011). Commercial funding in academe: Examining the correlates of faculty's use of industrial and business funding for academic work. *The Journal of Higher Education*, *82*(6), 775–799.

Tang, T. (1986). *The Cultureal Revolution and Post-Mao Reforms: A historical Perspective* Chicago: University of Chicago Press.

Tapper, E., & Salter, B. (1995). The changing idea of university autonomy. *Studies in Higher Education*, *20*(1), 59–71.

Thompson, P., Constantineau, P., & Fallis, G. (2005). Academic citizenship: An academic colleagues' working paper. *Journal of Academic Ethics*, *3*(4), 127–142.

Tierney, W. G., & Rhoads, R. A. (1993). *Enhancing promotion, tenure, and beyond: Faculty socialization as a cultural process* Washington, DC: ASHE-ERIC Higher Education Reports.

Tierney, W., & Bensimon, E. (1996). *Promotion and tenure: Community and socialization in academe*. Albany, NY: State University of New York Press.

Tierney, W., & Minor, J. (2004). *Challenges for governance: A national report*. Los Angeles: The Center for Higher Education Policy Analysis.

Tight, M. (2002). What does it mean to be a professor?. *Higher Education Review*, *34*(2), 15–32.

Tinberg, N. (2009). A call for faculty reengagement in governance. *Academe*, 95(6),8–11.

Trow, M. (1974). Problems in the transition from elite to mass higher education. In *The general report on the conference on the future structures of post-secondary education* (pp. 55–101). Paris: Organization for Economic Cooperation and Development.

Trow, M. (1997). More trouble than it's worth. *The Times Higher Education Supplement*, 24(October),26.

Trower, C. A. (2000). *Policies on faculty appointment: Standard practices and unusual arrangements*. Bolton, MA: Anker.

Van Vught, F. A. (1989). Creating innovations in higher education. *European Journal of Education*, 24(3),249–270.

Van Vught, F. A. (1996). Isomorphism in Higher Education Towards a Theory of Differentiation and Diversity in Higher Education Systems. In L. V. Meek, L. Goedegebuure, O. Kivinen & R. Rinne (Eds.), *The Mockers and Mocked: Comparative Perspectives on Differentiation, Convergence and Diversity in Higher Education* (pp. 42–58). Guilford: Pergamon and IAU Press.

Vardi, I., & Quin, R. (2011). Promotion and the scholarship of teaching and learning. *Higher Education Research & Development*, 30(1), 39–49.

Ward, K. (2003). *Faculty service roles and the scholarship of engagement*. Hoboken, NJ: Jossey-Bass & the Association for the Study of Higher Education.

Weber, L. (2008). If you believe you are good try institutional evaluation. In A. Amaral, A. RovioJohansson, M. J. Rosa & D. Westerheijden (Eds.), *Essays in supportive peer review* (pp. 253–262). New York: NOVA Science Publisher.

Weber, M. (1958). Science as a Vocation. *Daedalus*, 87(1): 111–134.

Weber, M., & Shils, E. (1974). *Max Weber on universities: The power of the state and the dignity of the academic calling in Imperial Germany*. edited by E. Shils. Chicago: University of Chicago Press.

Weber, M., Gerth, H. H., & Turner, B. S. (1991). *From Max Weber: essays in sociology*. Oxon: Routledge.

Wellman, J. (2006). Accountability for the public trust. In N. Shulock (Ed.), *Practitioners on making accountability work for the public* (pp. 111–118). San Francisco: Jossey Bass.

Westergard, J. (1991). Scholarship, research and teaching: A view from the social sciences. *Studies in Higher Education*, 16(1),23–28.

Williams, G. (1992). *Changing Patterns of Finance in Higher Education*. Buckingham: Open University Press.

Williams, K. (2008). Troubling the concept of the 'academic profession' in 21st Century higher education. *Higher Education*, 56(5),533–544.

Willmott, H. (2003). Commercialising higher education in the UK: The state, industry and peer review. *Studies in Higher Education*, 28(2),129–141.

Wilson, S. (1977). The use of ethnographic techniques in educational research. *Review of Education Research*, 47(2),245–265.

Yin, R. K. (2003). *Case studey research: Design and methods (erd ed.)*. Thousand Oaks: Sage Publications.

Young, P. (2006). Out of balance: lecturer's perceptions of differential status and rewards in relation to teaching and research. *Teaching in Higher Education*, 11(2), 191-202.

Zumeta, W. (2001). Public policy and accountability in higher education: Lessons from the past and present for the new millennium. In D. Heller (Ed.), *The states and public higher education policy: Affordability, access and accountability* (pp. 155-197). Baltimore, MD: Johns Hopkins University Press.

中国第二历史档案馆. (1991). *中华民国史档案资料汇编(第三辑.教育)*. 南京：江苏古籍出版社.

亨利.汉斯曼. (2004). 具有连带产品属性的高等教育. *北京大学教育评论*, 2(3), 67—73.

付八军. (2011). 论大学教师的职前培养体制. *教育研究*(4), 96—100.

刘亚荣. (2011). 我国政府与高校的组织内契约关系探索——基于组织经济学视角的分析. *教育研究*(7), 60—64.

刘传红, 唐松林. (2011). 知识质变中的学术人格冲突及其调和. *高等教育研究*(7), 18—23.

刘宝存, 李润华. (2011). 我国世界一流大学建设与日本创建大学卓越研究中心政策比较研究. *外国教育研究*(8), 9—14.

刘尧, 余艳辉. (2010). 大学教师学术声誉的辩证思考. *教育理论与实践*(4), 41—44.

刘尧. (2012). 如何看待高等教育发展的"中国模式"问题. *江苏高教*(1), 14—17.

刘献军, 吴鹏, 周光礼, 郭卉. (2003). 关于实施高校教师聘任制的思考. *高等教育研究*, 24(5), 39—51.

刘献君, 张俊超, 吴洪富. (2010). 大学教师对于教学与科研关系的认识和处理调查研究. *高等工程教育研究*(2), 35—42.

刘献君. (2008). 改革教学质量评价制度, 促进创新人才培养. *中国高等教育*(9), 18—20.

刘献君. (2010). 论高等学校制度建设. *高等教育研究*(3), 32—39.

刘献君. (2011). 现代大学制度建设的哲学思考. *中国高教研究*(10), 7—11.

刘献君等. (2009). *中国高校教师聘任制研究——基于学术职业管理的视角*. 北京：科学出版社.

别敦荣, 陈艺波. (2006). 论学术职业阶梯与大学教师发展. *高等工程教育研究*(6), 17—23.

华中科技大学教育科学研究院课题组. (2008). 高校跨学科科研组织的有效管理——多案例实证研究. *高等工程教育研究*(6), 82—88.

卢乃桂, 张永平. (2007). 全球化背景下高等教育领域中的政府角色变迁. *北京大学教育评论*(5), 138—149.

卢乃桂, 李琳琳, 黎万红. (2011). 高校教师聘任制改革背景下学术工作的分层与分割. *高等教育研究*, 32(7), 56—62.

史静寰, 李一飞, 许甜. (2012). 高校教师学术职业分化中的生师互动模式研究. *教育研究*(8), 47—55.

史静寰. (2011). 建设世界一流大学的国家战略面临新机遇, 期待新突破. *清华大学教育研究*, 32(3), 48—49.

叶赋桂. (2005). 高等学校教师：概念与特质. *教育学报*, 1(5), 82—87.

叶飞帆.(2011).大学行政权力与学术权力的分离:三级组织二级管理模式.*教育研究*(2),64—68.
向仁富.(2001).*北洋政府时期北京国立八高校教师索薪运动*.四川师范大学,成都.
吴振利.(2010).学术不端视角下的教育审视与改造.*教育理论与实践*(8),11—13.
吴洪富.(2011).*大学场域变迁中的教学与科研关系*.华中科技大学,武汉.
吴立保.(2011).中国大学模式的现实困境与建构策略.*中国高教研究*(3),5—8.
吴薇,谢作栩,尼克·费卢普.(2011).中荷研究型大学教师信念类型与取向之比较——基于厦门大学与莱顿大学教师的问卷调查.*高等教育研究*(9),91—97.
周作宇,赵美蓉.(2011).高校校院权力配置研究.*国家教育行政学院学报*(1),14—19.
周光礼.(2003).高校教师聘任制度与教师权益法律保护.*高等教育研究*(9),45—49.
周海涛,朱桂兰,周奔波.(2011).大学教师组织沟通满意度的相关分析.*高等教育研究*(3),51—58.
周艳.(2007).中国高校学术职业的结构性变迁及其影响.*清华大学教育研究*,28(4),50—55.
周进.(2010).我国高校教师聘任制政策行为过程透视.*高教探索*(5),25—29.
姚美华,胡幼慧.(1996).一些质性方法上的思考.In 胡幼慧(Ed.),*质性研究:理论、方法及本土女性研究实例*(pp.141-158).台北市:巨流图书公司.
孙冬梅,孙伦轩.(2011).论高等教育市场化对大学教师的影响.*江苏高教*(2),56—58.
孙冰红.(2011).中国古代大学的原初理念及其对社会发展的作用.*教育研究*,12(50—53).
季明明(Ed.).(1994).*中国高等教育改革与发展*.北京:高等教育出版社.
宋旭红.(2010).我国学术职业发展的制度创新.*当代教育科学*,17(40—43).
宋燕.(2011).*大学教学学术及其制度保障*.华中科技大学,武汉.
宜勇.(2004).*大学组织结构研究*.华东师范大学,上海.
庞岚.(2010).*基于教师行为选择的大学教学与科研关系研究*.华中科技大学,武汉.
张东.(2011,2011-01-26).高校青年教师:给一个空间让我发展 中国教育报,
张学强,孙昌伟.(2011).元明清时期科举废置问题比较研究.*当代教育与文化*,3(5),7—14.
张应强.(2010).大学教师的专业化与教学能力建设.*现代大学教育*(4),35—39.
张斌贤.(2000).从长江读书风波看中国的学术职业化.In 郑俊琰(Ed.),*学术权力与民主:长江读书奖论争备忘*.厦门:鹭江出版社.
张昊,迟宏伟.(2011).大学教师课程与教学发展的基本特征与学校责任.*现代教学科学*(6),14—19.
张英丽.(2012).学术职业伦理:内涵、本质及特征.*江苏高教*(1),30—32.
彼得伯格著,何道宽译(2008).*与社会学同游:人文主义的视角*.北京:北京大学出版社.
徐岚,卢乃桂.(2010).研究型大学师德建设的途径.*教育研究*(7),88—94.
徐斯雄.(2011).*民国大学学术评价制度研究*.西南大学,重庆.
徐继红,董玉琦.(2010).大学教师教学能力现状调查分析.*现代教育管理*(5),76—79.
戎华刚.(2011).论中国学术职业伦理规范的失范.*国家教育行政学院学报*(3),37—40.
戚业国.(2011).现代大学制度重构:公共性、公益性、私益性的冲突与整合.*教育发展研究*(19),21—26.
戴晓霞.(2000).*高等教育的大众化与市场化*.台北:扬智文化.
戴晓霞.(2002).全球化及国家/市场关系之转变:高等教育市场化之脉络分析.In 戴晓霞,莫家

豪,谢安邦(Eds.),高等教育市场化:台、港、中趋势之比较(pp.4-39).台北市:高等教育出版.
昌晓莉.(2011).高校管理者教学学术理念的确立与大学教师的专业发展.*教育探索*(11),86—88.
曾荣光.(2007).教育政策研究:议论批判的视域.*北京大学教育评论*,5(4),2—30.
曾荣光.(2011).理解教育政策的意义——质性取向在政策研究中的定位.*北京大学教育评论*,9(1),152—180.
李书磊.(1999).*村落中的"国家":文化变迁中的乡村学校*.杭州:浙江人民出版社.
李俊杰.(2011).高校教师科研评价存在的问题及改进.*教育发展研究*(7),74—84.
李冬,沈红.(2009).从精英高等教育视角看学术职业的发展.*江苏高教*(5),17—20.
李富春.(1955).关于发展国民经济的第一个五年计划的报告.*中国共产党新闻文献资料网*,from http://cpc.people.com.cn/GB/64184/64186/66660/4493007.html.
李志峰,李菁华.(2007).我国高校教师薪酬激励制度价值取向的变迁.*黑龙江高教研究*(12),10—12.
李志峰,杨开洁.(2009).基于学术人假设的高校学术职业流动.*江苏高教*(5),14—16.
李志峰,谢家建.(2008).学术职业流动的特征与学术劳动力市场的形成.*教育评论*(5),11—15.
李新玲.(2006,2006-09-11).高校青年教育挣扎在学术边缘?.*中国青年报*.
李明.(2010,2010-02-21).高校青年教师生存压力调查工资微薄继续啃老.from http://www.edu.cn/gao_jiao_news_367/20100221/t20100221_449435_1.shtml.
李来容.(2010).*院士制度与民国学术——1948年院士制度的确立与运作*.南开大学,天津.
李梅.(2008).*高等教育国际市场——中国学生的全球流动*.上海:上海教育出版社.
李海萍.(2011).高校学术权力运行现状的实证研究.*教育研究*(10),49—53.
李爱君.(2009).高校学术失范的成因与对策.*中国高等教育*(17),46—47.
李立国.(2011).大学竞争特性探析.*中国人民大学教育学刊*(3),61—71.
李菲.(2012).试论大众化进程中大学教师的教学道德.*现代教育科学*(1),5—8.
廉思.(2015).*工蜂:大学青年教师生存实录*.中信出版社.
杨东平.(2011).关于高等教育的"中国模式".*江苏高教*(1),5—8.
杨凤城.(2005).*中国共产党的知识分子理论与政策研究*.北京:中国党史出版社.
杨小敏.(2010).学术不端行为的经济逻辑.*复旦教育论坛*,8(6),72—76.
杨德广.(2011).如何评判我国高教发展改革中的几个问题——与杨东平教授商榷.*江苏高教*(5),1—6.
杨杏芳.(2004).当代大学教师的知识分子角色的思考.*教育理论与实践*(11),26—29.
杨燕英,刘燕,周湘林.(2011).高校教学与科研互动:问题、归因及对策.*教育研究*(8),55—58.
杨移贻.(2010).大学教师学术职业的群体认知.*高等教育研究*(5),52—55.
杨联升.(1987).*中国文化中[报]、[保]、[包]之意义*.香港:香港中文大学出版社.
杨锐.(2011).中国高等教育演化的若干启示——基于文化比较的视角.*高等教育研究*(7),9—17.
柳亮.(2011).高等教育问责:认识转换与发展构想.*高等教育研究*(7),40—45.
武书连.(2003).*2003年度中国大学排名*.北京:中国统计出版社.
毕宪顺,赵凤娟,甘金球.(2011).教授委员会:学术权力主导的高校内部管理体制.*教育研究*(9),45—50.

毛亚庆,蔡宗模.(2010).建国以来高校教师专业发展的制度审视.*清华大学教育研究*,*31*(6),28—34.

毛亚庆,许联.(2006).大学文化冲突与中国知识人.*清华大学教育研究*(6),1—6.

江新华.(2003).论大学教师学术道德素质的提升.*黑龙江高教研究*(2),88—91.

汪发元,孙首臣.(2012).后大众化时期我国高等教育模式多样化分析.*教育探索*(1),23—24.

沈文钦.(2007).何为"为学术而学术"——纯学术观的类型学考察.*北京大学教育评论*(1),66—80.

沈红,谷志远,刘茜.(2011).大学教师工作时间影响因素的实证研究.*高等教育研究*(9),55—63.

商丽浩.(2010).限制兼任教师与民国大学学术职业发展.*浙江大学学报:人文社会科学版*,*40*(04),76—82.

涂成林.(2011).大学科研服务社会的模式与机制研究.*教育研究*(12),46—49.

湛中乐.(2011).现代大学治理与大学章程.*中国高等教育*(9),18—20.

潘奇,唐玉光.(2011).学术职业的流动域及其特征探析.*黑龙江高教研究*(8),24—27.

潘懋元.(1955).关于第一个五年计划的教育建设计划.*厦门大学学报(哲学社会科学版)*(Dec),42—51.

潘懋元.(2000).*潘懋元论高等教育*.福州:福建教育出版社.

熊丙奇.(2011).谈如何依法制订大学章程.*中国高等教育*(8),18—46.

熊庆年,王秀娥.(2001).高等教育国际贸易市场的形成与分割.*教育发展研究*(9),4—9.

熊明安(Ed.).(1983).*中国高等教育史*.重庆:重庆出版社.

牛蒙刚,于洪波.(2012).新制度主义视域中高等教育趋同化机制探究.*现代教育科学*(1),22—24.

王义遒.(2011).建设世界一流大学究竟靠什么.*高等教育研究*(1),1—6.

王保星.(2006).大学教师的职业忠诚——市场化的视角.*江苏高教*(6),45—47.

王保星.(2007).德性.想象力.职业安全.*江苏高教*(5),90—92.

王全林.(2005)."知识分子"视角下的大学教师研究——大学教师"知识分子"精神式微的多维分析.南京师范大学,南京.

王占军.(2011).高等院校组织趋同行为的实证研究.*中国人民大学教育学刊*(3),113—136.

王向东.(2011).大学教师教学管理制度的反思与完善——基于教学行为与制度关系的视角.*现代大学教育*(3),97—102.

王应密.(2009).*中国大学学术职业制度变迁研究*.华中科技大学,武汉.

王建军.(2012).大学教师职务聘任中的科研绩效评价研究.*黑龙江高教研究*(4),72—75.

王洪才.(2010).对露丝.海霍"中国大学模式"命题的猜想与反驳.*高等教育研究*(5),6—13.

王英杰.(2007).大学学术权力和行政权力冲突解析——一个文化的视角.*北京大学教育评论*(1),55—65

申素平.(2003).论我国公立高等学校与教师的法律关系.*高等教育研究*,*24*(1),67—71.

石宏邦.(2005).国际教育服务贸易的相关理论及其解释力.*教育研究*(6),54—56.

罗兹,罗.(2011).大学与学术公民身份.*北京大学教育评论*,*9*(3),2—17.

罗志敏.(2010).是"学术失范"还是"学术伦理失范"——大学学术治理的困惑与启示.*现代大学教育*(5),6—10.

罗志敏.(2011).大学教师学术伦理水平的实证分析.*高等工程教育研究*(4),69—75.
罗慧燕.(1997).*知识分子与国家*.香港:香港人文科学出版社.
胡海清.(2010).中国大学教师聘任制改革的回顾与展望——基于理性选择制度主义分析.*现代大学教育*(3),99—106.
胡金平.(2005).大学教师与知识分子.*高等教育研究*(10),18—22.
胡金平.(2005).*学术与政治之间:大学教师社会角色的历史分析*.南京师范大学,南京.
臧兴兵.(2007).知识经济背景下学术职业的地位与发展.*中国高教研究*(8),13—15.
莫家豪,罗浩俊.(2002).市场化与大学治理模式变迁:香港与台湾比较研究. In 戴晓霞,莫家豪,谢安邦(Ed.),*高等教育市场化:台、港、中趋势之比较*(pp.4-39).台北市:高等教育.
蒋喜锋,彭志武.(2011).当教学成为学术——教学学术理论的深层意蕴及启示.*江苏高教*(1),66—69.
蒋承.(2011).博士生学术职业期望的影响因素研究.*北京大学教育评论*,9(3),45—54.
蒋立杰,黄明东.(2012).论研究型大学教师队伍的国际化.*河北师范大学学报(社会科学版)*(2),40—43.
蔡克勇.(2003).*20世纪的中国高等教育(体制卷)*.北京:高等教育出版社.
蔡磊砢.(2011).跌宕起伏的文科——中国高校人文社会科学专业设置的历史演变.*北京大学教育评论*,9(2),54—65.
詹盛如.(2010).台湾高等教育治理政策之改革——新管理主义的观点.*教育资料与研究双月刊*,94(06),1—20.
谢素荣.(2011).应对市场化和行政化挑战,建立现代大学教师管理制度.*复旦教育论坛*,9(2),32—34.
谷志远.(2010).我国学术职业流动影响因素的实证研究——基于"学术职业的变革:中国大陆"问卷调查.*清华大学教育研究*,31(3),73—76.
谷志远.(2011).高校青年教师学术产出绩效影响因素的实证研究——基于个性特征和机构因素的差异分析.*高教探索*(1),129—136.
赖晓黎.(2009)."大学之理念"再思考——从洪堡与纽曼谈起.*教育与社会研究*(17),33—77.
赵俊芳.(2011).现代大学制度的内在冲突及路径选择.*高等教育研究*(9),30—35.
邓世荣,梁若冰.(2004).国际高等教育服务贸易市场构成状况.*教育与经济*(2),64.
邓小林.(2004).略论民初至抗战前夕国立大学教师的聘任问题.*清华大学教育研究*,25(3),8—15.
邓小林.(2005).*民国时期国立大学教师聘任之研究*.四川大学,成都.
邬大光.(2002).我国高等教育大众化的基本特征与政府的责任.*教育研究*(3),24—27.
邱均平,马凤.(2012).中国高校在建设世界一流大学过程中的进步和问题——基于2011年《世界一流大学与科研机构学科竞争力评价》的分析.*中国高教研究*(1),17—22.
郁美.(2010).基于教学学术维度的大学教师专业发展的新解读.*江苏高教*(1),91—93.
郑海.(1993).*"海潮"横扫的知识阶层*.昆明:云南大学出版社.
郑登云.(1994).*中国高等教育史(上册)*.上海:华东师范大学出版社.
郭丽君,周清明.(2011).地方高校青年教师的发展.*高等教育研究*(1),65—69.
郭丽君.(2006).学术职业与大学的组织制度安排.*辽宁教育研究*(12),21—24.
金耀基.(1997).*中国现代化与知识分子*.台北市:言心出版社.

金耀基.(2003).*大学之理念*. Hong Kong:Oxford University Press(China).

钟云华.(2012).学缘关系对大学教师学术职业发展影响的实证研究.*教育发展研究*(1),61—68.

钟秉林,赵应生,洪煜.(2011).中国特色现代大学制度建设——目标、特征、内容及推进策略.*北京师范大学学报(社会科学版)*(4),5—12.

阎光才.(1999).高等学校内部的组织特征探析.*清华大学教育研究*(1),79—82.

阎光才.(2000a).大学组织的管理特征探析.*高等教育研究*(4),53—57.

阎光才.(2000b).大学组织整合的文化视角扫描.*教育研究*(11),31—36.

阎光才.(2007).学术认可与学术内部的运行规则.*高等教育研究*(4),21—28.

阎光才.(2008).文化乡愁与制度理性:学术活动制度化的轨迹.*北京大学教育评论*(2),113—151.

阎光才.(2010).*精神的牧放与规训:学术活动的制度化与学术人的生态*.北京:教育科学出版社.

阎光才.(2011a).我国学术英才成长过程中的赞助性流动机制分析.*中国人民大学教育学刊*(3),5—22.

阎光才.(2011b).我国学术职业环境的现状与问题分析.*高等教育研究*(11),2—9.

阿特巴赫.(2006).全球化与大学:不平等世界的神话与现实.*北京大学教育评论*,4(1),92—108.

陆根书,黎万红,张巧艳,杜屏,卢乃桂.(2010).大学教师的学术工作:类型、特征及影响因素分析.*复旦教育论坛*(6),38—50.

陈亚玲.(2010).民国时期学术职业化与大学教师资格的检定.*高教探索*(6),88—92.

陈向明.(2000).*质的研究方法与社会科学研究*.北京:教育科学出版社.

陈晔,徐晨.(2012).精英教育概念与模式有关问题再探讨.*江苏高教*(2),5—8.

陈永明.(2007).大学教师聘任的国际比较.*比较教育研究*,2(37—41).

陈洪捷.(2006).*德国古典大学观及其对中国的影响*.北京:北京大学出版社.

陈金凤,杨德广.(2009).当代大学教师学术人格探析.*高等教育研究*(11),51—56.

陈锡坚.(2011).学术性视野中大学教师专业发展的逻辑.*教育研究*(8),81—84.

韩飞舟.(2006).高等教育大众化"中国模式"的理论与实践解析.*中国高教研究*(6),29—31.

顾秉林.(2012).深入实施人才强校战略加快建设世界一流大学.*清华大学教育研究*,33(1),1—2.

马克思·韦伯.(1998).*学术与政治:韦伯的两篇演说*.北京:生活·读书·新知三联书店.

马陆亭.(1994).大学声誉的生产战略.*高等工程教育研究*(4),21—26.

马陆亭.(2005).建立让大学教师醉心于学术工作的制度和机制.*中国高教研究*(8),50—51.

魏宏聚.(2009).厄内斯特·博耶"教学学术"思想的内涵与启示.*全球教育展望*(9),38—41.

魏承思.(2004).*中国知识分子的沉浮*.HongKong:Oxford University Press(China).

黄成亮.(2010).中国大学模式探析.*高等教育研究*(12),16—23.

黎万红,卢乃桂.(2008).中国内地高校哲学系教师工作生活近年面对的挑战.*高等教育研究*(10),122—130.

齐格蒙·鲍曼.(2000).*立法者与阐释者:论现代性,后现代性与知识分子*.上海:上海人民出版社.

龚波,周洪.(2007).大学教师组织流动的微观机制分析.*教育学报*(2),37—46.